1000

ALASKA

Yukon Dawson

Fairbanks

straße

Yukon

Diomede

Nome

Anchorage

Bering-

denija

Bethel

ten

Wegner, Steinke
Der Robin Hood der Beringstraße

Wolfgang Wegner
Evamaria Steinke

Der Robin Hood
der Beringstraße

Das abenteuerliche Leben
des Max Gottschalk

Arena

CIP-Kurztitelaufnahme der Deutschen Bibliothek

Wegner, Wolfgang:
Der Robin Hood der Beringstraße:
d. abenteuerl. Leben d. Max Gottschalk /
Wolfgang Wegner; Evamaria Steinke.
– 2. Aufl., 6.-8. Tsd. – Würzburg: Arena, 1986.
ISBN 3-401-04223-8
NE: Steinke, Evamaria:

2. Auflage 1986
6.-8. Tsd.
© 1985 by Arena-Verlag Georg Popp, Würzburg
Alle Rechte vorbehalten
Schutzumschlaggestaltung: Karl Müller-Bussdorf
Lektorat: Rainer Brand
Gesamtherstellung: Pfälzische Verlagsanstalt, Landau
ISBN 3-401-04223-8

Inhalt

Für Gisela und Helmuth

Vorwort der Autoren

Anfang Juni 1984 im Haus unserer Freunde Helmuth und Gisela in Anchorage/Alaska: Schon einige Monate halten wir uns hier im hohen Norden im Auftrag einer großen deutschen Illustrierten auf. Unsere Aufgabe: Reportagen über bedrohte Tiere – Bären, Wölfe, Luchse. In den letzten Tagen wurden wir im Gebiet des Mt. McKinley zu Zeugen eines dramatischen Naturschauspiels: Eine Elchkuh bekam Zwillinge. Wir waren mit der Kamera dabei. Drei Tage später griff ein ausgewachsener, semmelblonder Grizzly-Bär Mutter Elch und ihren doppelten Nachwuchs an. Das nennt man Reporterglück. Noch glücklicher waren wir allerdings, als die Elchkuh den Bären mit dem Mut der Verzweiflung in die Flucht schlug. Auch das hatten wir im Kasten, fuhren so schnell es ging zurück nach Anchorage, Filme entwickeln und Daumen drücken. Uns blieb im Moment nichts, als auf das Ergebnis zu warten und zu überlegen, wie wir das Filmmaterial am schnellsten in die Redaktion nach Hamburg bekommen könnten.

Der Nachbar unseres Freundes Helmuth heißt Bud Jackson. Er wollte uns einen Gefallen tun, als er herüberkam und uns die »Anchorage Daily News« in die Hand drückte. Immerhin stand da etwas über einen Deutschen drin, was für uns – schließlich sind wir auch Deutsche – ja interessant sein mußte. Das jedenfalls dachte Bud. Die Überschrift des Artikels lautete: »Arctic fur trader and adventurer ›Big‹ Max Gottschalk dies at 98«, »Der arktische Pelzhändler und Abenteurer Max Gottschalk starb im Alter von 98 Jahren«. Zunächst einmal war das nur eine Überschrift, aber was wir dann lasen, war einfach umwerfend. Die Geschichte dieses Mannes im knappen Stil einer Tageszeitung: In Husum geboren, als 15jähriger auf einem Schiff angeheuert und nach Kalifornien gesegelt, vom Goldrausch in Alaska gehört, Pelzhändler in Sibirien geworden, in die Unruhen um die russische Revolution verstrickt, erster Weißer, der die Beringstraße bei erbarmungslosen Wintertemperaturen mit Schlittenhunden überquerte, sein ganz besonderes Verhältnis zu Recht und Ordnung und Gesetzen, sein Einsatz für die Eskimos, den ihm so mancher Weiße in Alaska der ersten Jahrzehnte dieses Jahrhunderts übelnahm – kurzum, wir waren fasziniert.

Danach riefen wir Larry Campell, den Reporter der Daily News, an, der den Nachruf auf Max Gottschalk geschrieben hatte, und baten ihn als Kollegen um einen Gefallen. Wenig später hatten wir Namen und Telefonnummern von Gottschalks Angehörigen: von Betty Taylor, seiner Tochter, und von Carol Peterson, seiner Enkelin.

Einen Tag später saßen wir bereits inmitten der ganzen Familie und hörten fasziniert zu:

Gottschalks Kinder, heute sind auch sie weit über 70, berichteten von einem anderen Alaska, als wir es kennengelernt hatten. Von der Unendlichkeit der Küsten an der Beringstraße erzählten sie, von Wölfen und Eisbären, von den Legenden der Eskimos, von Schlittenhunden und Wintern, die 9 Monate dauern. Und immer wieder kam die Sprache auf ihren Vater und auf das, was er damals den Kindern vom harten Leben in der Arktis erzählt hatte, von seiner Kindheit in Husum, die schon so lange zurücklag.

Max Gottschalk hatte alle Verbindungen nach Deutschland abgebrochen, jeden Kontakt zu seinen Eltern und Geschwistern verloren. Nur Namen kannte er noch: Paula, Friedrich Wilhelm, Wilhelmine, Agathe hießen einige seiner Geschwister; Namen, die auch Gottschalks Kinder noch kannten.

Carol, die Lieblingsenkelin des ehemaligen Husumers, spielte uns 20 Jahre alte Tonbandaufzeichnungen vor, die sie mit ihrem Großvater in Alaska gemacht hatte, auf denen Max Gottschalk sein abenteuerliches Leben schildert. Er war nicht nur Pionier und Abenteurer, sondern auch ein Kenner seines Landes, ein Experte der Zoologie und Botanik, der Eskimo-Kultur, der Geologie und Archäologie Alaskas.

Wir beschlossen, sein Leben aufzuschreiben. Wir recherchierten in den alten Archiven der Stadt Husum, wir standen vor dem Haus Westerende 5, in dem Max Gottschalk seine Kindheit verbracht hatte, bald wußten wir, wer seine Geschwister waren und daß deren Nachfahren in alle Winde verstreut wurden. In vielen Teilen Deutschlands lebten sie, in Australien, in Florida und Chicago. Heute wissen die meisten um ihren Onkel oder Großonkel Max Gottschalk, der in Alaska zur Legende wurde.

Vergessen hat Max Gottschalk Deutschland nie. Als er und sein Freund, Old Charlie Wormser, 70 waren, planten sie, Deutschland zu besuchen. Dann beschlossen sie, die Reise zu verschieben, bis sie 80 seien. Mit 90 fühlten sie sich zu alt.

Als Max Gottschalk 95 war, begleitete seine Enkelin Carol ihn bei einem Arztbesuch. Der alte Mann mußte ein paar Minuten warten. Da kam ein anderer Patient herein, der ebenfalls warten mußte: »Sie sind wohl ein Oldtimer?« fragte er. »Na klar bin ich ein Oldtimer«, antwortete ihm Gottschalk messerscharf, »und zwar einer aus der Zeit, als die Männer hier aus Eisen und die Schiffe aus Holz waren. Heute sind die Männer aus Holz und die Schiffe aus Eisen.«

Evamaria Steinke
Wolfgang Wegner

9

Meine graue Stadt am Meer

Wie ein Fallbeil sauste das Lineal durch die Luft und klatschte auf das Katheder. »Disziplin«, schnarrte Lehrer Hansen, gleichzeitig leuchteten seine Augen hinter der randlosen Brille, und jedesmal, wenn der Frühlingssonnenstrahl durch das Klassenzimmerfenster kam und sich in den Brillengläsern brach, funkelten die Augen von Lehrer Hansen bösartig. »Disziplin, sonst sitzt ihr nach, und zwar alle, habt ihr mich verstanden?« schnarrte Husums meistgehaßter Mann noch einmal. »Schlagt eure Bücher auf, jetzt wird gelesen, und zwar anständig.«

Angst hatte ich damals keine vor Lehrer Hansen und vor seiner schnarrenden Stimme schon gar nicht. Eher hat er mich gestört, durch seine ganze Anwesenheit, eigentlich hat mich alles an ihm gestört; wie er aussah, er sah aus wie eine Eule; wie er ging, er stolzierte wie ein Storch; wie er redete, jedenfalls redete er so, wie niemand außer ihm redete. Wenn er was sagte, dann wußte man sofort, daß er keiner von uns war. Und plattdeutsch sprach er auch nicht. Kurz und gut: Lehrer Hansen war bei mir unten durch, und zwar bis in alle Ewigkeit, und Jan war genau meiner Meinung.

Jan, das war mein Freund. Jan Petersen, der war 13, genau wie ich, in der Schule hockten wir nebeneinander, wir klauten zusammen Kirschen, wir hatten gemeinsam geschworen, uns bitter an Lehrer Hansen zu rächen, wenn wir endlich aus dieser gottverdammten Schule raus wären, wir hatten gemeinsam eine Pfeife, in der wir getrocknete Gräser pafften, und jeden Tag, in jeder freien Minute hockten wir zusammen im Hafen und beneideten die Erwachsenen, die hinter dem Steuerrad der Kutter standen, Fischkisten schleppten und in aller Öffentlichkeit rauchen durften. Mußten die etwa lesen, schreiben, rechnen können? Aber von uns verlangte das dieser verdammte Hansen. Immer hatte er es auf Jan und mich abgesehen. Wer wurde hundertprozentig drangenommen, wenn er zweihundertprozentig nichts

11

wußte? Wer mußte mindestens einmal am Tag in der Ecke stehen und jeden zweiten Tag nachsitzen? Wessen Heft wurde täglich kontrolliert? Dann stellen Sie mal Lehrer Hansen diese Fragen, zwei Namen würde er wie aus der Pistole geschossen schnarren: »Jan Petersen und Max Gottschalk.«

Wer Jan Petersen ist, habe ich schon erzählt. Max Gottschalk, das bin ich.

Was war das für ein Leben: Die Sonne schien, es war warm, und ich mußte am schrecklichsten Platz der Welt stillsitzen und warten, bis ich mit dem Lesen dran war. Was hatte ich verbrochen, daß ich so bestraft wurde. Und Jan dachte das gleiche wie ich. An dem Tag hatten wir Glück. Das Klingeln, das Lehrer Hansen und uns das Ende des Unterrichts ankündigte, erlöste uns von den Qualen. Heimtückisch wie er war, wollte uns Hansen die Hausarbeiten für den nächsten Tag aufgeben, aber wir waren schneller und hatten den Klassenraum bereits fluchtartig verlassen. Hansen brüllte so laut er nur konnte: »Gottschalk, Petersen, hiergeblieben.« Wir aber rannten zu schnell, um diesen Befehl noch hören zu können. Jedenfalls war unser Lehrer davon überzeugt.

Erst, als die Schule außer Sichtweite war, wurden wir langsamer, völlig außer Atem. »Das war knapp«, sagte Jan und schnappte nach Luft. »Wenigstens haben wir keine Schulaufgaben auf. Bis nachher. Wir treffen uns um drei am Schuppen.« Wir trennten uns, ich bog nach rechts zum Westernende ab, wo ich mit meinen Eltern und Geschwistern wohnte, Jans Eltern wohnten in der Krämerstraße.

Buch und Heft hatte ich mit einem Riemen zusammengeschnürt, das Bündel trug ich unter dem Arm und trottete gedankenverloren nach Hause. Ich war unzufrieden, restlos unzufrieden und ließ meine Wut an einem unschuldigen Stein aus, der zufällig kurz vor meinem rechten Schuh lag: mit einem gewaltigen Tritt beförderte ich ihn zur Seite. Nach Hause zu kommen, davor graute mir wie vor der Schule mit Lehrer Hansen. Wenn ich allerdings die Wahl gehabt hätte zwischen Schule und Zuhause, dann hätte ich das kleinere Übel gewählt, und das hieß Westernende 5.

Unser Haus war klein und niedrig, nicht etwa mit einem Vorgarten wie bei den reichen Leuten, nein, direkt an den Bürgersteig gebaut. Mein Vater war Gott sei Dank meistens nicht zu Hause. Mit »Gott sei Dank« meine ich, daß

Kleine Straße in Husum um 1900. Im Hintergrund das Westernende

mein Vater sehr streng war – so streng, daß ich ihm zeitweise aus dem Weg
ging. Er war auf eine ganz andere Art und Weise strenger als Lehrer Hansen,
was daran lag, daß mein Vater Maschinenschlosser bei der Eisenbahn und
nicht Schullehrer war. Wenn er etwas sagte, dann sagte er das ganz leise, und
alle mußten kuschen. Meine Mutter genauso wie wir Kinder. Wenn nur einer
von uns den leisesten Piep sagte, dann wurde mein Vater laut. Und Vater
konnte sehr laut werden. Davon kann ich ein Lied singen. Meine Geschwister und meine Mutter auch. Wir alle. Wenn Vater zu Hause war, trank er
Bier, viel Bier. Je mehr er getrunken hatte, desto redseliger wurde er. Er
redete davon, daß er eigentlich Kapitän werden wollte und daß nur dieser
verdammte Krieg 1870 gegen Frankreich schuld daran sei, daß Vater nicht

Kapitän sondern Schlosser geworden sei. Er sagte immer, Bismarck sei ein Schweinehund gewesen, daß die falschen Leute zur See führen und Leute wie er auf dem trocknen sitzengeblieben seien. Dann sang er Seemannslieder, und das hörte sich immer recht komisch an, Seemannslieder im westfälischen Dialekt! Jedenfalls konnte ich mir meinen Vater als Seemann oder gar als Kapitän nicht recht vorstellen. Meistens schlief er nach dem zweiten, spätestens aber nach dem dritten Lied ein. Wir waren dann alle sehr froh, Mutter wohl am meisten.

Vaters Gesangsdarbietung konnte man nur entgehen, wenn man nicht zu Hause war. Samstags war Appell bei uns. Wir Kinder wurden der Reihe nach von unserer Mutter in den großen Waschzuber gesteckt und abgeschrubbt, daß die Haut rot anlief. Die Kleineren schrien jedesmal wie am Spieß, wir Größeren unterdrückten nur mit Mühe unseren Zorn. Mein Bruder Friedrich Wilhelm, den alle Fritz nannten, der war zehn und fast so groß wie ich. Ich weiß nicht genau, ob er damals besonders groß oder ich besonders klein war. Meine Schwester Agatha war neun und Anna sieben. Die Kleinen waren der vierjährige Otto, der zweijährige Johannes und Anna Berta, die war gerade geboren. Die beiden Kleinsten schliefen mit in der Kammer meiner Eltern, wir anderen hausten zusammen in einem Zimmer, das mich immer an eine Höhle erinnert hat, eine Höhle mit zwei Betten und einem Notbett. Im ersten Bett schliefen Friedrich Wilhelm und ich, im anderen Agatha und Anna, und Otto gehörte das Notbett, das eigentlich nur ein mit Stoff bespanntes Brett war. Jeden Abend gab es Streit zwischen Friedrich Wilhelm und mir, wer an der Wand schlafen durfte. Wer dort schlief, konnte nämlich nicht so leicht aus dem Bett fallen. Ich wollte mich durchsetzen, weil ich schließlich der Ältere von uns beiden war, er beanspruchte das Recht auf diesen Platz, weil er der Jüngere war. Jahrelang hat er sogar allen Ernstes behauptet, ich hätte in den Jahren vor seiner Geburt an der Wand schlafen können, jetzt sei er dran. Schließlich setzte ich mich durch, weil ich der Stärkere war.

Jedenfalls war mein Vater an jenem Tag glücklicherweise nicht da. Manchmal kam er mittags zum Essen nach Hause, und dann stellte ich mir immer die Frage, ob Nachsitzen nicht doch vielleicht besser gewesen wäre. Lustlos stocherte ich in der Suppe herum. Sie schmeckte wie immer und war so dünn wie immer. Ich kannte das Geheimnis meiner Mutter beim Suppenkochen: Kartoffeln bedeuteten eine Gelbfärbung, Erbsen und Bohnen machten die Suppe grün, Karotten rot. Das war vielleicht eine Abwechslung! Irgendwie konnte ich meine Mutter verstehen. Je dünner die Suppe war, desto länger konnte die Familie davon essen. Da nahm Mutter auf meinen Geschmack keine Rücksicht. Und während ich ein Stück vom Brot abbrach, dachte ich nach: Später mal, das hatte ich mir ganz fest vorgenommen, würde ich jeden Tag Fleisch essen; jeden Tag – Schweinefleisch oder Lamm oder Huhn oder Ente, und ich würde Faßlimonade dazu trinken. Und Eier würde ich auch essen, jeden Tag eins, und mein Brot wollte ich mit Marmelade so dick bestreichen, daß sie vom Brotrand herunter auf meine Finger laufen würde. Mir jedenfalls würde es eines Tages besser gehen. Aber jetzt löffelte ich weiter lustlos meine Suppe.

»Ich geh' zu Jan«, sagte ich meiner Mutter. Sie hatte es längst aufgegeben, mir Fragen nach Schulaufgaben zu stellen, sie hatte genug mit sich selbst und mit meinen kleineren Geschwistern zu tun. »Ist schon gut«, sagte Mutter, »komm nicht so spät nach Hause.« Manchmal hatte ich das Gefühl, sie war froh, wenn ich ging, auch wenn es nur für ein paar Stunden war – jedenfalls war dann einer weniger im Haus. Ich schlug die Haustür hinter mir zu und beeilte mich, in den Hafen zu kommen. Weit war es nicht, wenn ich Langeweile hatte, zählte ich manchmal die Schritte von unserer Haustür bis zum Treffpunkt mit Jan, dem Fischschuppen im Hafen. Ich hatte schon ein paarmal die Schritte gezählt, war aber nie auf das gleiche Ergebnis gekommen, mal waren es 1137 Schritte, mal 1182, und einmal waren es nur 1046 Schritte. Das weiß ich noch ganz genau, und bis heute kann ich mir den Unterschied nicht erklären.

Ich war lustlos und hatte die Hände tief in den Taschen meiner Hose vergraben. Ich war in Gedanken versunken und beachtete weder die Pferde-fuhrwerke, die mir entgegenkamen, noch irgend etwas anderes. Zweimal sagte jemand »Tag, Max« zu mir. Heute interessierte mich nicht, wer das war. Ich schaute nicht einmal auf, sondern dachte darüber nach, was aus mir mal werden sollte. Eins wußte ich genau, es mußte irgend etwas sein, das mit

15

Schiffen und Fischen zu tun hat. Ein richtiger Seemann wollte ich werden, den alle anderen respektieren. Und wenn ich irgendwann mal mein eigenes Schiff hätte, würde ich es »Hai« nennen. Jan würde sein Schiff wahrscheinlich auch »Hai« nennen. Am besten, Jan und ich würden uns gemeinsam ein Schiff kaufen. Das hätte mehrere Vorteile, und billiger wär es auch. Erstens könnte ich dann immer mit Jan zusammensein, zweitens schaffen zwei mehr als einer, und drittens, davon war ich überzeugt, würde Jan auch ein prima Seemann werden.

Ich nahm mir vor, mit Jan gleich über meine Idee zu sprechen. Er würde begeistert sein! Jan Petersen und Max Gottschalk, zwei Kapitäne und ein Schiff: die »Hai« aus Husum. Das Schiff würde schwarz sein, und am Bug würden wir ein Haifischgebiß mit weißer Farbe auf den schwarzen Grund malen. Ganz Husum würde Augen machen, alle anderen Kapitäne würden vor Neid erblassen, wenn Jan und ich, jeder mit einer Kapitänsmütze auf dem Kopf und einer blauen Jacke mit goldenen Knöpfen und vier goldenen Streifen, an Deck stehen würden. Am meisten würde sich wohl mein Vater ärgern, Jans Vater hoffentlich auch.

Jan wartete schon auf mich. Wir setzten uns auf eine Bohle und lehnten den Rücken gegen die kalte Schuppenwand. Ich erzählte Jan von meiner Idee, daß er sich kein eigenes Schiff kaufen sollte, daß wir gemeinsam Kapitän auf der »Hai« werden könnten. »Max, das geht nicht«, meinte er ernst. »Wieso nicht?« – »Weil nur einer das Kommando haben kann und Befehle gibt.« Jan hatte recht. Das war in der Tat ein Problem. Ich dachte nach. Jan dachte auch nach. Eine Lösung mußte her. Plötzlich hatte ich den rettenden Einfall: »Jan, Mensch, ich hab's. Wir wechseln uns ab. Montag bin ich Kapitän. Dann gehorchst du mir. Dienstag bist du Kapitän, dann gehorch' ich dir. Mittwoch bin ich wieder Kapitän . . .«

»Das ist die Idee«, platzte da Jan heraus und klopfte mir auf die Schulter. Damit war dieses Thema erledigt. Jedenfalls für heute. Schließlich hatte der Nachmittag gerade erst angefangen, und irgend etwas mußte heute noch passieren. »Komm, wir gehen zu den Kuttern!« schlug ich vor. Unten am Kai lagen die Kutter. Morgens, vor Tagesanbruch, liefen sie immer aus und kamen am frühen Nachmittag in den Hafen zurück. Dann war ordentlich was

Husumer Hafen um 1900

los im Hafen. Von jedem Schiff wurden Fisch- und Krabbenkisten an Land geschleppt. Dem sahen wir gerne zu, außerdem kannten uns die meisten Fischer, was kein Wunder war, denn schließlich gehörten Jan und ich dazu.

Immerhin waren wir jeden Nachmittag im Hafen.

Für die Fischer war es jedesmal, wenn der Fang besonders gut war, ein Festtag, das brachte dann ordentlich Geld. Manchmal hatten sie so viel gefangen, daß sie gar nicht genug Arbeitskräfte hatten, um den Fang von Bord zu bringen. Dann wurden Jan und ich fast zu richtigen Seeleuten, die mithelfen durften, Fischkisten an Land zu schleppen. Und Geld gab's auch noch dafür, zwischen zwei und fünf Pfennig. Es kam ganz darauf an, wie lange wir arbeiteten.

Heute war nicht viel los. Die Fischer schleppten ihre Kisten selbst, für uns war kein Geschäft zu machen. Wir schlenderten an der Pier entlang und hofften, daß vielleicht doch noch etwas passieren würde. Aber es passierte nichts. Nur eine Katze holte einen Hering aus einer Kiste und sprang in Riesensätzen davon. Einer der Arbeiter fluchte hinter der Katze her, die natürlich längst verschwunden war.

Jan grinste. Immer wenn er so grinste, wußte ich, daß er etwas im Schilde führte. »Komm mal mit«, sagte er, und ich folgte ihm. Am äußersten Ende der Pier war der Liegeplatz von Knudsens Kutter. Ein paar Kisten waren am Kai gestapelt, aber kein Knudsen weit und breit. So unauffällig wie es ging, näherten wir uns den Kisten. Die nächsten Menschen waren so weit entfernt, daß sie unmöglich merken konnten, was wir vorhatten. Also waren wir mit den Fischkisten von Knudsens Kutter allein, und in den Kisten waren Heringe. Jan und ich, wir verstanden uns auch ohne Worte. Jan nickte, ich verstand. Und dann bedienten wir uns mit beiden Händen, jeder von uns stopfte zwei Heringe in jede Hosentasche, wir schauten nochmal, ob keiner geguckt hatte, und dann rannten wir in wilder Jagd davon. Wir liefen so schnell, wie man mit zwei Heringen in jeder Hosentasche rennen konnte. Völlig außer Atem hielten wir kurz vorm Stadtwald an. Die Beute war in Sicherheit, der Wald ganz in der Nähe, trocken war es auch, verfolgt hatte uns niemand, und wir hatten einen Riesenhunger.

Streichhölzer und ein Messer hatte Jan immer in der Tasche. Wir suchten ein paar trockene Zweige, bald flackerte ein kleines Feuerchen. Wir legten Holz nach, dann schnitten wir uns einen Weidenstock. Vorher hatte Jan die Heringe ausgenommen. Wenig später hatte ich das Gefühl, daß sich dieser Nachmittag mal wieder gelohnt hatte, Jan und ich waren in unserem Element.

Jeder von uns hatte einen Hering auf seinen Weidenstock aufgespießt. Die Heringe brutzelten über der Flamme.

Das war ein Leben. Mir lief das Wasser im Munde zusammen, wenn ich die Heringe sah. Ich kam mir vor wie Robinson oder einer der Entdecker von Afrika, Amerika und was es sonst noch so gab. Ich war fest davon überzeugt, daß diese Helden auch die meiste Zeit damit verbracht hatten, Feuer zu machen und Fische zu braten. Von den Entdeckern und den fremden

Ländern hatte ich in der Schule gehört. Übrigens war Geographie das einzige Fach, in dem ich Hansen ertragen konnte.

»Weißt du was, Jan«, sagte ich. – »Nee, was?« – »Wir sollten uns überlegen, ob wir Kapitäne werden oder vielleicht doch lieber Entdecker.« Jan sagte gar nichts. Er hatte gerade den Mund voll.

War das ein Winter 1899 auf 1900! Bitterkalt war es in Husum, seit Mitte Dezember hatte es vier Wochen geschneit, geschneit, geschneit. Die Kutter im Hafen lagen bewegungsunfähig im gefrorenen Wasser fest. Man sah, wie das Eis wuchs. Zentimeter um Zentimeter türmte es sich im Fluß auf. Die Möwen litten, mußten höllisch aufpassen, daß sie nicht festfroren, sobald sie sich auf dem Eis oder den Pontons im Hafen niederließen. Noch nie vorher hatte ich soviel Schnee gesehen, Husum war verändert. Die Dächer der Häuser waren schneebedeckt, man konnte sich nur wundern, daß sie unter der zentnerschweren Schneelast nicht zusammenbrachen.

Im November 1899 war ich 14 geworden. Die Schule hatte ich hinter mir, Lehrer Hansen gehörte zu meiner Vergangenheit, jetzt konnte er andere Schüler mit seiner schnarrenden Stimme, seinem Eulengesicht, seinem ständigen Gerede vom Rechnen, Lesen und Schreiben ärgern, mich jedenfalls nicht mehr. Und Jan auch nicht. Natürlich gaben Jan und ich es nicht zu, daß wir uns insgeheim doch ein ganz klein wenig nach der Schule zurücksehnten. Gerade jetzt im Winter. Die anderen, jüngeren Kinder rauschten mit ihren selbstgebauten Schlitten die Hügel der Kiesgruben herunter. Großartige Berge gibt es in Husum nicht gerade. Andere Kinder hatten noch tollere Einfälle, bauten aus Stricken ein Geschirr, bastelten eine Deichsel, spannten Hunde vor ihre Schlitten und ließen sich durch die Straßen ziehen. War das ein Spaß!

Ich stand am Fenster und schaute hinaus. Jeden Moment mußte der Schneehut, den die Gaslaterne gegenüber trug, zusammenstürzen. Noch mehr Schnee konnte nicht auf dem Hut Platz finden. Ich war gespannt. Aber es passierte nichts. Die Schneeflocken torkelten weiter vom Himmel und ließen sich überall nieder. Ich starrte nach draußen. Wie der Winter das Aussehen der Menschen verändert. Alle dick vermummt mit Stiefeln, dicken

Filzjacken und Mützen, Ohrenschützern und roten Nasen. Manche sahen ganz komisch aus, und wie sie liefen! Auf dem Glatteis ist für einige schlecht gehen. Ich glaube, ich mußte damals lachen. Einige setzten vorsichtig einen Fuß vor den anderen, als gingen sie auf Schmierseife. Andere schlitterten alle paar Meter, als ob sie dadurch schneller vorankämen. Wieder andere hatten Schwierigkeiten, das Gleichgewicht zu halten. Ein paar Kinder liefen draußen vorbei. Auf dem Kopf trugen sie dicke, bunte Wollmützen. In der Hand hielten sie Schlittschuhe. Schlittschuhe hätte ich auch gerne gehabt. Und ich war ziemlich sicher, irgendwann einmal würde ich auch Schlittschuhe haben. Ich fand die Welt ziemlich ungerecht. Die Kinder der reichen Leute hatten Schlittschuhe. Ich hatte keine. Schlittschuhe findet man nicht auf der Straße, und wer sollte mir schon Schlittschuhe kaufen?

»Gottschalk, hast du nichts zu tun? Steh da nicht so rum, sonst mach ich dir Beine«, wurde ich aus meiner Winterbeobachtung gerissen. Der das gesagt oder besser gebrüllt hatte, war Jepsen, mein Lehrherr. Er war Kolonialwarenhändler und ich sein Botenjunge. Ich war also damals nicht Kapitän, noch nicht einmal Seemann. Gleich nach der Schule hat mein Vater gesagt, Schlosser bei der Eisenbahn könnte ich nicht werden, dazu sei ich zu schwach, er hätte mit Jepsen geredet, der würde einen tüchtigen Lehrjungen brauchen, außerdem: Mehl, Zucker, Salz und Pfeffer bräuchten die Menschen immer, ich hätte also einen Beruf mit Zukunft. Schnell ging alles, ich zog zu Hause aus, mein Bruder Fritz hatte unser Bett nun für sich allein; ich zog bei Jepsens ein. Nicht richtig bei Jepsens im Haus natürlich, sondern in eine kleine, feuchte und dunkle Kammer, die direkt neben der Vorratskammer gelegen war. Noch heute habe ich den Geruch von gesalzenen Heringen und gepökeltem Schweinefleisch in der Nase. Das war eine Kammer, die so klein war, daß ich mich kaum darin umdrehen konnte, mit einem kleinen, schmalen Bett drin und einem Stuhl. Das war alles. Morgens um sechs Uhr war Arbeitsantritt, und abends um acht Uhr war Feierabend. Sechs Tage in der Woche wurde gearbeitet, am Sonntag war frei. Ich schleppte Mehl- und Zuckersäcke, mußte Mehl und Zucker pfundweise abpacken, Gewürze wiegen, das Lager und den Laden fegen, Botengänge machen, ausliefern nennt man das, Pferdefuhrwerke mit neuen Lieferungen abladen, manchmal hieß es bei Frau Jepsen die Wohnung schrubben, ich mußte endlos lange Listen führen, genau aufschreiben, was im Lager war und in den Laden kam, und wehe, es stimmte mal etwas nicht. Dann war Jepsen unerbittlich. Er schrie nicht nur, er schlug mich auch. Genau wie mein Vater. Ich war also vom Regen in die Traufe gekommen.

Jan hatte es keinen Deut besser als ich. Lehrjunge in der Eisenwarenhandlung Johannsen war er. Bei mir waren es Zucker, Mehl und Rosinen, bei ihm Schrauben, Dübel und Krampen. Auch seine Arbeitszeit begann um sechs Uhr und endete am späten Abend, auch er hatte einen Lehrherrn, der keinen Spaß verstand – auch er hatte vorerst seinen Traum vom Kapitän verschieben müssen.

Die schöne Zeit war also vorbei: für uns der Hafen, die Fischkutter, die Seeleute, der Geruch von Teer und Wasser, unser freies Leben im Hafen, unsere Treffen am Schuppen, unsere Zusammenkünfte am Stadtwald – vorbei. Nur einmal in der Woche, am Sonntag, konnten wir uns noch treffen. Es war immer das gleiche, wir hatten uns viel zu erzählen. Er schimpfte über Johannsen und ich über Jepsen. Wie damals, als wir noch die Schulbank gedrückt hatten, teilten wir die Pfeife. Das waren die einzigen schönen Stunden des Kolonialwarenlehrjungen Max Gottschalk und seines Freundes Jan Petersen. Nach Hause, zu meiner Mutter und meinem Vater und meinen Geschwistern ging ich nur selten am Sonntag, und wenn, dann höchstens für eine Stunde. Was ich dort hörte, war jedesmal das gleiche: »Lehrjahre sind keine Herrenjahre«, sagte mein Vater. »Wenn ich Klagen über dich höre, wirst du deinen Vater kennenlernen. Sei froh, daß du einen so guten Vater hast, der dich einen anständigen Beruf lernen läßt.« Meine Mutter sagte nichts dazu. Was sollte sie auch sagen? Ihr Ältester, also ich, hatte gerade das Haus verlassen, der Jüngste kündigte sich bereits an. Ich hatte das Gefühl, so würde das weitergehen mit meiner Mutter – bis in alle Ewigkeit. Ich konnte es nicht ändern, mein Vater wollte es nicht ändern, meine Mutter durfte es nicht ändern, sie tat mir leid, jedesmal wenn ich sie sah. Immer hatte sie dieses schreckliche graue Kleid an, graue Haare hatte sie, furchtbar abgearbeitete Hände, und ich kann mich nicht daran erinnern, sie jemals anders gesehen zu haben als mit einem dicken Bauch. Wie oft dachte ich daran, wenn ich Kapitän wäre und mein eigenes Schiff hätte, ich würde sie einfach mitnehmen. Sollte doch mein Vater zusehen, wie er selber zurechtkäme. Aber leider war ich weder Kapitän, noch hatte ich ein eigenes Schiff, ich war nur Lehrjunge beim Kolonialwarenhändler Jepsen.

Ich drehte mich um. Jepsen sah aus wie eine Bulldogge. Jedesmal, wenn er mich anredete, bekam ich eine Riesenwut im Bauch. Mich schrie er an, er tyrannisierte mich, scheuchte mich umher, kontrollierte mich, nörgelte nur an mir herum, und wenn dann eine Kundin im Laden war, eine dieser vornehmen Damen, dann konnte man einen anderen Jepsen erleben: »Darf's noch ein Achtelpfund mehr sein, haben gnädige Frau sonst noch einen Wunsch, kann ich gnädiger Frau nur wärmstens empfehlen, die neue Blutwurst, die nehm' ich selbst, vielen Dank, hoffe, daß mich gnädige Frau recht bald wieder beehren.« Und dann machte Jepsen der gnädigen Frau rückwärts buckelnd die Tür auf, und sie ging zu ihrer draußen wartenden Kutsche. Meistens war ich es, der die schweren Taschen und Körbe hinausschleppen durfte, und kaum war ich wieder im Laden, noch außer Atem von der Schlepperei, giftete mich Jepsen wieder an, so als ob er nichts anderes zu tun hätte, als sich ständig neue Quälereien für mich auszudenken.

»Gottschalk, wenn du am Sonntag frei haben willst, dann aber flott: Käse und Wurst in die Kühlkammer, und zwar sorgfältig gestapelt! Und das Butterfaß bringst du raus, und dann wird gefegt, und die Diele wird feucht ausgewischt, und wenn das alles gemacht ist, Bürschchen, dann darfst du noch die Fenster putzen. So, und nun als erstes raus mit dir und Schneeschippen, oder soll sich die verehrte Kundschaft wegen dir die Beine brechen?«

Ich kochte, ließ mir aber nichts anmerken, sondern ging nach hinten in die Kammer, zog meine Jacke an, setzte die Mütze auf, nahm den Schneeschieber in die Hand und schaufelte zum fünften Male an diesem Tag den Schnee vor Jepsens Laden beiseite. Es schneite so stark, daß ich meine Hand nicht vor den Augen sah. Es war fast dunkel, und die Flocken tanzten im Licht der Gaslaterne. Ich schippte lustlos. Da war nichts, worauf ich mich freuen konnte. Ich glaube, ich freute mich noch nicht einmal auf den Sonntag und darauf, Jan zu treffen. Ich dachte an den Montag und daran, daß Jepsen dann wieder seine persönliche Unzufriedenheit und seinen Ärger an mir auslassen würde. Nachdem ich den Schnee beiseite geräumt hatte, hatte es Jepsen plötzlich sehr eilig. Das war mein Glück. Er wollte ins Deutsche Haus zum Kartenspielen und Biertrinken. Darum ging alles sehr schnell: Er schloß den Laden ab, ich war allein und konnte mir mit den Arbeiten, die mir mein Lehrherr aufgetragen hatte, Zeit lassen.

Ich hatte eine neue Leidenschaft entdeckt: das Zeitunglesen, und das hatte ich Jepsen zu verdanken. Bei meinem Vater war nie eine Zeitung im Haus, Jepsen aber las jeden Tag die Husumer Nachrichten. Wenn ich im Lager eine alte, von Jepsen ausgelesene Zeitung fand, dann freute ich mich auf den Abend in meiner Kammer. Dann war es die Zeitung, die mich mit der großen weiten Welt verband.

Manchmal wurden uns auch Waren angeliefert, die in alte Zeitungen eingewickelt waren. Diese Zeitungen rettete ich, glättete sie vorsichtig, faltete sie behutsam zusammen und versteckte sie unter meinem Bett. Im Laufe der Wochen und Monate hortete ich so einen ansehnlichen Zeitungsstapel.

Ich kroch in mein Bett und blätterte in meinen Zeitungen. Da las ich von Hamburg und den Schiffen Seiner Majestät, von deutschen Kolonialtruppen in Tanganjika und von Kriegen in fremden Ländern. Die großen Segelschiffe gerieten vor Kap Hoorn manchmal in Seenot, ich las von Amerika und Asien und vom Hamburger Hafen, der, so hatte ich das Gefühl, viel größer als der Husumer Hafen sein mußte. Hamburg, das war der Platz für einen wie mich, der sich viel mehr für die große Welt interessierte als für Jepsens Zucker und seine Blutwurst. Aber Hamburg war weit, ich war noch nie dort, ich war ohnehin nie fort aus Husum, mit einer Ausnahme, als ich meine Großeltern in Glückstadt besuchte.

Ich dachte nach. Vielleicht sollte ich morgen mit Jan einmal über Hamburg sprechen. Ich schaute auf meine Uhr, die ich von meinem Großvater zur Konfirmation bekommen hatte. Es war bald Mitternacht. Ich beschloß zu schlafen und löschte das Petroleumlicht.

Am Sonntag hatte es immer noch nicht aufgehört zu schneien. Jan und ich trafen uns immer in seinem Quartier, denn er durfte Besuch empfangen, ohne Ärger zu bekommen. Bei mir wäre es anders gewesen. Jepsen hätte mir keinen Besuch erlaubt. Ich stapfte durch den Schnee. Es war kalt. Trotzdem fror ich nicht, denn wenn man sich bewegt, kommt man gar nicht auf die Idee zu frieren. Ich ging in den Torweg hinein, der neben dem Eisenwarengeschäft Johannsen zu einem Hinterhof führte. Jan wußte, daß ich zu dieser Zeit kommen würde. Er stand vor dem Eingang seiner Kammer, die vom Hinterhof aus zu erreichen war und wartete bereits. Natürlich hatten wir uns viel zu erzählen, denn eine Woche war lang, wenn man sich nicht gesehen hatte. Jan erzählte von seiner Arbeit im Eisenwarengeschäft, und ich erzählte von Jepsen und wie er mich quälte. Plötzlich standen Jan und ich wieder so zueinander wie in den ganzen Jahren im Hafen, am Schuppen und an der Pier. Wir rauchten auch unsere alte Pfeife wieder, nur daß keine getrockneten Kräuter drin waren, sondern richtiger Tabak. Jan hatte richtigen Tabak aufgetrieben. Ich dachte an die Zeitungsberichte, die ich am letzten Abend in meiner Kammer gelesen hatte. Nun saß ich auf dem unbequemen Stuhl in Jans Kammer. Jan saß auf dem Bett und hatte die Pfeife zwischen den Lippen. Er paffte und machte die Luft blau und schwer. Ich fühlte mich wohl. Ich war sicher, daß heute etwas passieren würde.

»Jan, wir müssen nach Hamburg«, sagte ich. Er dachte einen Moment nacht. »Nach Hamburg. Was sollen wir denn in Hamburg?« fragte er entgeistert, so als hätte ich ihm gesagt, daß wir morgen nach Australien sollten. Ich erklärte ihm alles:

»Jan, wenn wir Kapitän werden wollen, dann können wir das nicht in Husum. Hier kannst du nur Eisenhändler werden und ich nur Käse und Wurst verkaufen. Die hier in Husum wissen gar nicht, wie groß die Welt wirklich ist. Die hört nicht einmal in Hamburg auf. In Hamburg beginnt sie erst richtig. Die Schiffe dort sind ganz anders als unsere Kutter hier im Hafen. Du, die fahren in die ganze Welt, nach Australien und Amerika und Afrika, überall hin. Ich gehe nach Hamburg, Jan. Ich werde Kapitän. Kommst du mit?«

Ich hatte mich in Jan natürlich nicht getäuscht, schließlich war er mein Freund und genauso alt wie ich, bald 15 Jahre alt. Und Kapitän werden wollte er genauso wie ich. »Na klar, komme ich mit«, sagte er, »wann wollen wir los?« – »Wir dürfen nichts überstürzen, wir brauchen etwas Geld, und vor allem müssen wir herausfinden, wie wir am besten nach Hamburg kommen und was wir machen, wenn wir in Hamburg sind.«

Jan dachte nach, dann grinste er, und ich merkte an seinem Grinsen, daß er eine gute Idee hatte. »Du, Max«, sagte er, »stell dir mal vor, was dein Jepsen und mein Johannsen für Gesichter machen werden, wenn Max Gottschalk und Jan Petersen plötzlich nicht mehr da sind. Der Jepsen muß dann seine Kartoffelsäcke selber schleppen, und bei mir ist Schluß mit Linksgewinde und Rechtsgewinde.« Jan war Feuer und Flamme. Er reichte mir die Pfeife. Ich nahm zwei, drei Züge.

»1900«, sagte ich. »Ein neues Jahrhundert, in dem wir zuerst Hamburg und dann die ganze Welt erobern werden. Jan, nichts auf der Welt kann uns davon abhalten, Kapitän zu werden. Wir werden es schaffen. Eines Tages werden wir nach Husum zurücksegeln, und alle werden an der Pier stehen, wenn Max Gottschalk und Jan Petersen als Kapitäne nach Husum zurückkommen.«

»Max, nun übertreib mal nicht. Du tust ja so, als seien wir schon weg. Jetzt beginnt erst die harte Arbeit: Vorbereiten. Das Bündel packen. Die Groschen sparen, und dann Abschied nehmen von der Familie«, sagte Jan.

»Du spinnst wohl. Abschied nehmen. Das geht nicht. Wenn mein Vater davon erfährt, daß ich nach Hamburg will, schlägt er mich tot. Nein, ich werde schreiben. Von Hamburg aus werde ich schreiben. Damit wenigstens Mutter weiß, daß es mir gutgeht.«

Wir gingen nach draußen, um unser Gespräch unten im Hafen oder im Stadtwald fortzusetzen. Durch den engen Torweg liefen wir zurück auf die Hauptstraße. Es hatte immer noch nicht aufgehört zu schneien.

Die Kirche war gerade aus, als wir durch den Schnee in Richtung des zugefrorenen Hafens stapften. Die reichen Bauern, die uns überholten, saßen in Schlitten, hatten sich mit Decken warm zugedeckt, und die Pferde beeilten sich, zurück aufs Gehöft zu kommen. Es war ruhig und friedlich. Selbst die beschlagenen Pferdehufe machten auf der festgefahrenen Schneedecke keinen Lärm.

»So einen Schlitten mit zwei Pferden davor müßte man haben, Max. Damit könnten wir bis nach Hamburg fahren, und wahrscheinlich noch viel weiter.« Jan bückte sich, zog seine Handschuhe aus und machte einen Schneeball, den er dem vor uns fahrenden Pferdeschlitten nachwarf. Dann wurde er ernst. »Sag mal, was meinst du, wann wollen wir los, Max?«

Ich dachte an nichts anderes mehr als an Hamburg. Wie gerne wäre ich noch am selben Tag gegangen. Aber ich war überzeugt davon, daß der Plan noch besser klappen würde, wenn alles gut vorbereitet und organisiert war. »Jan«, sagte ich, »wichtig ist, daß wir einen Plan haben und beide wissen, daß wir wegwollen. Dann kommt es gar nicht darauf an, ob wir einen Monat früher oder später gehen. Wir müssen Geld sparen, damit wir die erste Zeit in Hamburg durchkommen.«

Wir hatten den Hafen erreicht. Der Platz vor unserem Schuppen lag unter einer Schneedecke, ich kratzte mit meinem Stiefel an einer Stelle den Schnee weg, darunter war blankes Eis. Auf dem zugefrorenen Hafenbecken liefen Kinder zwischen den Kuttern Schlittschuh. »Komisch«, sagte Jan, »alles sieht so fremd aus, als wäre das gar nicht unser Hafen. Manchmal denk' ich, die Kutter würden nur warten, bis das Eis schmilzt und sie endlich wieder in die Nordsee rauskönnen.« Ich dachte nach. Was Jan gesagt hatte, stimmte. Zwischen diesen Fischkuttern und uns gab es eine Ähnlichkeit.

Anfang März schmolz der Schnee, Ende Mai war der Frühling da. Wir waren immer noch in Husum, ich bei Jepsen und Jan bei Johannsen. Keine Abwechslung. Säcke schleppen, das Lager ausfegen, in meiner Kammer liegen, nicht schlafen können und die Zeitungen studieren. Inzwischen hatte unser Plan Formen angenommen: Wir wußten genau, daß Hamburg nicht unser Ziel, sondern nur der Ausgangspunkt sein würde. In Hamburg würden wir auf einem der großen Segelschiffe anheuern, und dann sollte es hinaus in die Welt gehen. Jeden noch so kleinen Zeitungsartikel über fremde Länder und die Ozeane hatte ich verschlungen, 40 Mark hatte ich gespart. Jetzt war Ende Oktober. In 14 Tagen würde ich 15 werden. Noch vor Weihnachten sollte es losgehen.

Die Besuche bei meinen Eltern waren seltener geworden. Nur noch alle zwei Wochen besuchte ich sie in ihrem Haus am Westernende. Bei ihnen hatte sich nichts geändert, Mutter arbeitete immer mehr, Vater trank oft.

Mit meinen Geschwistern konnte ich auch nicht viel anfangen. Im nächsten Jahr würde Fritz aus der Schule kommen und Schlosser werden. Kräftig genug war er dazu. Er war einen ganzen Kopf größer als ich.

Jetzt war dieses Jahr 1900 fast vorbei. An einem Sonntag Mitte Dezember war der große Tag. Vormittags hatte ich Jan getroffen. Wir hatten alles besprochen. Um Mitternacht wollten wir uns vor dem Stadtwald treffen und dann die ganze Nacht Richtung Süden laufen, bis uns vielleicht irgendein Pferdefuhrwerk mitnehmen würde.

Ich hatte 50 Mark, meine Taufurkunde, meine Konfirmationsurkunde, ein Brot und Käse, eine Flasche Milch und das, was ich am Leibe trug, als ich pünktlich um Mitternacht am Stadtwald auf Jan wartete. Ich wartete bis zwei Uhr. Jan kam nicht. Dann machte ich mich auf den Weg.

Frau Kitler

Vier Tage habe ich gebraucht, um nach Hamburg zu kommen. Immer wieder, fragte ich mich, warum Jan nicht gekommen war. Hatte er es sich anders überlegt? War etwas dazwischengekommen oder war es vielleicht Angst vor dem Schicksal, das uns in der fremden Stadt Hamburg erwarten würde. Ich hatte viel Zeit zum Nachdenken auf meinem Weg nach Hamburg. Nachts schlich ich mich heimlich in Scheunen, tagsüber lief ich und hatte das Gefühl, daß die Strecke nie enden würde.

Mein Plan war einfach: Ich hatte 50 Mark, ein Vermögen, in der Tasche, genug, um meine bescheidene Vorstellung von einem Seemannsleben in die Tat umzusetzen.

Hundemüde kam ich in Hamburg an. Ich hoffte, am Bahnhof Leute kennenzulernen, die mir behilflich sein würden und fragte mich wild entschlossen durch. Abends um halb elf kam ich am Bahnhof an, wo ich ein großes Schild entdeckte: »Hammonia-Schlafsäle, Bett 50 Pfennig und 75 Pfennig pro Nacht.« Das erschien mir großartig. Genau das Richtige für mich. Ich bestellte ein Bett für 75 Pfennig. Der Portier führte mich in einen Saal, in dem sechs Betten standen, und das hielt ich für einen großen Luxus.

Ich stellte meine Habseligkeiten ab und wanderte durch St. Pauli. Gelesen hatte ich davon. Das war es nun also, das Vergnügungsviertel für Seeleute aus aller Welt. Ich war schwer beeindruckt. Chinesen sah ich und Schwarze. Vor all den Gaststätten standen buntgekleidete Personen, die jeden ansprachen, der vorbeiging und in ihre Höhlen schleppen wollten. Ich sah Betrunkene, gegen die Jepsen, wenn er am Samstag berauscht aus dem Deutschen Haus kam, noch nüchtern war. Und ich sah Mädchen, ich glaub' an diesem Abend sah ich mehr Mädchen als in ganz Husum. Und diese hier rauchten auf der Straße, so was hatte die Welt noch nicht gesehen. Und wie sie dastanden, mit dem Rücken an Hauswände oder Laternenpfähle gelehnt,

wie sie jeden musterten, der an ihnen vorüberlief. Einige hatten sich Fuchs-
pelze um den Hals geworfen und waren so stark angemalt, wie ich es mein
Leben noch nicht gesehen hatte. »Kommst du mit?« hat mich eine gefragt.
»Nee«, hab' ich blitzschnell geantwortet. Die sah nicht so aus, als könne sie
mir helfen, auf ein Schiff zu kommen.

Am nächsten Morgen war ich schon früh wach, obwohl ich erst spät ins
Bett gekommen war. Es war wohl die Aufregung, die mich nicht schlafen
ließ. Ich erkundigte mich beim Portier des Hotels, wie man auf ein Schiff
kommt. Er gab mir den Tip, zu einer Reederei zu gehen. Von ihm bekam ich
sogar ein paar Adressen.

Als erstes fragte ich mich zur Reederei Laeisz durch. Die Schreibkraft dort
war sehr nett und hilfsbereit, als ich ihr mein Anliegen, Schiffsjunge zu
werden, vortrug. Sie versprach sogar, meinen Namen zu notieren und auf
eine Anmeldeliste zu setzen. Dann wollte sie von mir einen Erlaubnisschein
meines Vaters haben, eine Urkunde über mein Alter, und mein Geld wollte
sie auch sehen, ob ich auch in der Lage sei, meine Ausrüstung zu bezahlen.

Meine Taufurkunde hatte ich dabei; alt genug, um Schiffsjunge zu werden,
war ich, Geld für eine Ausrüstung hatte ich auch. Nur mit der Unterschrift
meines Vaters, das war so eine Sache. Aber Gott sei Dank gab es ja noch
andere Reedereien. Alle klapperte ich ab, und überall tauchte die gleiche
Frage auf, die Frage nach dem Erlaubnisschein meines Vaters. Ich war
entsetzt. Nie im Leben hatte ich gedacht, daß es so schwer sein würde, eine
seemännische Karriere zu starten.

Nachts schlief ich im Hotel, tagsüber trieb ich mich im Hafen rum, da, wo
die großen Segelschiffe festmachten, bevor sie wieder in aller Herren Länder
fuhren. Ich war neidisch auf jeden Seemann und entschlossen, irgendwann
das Deck eines dieser Schiffe zu betreten. Wenn nur dieser verfluchte
Erlaubnisschein nicht wäre. Ich zerbrach mir den Kopf, wie ich es bewerk-
stelligen könnte, meinen Plan zu verwirklichen, und hatte auch eine Idee:
Wenn mich die in den Reedereien immer nach einem Schein mit der
Unterschrift meines Vaters fragten, vielleicht würden die Kapitäne das nicht
tun. Ich ging wieder zum Segelschiffhafen. Wieder war ich beeindruckt von
dem dichten Mastenwald. Ich muß wohl ein bißchen unschlüssig in der

Gegend rumgestanden haben. Jedenfalls sprach mich plötzlich einer auf plattdeutsch an, der aussah wie ein alter Seemann. »Was suchst du denn, Junge?« – »Ich will auf ein Segelschiff!« – »Und wo kommst du her?« – »Ich komme aus Husum.« Dann sagte er eine Weile gar nichts mehr, bis auf einmal sein ohnehin schon faltiges Gesicht noch faltiger wurde. Er lachte verschmitzt, und irgendwie wußte ich, daß ich Vertrauen zu ihm haben konnte.

»So, so, auf ein Segelschiff willst du, als Schiffsjunge!« Wieder machte er eine längere Pause. »Und deine Eltern wissen natürlich nichts davon?« Ziemlich kleinlaut mußte ich zugeben, daß er recht hatte, und schüttete ihm mein Herz aus. Und natürlich wollte ich auch von ihm wissen, warum er die Sache mit dem fehlenden Erlaubnisschein gemerkt hatte. Da zwinkerte mir der Alte zu und prustete heraus: »Junge, so wie du sehen alle aus, die Schiffsjunge auf einem großen Segler werden wollen. Und die stellen alle die gleichen dummen Fragen und denken, die Kapitäne stehen hier nur so an der Pier herum und warten, bis so einer wie du kommt. Wie heißt du eigentlich?«

»Ich heiß' Max Gottschalk.« – »Ich heiß' Pinkas«, sagte der Alte und reichte mir seine Pranke, die so groß wie eine Bratpfanne und so rauh wie ein Reibeisen war. »Und nun hör gut zu, was dir der alte Pinkas sagt: Heute ist es nicht mehr wie vor hundert Jahren, als die Jungen anheuern auf einem Segler konnten, wann immer sie dazu lustig waren. Jeder Reeder will Papiere sehen, und ohne Papiere läßt dich kein Kapitän an Bord. Diese Papiere kriegst du aber in deinem Alter nur, wenn dein Vater dir erlaubt, dein Glück in der Seefahrt zu suchen. Ohne Erlaubnisschein kannst du also kein Seemann werden. So ist das nun mal.«

Ich war verzweifelt und befürchtete schon, nach Husum zurückzumüssen. Aus der Traum von fernen Ländern und von der Kapitänskarriere. Zurück nach Husum in Jepsens Lager zu den Mehlsäcken. Pinkas konnte wohl Gedanken lesen und setzte wieder sein freundlichstes Grinsen auf.

»Junge, ich will dir ja helfen. Ich bin doch kein Unmensch. Ich hab' da so eine Idee.« Ich schöpfte wieder Hoffnung. Zunächst aber klopfte er mir, wohl als kleine Aufmunterung, so fest auf die Schulter, daß ich fast in die Knie ging.

»Und nun hör mir genau zu. Du gehst jetzt in die Kohlgasse 14 und meldest dich bei Frau Kitler. Der bestellst du einen schönen Gruß von Pinkas, und dann sehen wir weiter.« Pinkas hörte sich sehr bestimmt an. »So, und nun sieh zu, daß du da hinkommst. Und wenn du nicht klarkommst, dann findest du mich in der ›Blauen Südsee‹. Da bin ich jeden Abend, du brauchst nur nach mir zu fragen.« Auf einmal hatte ich es furchtbar eilig. Ich wollte nun, so schnell es ging, mit Frau Kitler reden.

Die Kohlgasse ist eine schmale, graue Straße im ältesten Hamburger Hafenviertel. Am Haus Nr. 14 führte eine schmale, steile Holztreppe nach oben. Auf dem Türschild stand nur ein Name: Ilse Kitler. Ich bediente den Messingklopfer und wartete einen Moment, bis eine Frau mir aufmachte. Sie musterte mich von oben bis unten.

»Ich möchte zu Frau Kitler«, sagte ich schüchtern. »Und was willst du von Frau Kitler?« fragte die Frau. Ich stotterte: »Pinkas schickt mich.« Mehr kam nicht heraus.

»Na, wenn du von Pinkas kommst, dann herein mit dir«, sagte sie. »Ich bin Frau Kitler.«

Frau Kitler ging ins Haus und ich folgte ihr, wobei ich mich nach allen Seiten umsah. Als erstes fiel mir ein Viermastschiff an der Wand auf, das ich mit großen Augen anstarrte. »Haben Sie das gemacht?« fragte ich. Frau Kitler schien meine Frage überhört zu haben. Ich sah mich weiter um. An der Decke hing ein ausgestopfter, fliegender Fisch, und auf der Kommode standen fremdartig aussehende Vasen. In einer Ecke stand ein Käfig, darin hockte ein Papagei, der war bestimmt 100 Jahre alt!

Frau Kitler gab mir einen Wink, mich auf ein altes Sofa zu setzen. Ich traute mich nicht, meinen Mund aufzumachen. Verstohlen musterte ich Frau Kitler. Sie kramte in der Kommode, wühlte irgendwelche Zettel durch und sagte kein Wort. Dann verschwand sie aus dem Zimmer und kam ein paar Augenblicke später wieder herein.

Sie war ungefähr so alt wie meine Mutter, nur im Gegensatz zu meiner Mutter war Frau Kitler eine richtige Dame. So sah sie jedenfalls aus. Sie hatte blonde Haare, die mit Hilfe vieler Nadeln hochgesteckt waren. Ihr Gesicht war gepudert und ihr Mund rot angemalt. Sie erinnerte mich irgendwie an eine der feinen reichen Damen aus Husum, die in Jepsens Laden einkauften und denen ich immer die schweren Körbe zur Kutsche schleppen mußte.

Frau Kitler trug einen schwarzen Rock und schwarze geschnürte Schuhe mit hohen Absätzen. Und sie hatte eine weiße Bluse mit furchtbar vielen Rüschen an. Am meisten aber faszinierte mich ihr Schmuck. So viel Schmuck hatte ich überhaupt noch nicht gesehen. Ich starrte Frau Kitler beeindruckt an.

An jeder Hand hatte sie drei prächtige dicke Ringe mit grünen, blauen und weißen Steinen. Sie trug eine Brosche, eine lange Halskette aus Perlen und hatte an jedem Handgelenk zahlreiche goldene Armbänder. Sie mußte eine furchtbar reiche Frau sein, wahrscheinlich viel reicher als die feinen Damen in Husum. Ich hockte nur so da und starrte. Endlich setzte sich Frau Kitler auf einen der Sessel und brach das schreckliche Schweigen. Ihre Stimme war barsch. »Wie heißt du?« fragte sie.

»Max Gottschalk«, antwortete ich. – »Wie alt?« – »15 Jahre.«

Frau Kitler holte eine Zigarette aus einer kleinen, silbernen Schatulle, die auf dem Tisch stand und zündete sie sich an. Dann nahm sie einen Zug und dachte nach. Später fragte sie mich weiter aus. Ich hatte ein bißchen Angst und ahnte, daß Frau Kitler mein Schicksal sein könnte.

»So, Pinkas schickt dich also«, sagte sie und blies einen Rauchring in meine Richtung.

»Ja.«

»Schiffsjunge willst du werden?« Sie machte eine Pause. »Und natürlich hast du keine Papiere?« – »Nein, jedenfalls keine . . .«

Sie unterbrach mich. »Hast du wenigstens Geld?« fragte sie, und ich sah, wie ihre Augen aufleuchteten.

»Klar hab' ich Geld«, antwortete ich wie aus der Pistole geschossen, »fast 40 Mark habe ich noch.«

»40 Mark«, sagte sie spöttisch, »40 Mark, ein bißchen wenig, um bei mir Schiffsjunge zu werden.« Wieder zog sie an ihrer Zigarette. Dann stand sie auf und goß sich aus einer kristallenen Flasche ein Glas ein. Wieder schwieg sie.

Ganz langsam, so als müßte sie sich jedes Wort genau überlegen, sagte sie dann: »Na gut, wenn du kein Geld hast, müssen wir einen Kapitän finden, der für dich zahlt!«

Ich verstand kein Wort. Wieso einen Kapitän finden, der für mich zahlt? Wieso hatte sie mich überhaupt nach Geld gefragt? Endlich traute ich mich, eine Frage zu stellen. »Ich verstehe das alles nicht. Pinkas hat mich zu Ihnen geschickt und mir gesagt, daß Sie mir helfen könnten, Schiffsjunge zu werden. Was hat das mit meinem Geld zu tun?«

»Nun paß genau auf«, sagte Frau Kitler. »Du mußt wissen, mein Junge, daß man alles auf der Welt haben kann. Aber man muß für alles bezahlen. Schön, du hast keine Papiere. Das ist deine Sache. Jetzt willst du trotzdem Schiffsjunge werden. Unter diesen Umständen ist das meine Sache. Ich werde dir helfen – aber du bist ja vernünftig und wirst verstehen, daß das Geld kostet. Also wird dein Kapitän für dich zahlen müssen, und das, was er mir zusätzlich zahlt, wird er dir von der Heuer abziehen. Und nun holst du deine Sachen, und ich kümmere mich um deine Stelle. Um sechs Uhr bist du wieder hier.«

Der Schiffsjunge

Diesmal hatte ich weniger Angst, als ich das Haus der geheimnisvollen Frau Kitler betrat. Frau Kitler war auf einmal richtig freundlich, jedenfalls kam mir das so vor, und ich war sehr aufgeregt. »Max, ich habe eine Stelle für dich«, eröffnete mir Frau Kitler. »Morgen nachmittag gehst du an Bord, mit dem Kapitän ist alles geregelt. Morgen vormittag kaufst du deine Ausrüstung, und am Abend läuft ihr aus. Die Reise geht nach Kalifornien.« Sie sagte das, als ob es für einen wie mich selbstverständlich sei, mal eben nach Kalifornien zu segeln. Ich schluckte. Kalifornien. Kalifornien. Davon hatte ich gelesen. Ich konnte mein Glück kaum fassen. Am liebsten hätte ich die ganze Welt umarmt, eingeschlossen Frau Kitler. Aber ich ließ mir nichts anmerken. Und dann dachte ich an Jan, an meine Eltern, an meine Geschwister, an Jepsen und an Husum. Ich hatte mir vorgenommen, als Kapitän nach Husum zurückzukommen, und jetzt war ich auf dem besten Wege dazu.

Ich schlief nicht gut in meiner letzten Nacht an Land in der Dachkammer von Frau Kitlers Haus. Das war die Wende meines Lebens, von der ich im Hafen von Husum immer geträumt hatte.

Am nächsten Tag begleitete mich Frau Kitler zu einem Schiffsausrüster. Hier wurde eingekauft: warme Sachen, Ölzeug, ein großes Messer, Pfeife und Tabak. Ich war mächtig stolz und kam mir bereits wie ein richtiger Seemann vor. Nachmittags war es dann soweit. Frau Kitler brachte mich dorthin, wo das Schiff lag und verabschiedete sich kühl von mir. Irgendwie konnte ich sie nicht verstehen. Erst viel später, als ich anderen Seeleuten meine Geschichte erzählte, wie ich zur Seefahrt und auf ein Schiff gekommen war, wurde ich über Frau Kitler aus Hamburg aufgeklärt: Sie lebte davon, Schiffsjungen ohne Papiere zu vermitteln. Sie lebte sogar nicht schlecht davon.

Das Schiff war ein norwegisches Vollschiff, ein Dreimaster, die »Olaf«.

Ein Matrose übernahm mich an Bord. Er führte mich in die Koje, in der mein Schlafplatz war, packte Matratze und Keilkissen hinein und sagte zu mir in gebrochenem Deutsch:

»So, mein Junge, eins mußt du dir bis in alle Ewigkeit merken: Zuerst kommt das Schiff, und dann kommst du.«

Wir hatten Kälber für Kalifornien an Bord. Zu meinen Aufgaben gehörte es, die Ställe auszumisten. Da ich die Kälber nicht aus ihren Verschlägen herauslassen konnte, mußte ich zu ihnen hinein. Eines der Kälber drängte sich, kaum, daß ich zu ihm hineingekommen war, immer ganz dicht an mich heran und rieb sich an mir, daß der Dreck bloß so spritzte. Bald sah ich nicht nur aus wie ein Kalb, ich roch auch so. Alle machten einen Bogen um mich. Hier lag eine kolossale Ungerechtigkeit vor. Und ich kam mir ungerecht behandelt vor: Schiffsjunge wollte ich sein, und was mußte ich machen? Ställe ausmisten!

Anfangs hatte ich Angst, auf den Mast zu klettern. An jeder Sprosse klammerte ich mich fest und glaubte schon nach wenigen Metern in schwindelnder Höhe zu stehen. Voller Neid sah ich die Matrosen hoch oben herumturnen. Vor der Elbmündung lagen wir vor Anker und warteten auf Wind. Das war eine gute Gelegenheit, mich bei ruhigem Wetter an die Masten zu gewöhnen und das Klettern zu üben. Wache gehen heißt, abwechselnd vier Stunden zu schlafen und vier Stunden an Deck zu sein. Da hatte ich viel Zeit zum Nachdenken. Wenn ich von Deck aus die Straßenlaternen von Cuxhaven sah, bekam ich ein ganz klein wenig Heimweh. Ich war 15, in ein paar Tagen war Weihnachten, und es war nur eine Frage des Windes, wann ich Deutschland endgültig verlassen würde.

Endlich, nach drei Tagen Flaute kam Wind auf, wir setzten Segel und nahmen Kurs auf Südamerika. Durch den Ärmelkanal ging es in den Atlantik, vorbei an den Azoren, immer Richtung Äquator. War das eine Reise! Kapitän und Offiziere, sogar jeder Matrose nahm sich das Recht heraus, mich zum Seemann zu erziehen. Das heißt, auf der »Olaf« war es nicht anders als auf den anderen Seglern, der Schiffsjunge war der Prügelknabe; mein ehemaliger Lehrherr, der Kolonialwarenhändler Jepsen aus Husum war also nicht der einzige, der mich unwürdig behandelte. Manchmal kochte ich vor Wut. Lehrjunge? Schiffsjunge? Überall das gleiche! Allmählich lernte ich von den Matrosen, was es nur zu lernen gab. Ich wuchs in meinen neuen Beruf, und bald fühlte ich mich auf dem Schiff zu Hause, schnappte jeden Tag ein paar neue englische oder norwegische Brocken auf und gab mir alle Mühe, die Seemannssprache zu lernen. Der Steuermann war mein Freund, der Kapitän schien mich zu hassen. So sehr ich mich auch bemühte, ihm alles recht zu machen, er kritisierte und fluchte und warf mit allem nach mir, was ihm unter die Finger kam. Trotzdem hatte ich es ihm zu verdanken, daß ich hier auf diesem Schiff war. Er war es schließlich, der mich von Frau Kitler gekauft hatte. Ich fragte mich, ob er das Geschäft am liebsten rückgängig gemacht hätte. Aber das war mir völlig egal. Dazu war es jetzt ohnehin zu spät. Am schönsten waren für mich die warmen Abende an Deck. Wenn ich mit den Matrosen zusammensaß, wenn einer auf dem Schifferklavier spielte und leise dazu sang, bis alle, einer nach dem anderen, in den Gesang einfielen und sie ihre norwegischen Seefahrtslieder sangen, und wenn sie ihr Seemannsgarn sponnen. Das waren Geschichten, die von Rum und Mädchen und durchzechten Nächten handelten; und von Orkanen und Taifunen auf See. Ich war dann immer sehr stolz darauf, in der Runde dieser Helden zu sitzen. Ja, für mich waren sie wirklich Helden. Jørgen, einer der Vollmatrosen an Bord, zeigte mir alles, was ich noch nicht kannte. Einmal war es die zischende Fontäne eines blasenden Wales; gehört hatte ich von diesen Tieren schon viel, trotzdem empfand ich es als ein ungeheuer spannendes Erlebnis, als ich zum ersten Mal die meterlangen schwarzen Körper aus dem Wasser auf- und wenige Meter weiter wieder eintauchen sah. Fliegende Fische sahen wir auch, und manchmal begleiteten Delphine das Schiff.

Abends gegen sechs schüttete der Smutje immer Abfälle über Bord. Zuerst wußte ich nicht, was so furchtbar aufregend daran war: Alle Matrosen, die gerade nicht arbeiteten, versammelten sich dann dort an der Reling, wo die Abfälle über Bord gegangen waren und schauten gebannt ins Wasser. Meistens dauerte es nur Sekunden, manchmal wenige Minuten, bis das Meer aufgewühlt wurde. »Haie, die um die Abfälle kämpfen«, erklärte mir Jørgen. Von da an sah ich jeden Tag bei der Haifütterung zu.

Je näher wir dem Äquator kamen, desto ausgelassener wurde die Besatzung. Äquatortaufe hieß das Zauberwort. Ich hatte zwar schon viel davon gehört, konnte mir aber nichts darunter vorstellen. Eine Äquatortaufe, das ist eine tolle Sache, dachte ich, wenn ich die Matrosen so reden hörte. Was ich allerdings nicht wissen konnte, ist, daß die Taufe für alle angenehm ist – nur nicht für den, der getauft werden soll. Einziger Täufling auf dieser Reise war ich.

Jedenfalls ist die Äquatortaufe ein großes Ereignis im Leben jedes Seemanns. Jeder, der zum ersten Mal über den Äquator fährt, empfängt sie. Am Abend vor meiner Taufe waren alle auf dem Schiff sehr beschäftigt. Am Bug wurde eine Plattform befestigt. Von da kletterten einige graue Gestalten an Deck und riefen: »Schiff ahoi! Wie heißt das Schiff?« Der Kapitän nannte dann den Namen und rief die Gestalten zu sich. Es waren Neptun, der Meeresgott, und sein Gefolge. Neptun schickte seine Gesandten zum Kapitän und wollte die Namen der Seeleute wissen, die noch nicht getauft waren. Der Kapitän zeigte auf mich und nannte meinen Namen: »Hier, der Schiffsjunge, Max Gottschalk heißt er.«

Alle Augen richteten sich auf mich. Ein paar Matrosen grinsten und tuschelten hinter der vorgehaltenen Hand. Mir war gar nicht zum Lachen zumute. Im Gegenteil, mir war mulmig, und ich konnte mir keinen Reim darauf machen, was mich erwarten würde. Der Meeresgott verschwand mit seinem Gefolge wieder am Bug des Schiffes, indem er sich auf die Plattform herunterseilte. So sah es aus, als würde Neptun wieder in sein Reich hinabsteigen.

Am nächsten Morgen war er wieder an Deck, um die Taufe zu überwachen. Dick und fett stand er da, mit einem langen weißen Bart. In der Hand trug er einen Dreizack, um die Schultern einen Mantel aus Schlingpflanzen. Ein Pastor war natürlich auch da und ein Friseur, der mich Täufling brutal rasieren sollte. Allmählich kam mir die ganze Angelegenheit ganz lustig vor. Fast wie Karneval, von dem ich einmal in den Husumer Nachrichten gelesen hatte. Neben dem Friseur stand der Einseifer mit einem riesigen Rasierpinsel und einem Teerpott. Alles sah sehr feierlich aus, nur die Matrosen grinsten. Aber die hatten auch gut lachen, die hatten das Ganze ja schon hinter sich.

Zuerst wurde der Kapitän sehr würdevoll von Neptun begrüßt. Dann mußte ich vor ihm Aufstellung nehmen, und er musterte mich von oben bis unten. Mitten an Deck stand ein Riesenbottich, das Taufbecken, mit einem harten Sitzbrett drauf. Ich mußte vortreten, und der Pastor las einen Spruch aus der Bibel vor. Dann fragte er mich, ob ich getauft werden wolle. Ich antwortete mit einem lauten »Ja«. Vielleicht hätte ich das nicht tun sollen, denn kaum hatte ich geantwortet, zog mir auch schon der Einseifer die Teerquaste über den Mund. Dann kratzte der Friseur mit einem großen Rasiermesser aus Holz den Teer wieder ab. Alle Matrosen hatten vor Lachen Tränen in den Augen und schlugen sich auf die Schenkel. Ich saß auf dem Brett über dem Bottich und ließ mich rasieren. Plötzlich wurde das Sitzbrett direkt unter mir weggezogen, und ich lag im Wasser. Sechsmal wurde ich untergetaucht. Dann durfte ich aus dem Bottich raussteigen und bekam von Neptun meinen Taufschein. Jetzt fühlte ich mich als richtiger Seemann, und zur Feier des Tages schenkte der Kapitän Rum aus. Ich bekam den ersten Schluck.

Meine Äquatortaufe war gar nichts gegen die Äquatortaufe, wie sie früher einmal üblich war: Dem Täufling wurden mit einem Tau die Füße zusammengebunden, ein Tauende wurde um seine Arme geschlungen, das andere um das Schiff herumgeführt, und der Täufling unter dem Schiffskiel durchgezogen, zuweilen drei- bis viermal. Das war eine grausame Prozedur, und ich war, als ich das hörte, heilfroh, daß Neptun mich geschont hatte. Viele Seeleute wurden bei der schrecklichen Art der Taufe, dem Kielholen, Opfer von Haien. Das war wohl der Grund dafür, daß Neptun das Taufzeremoniell gemildert hatte.

Danach verging ein Tag wie der andere. In schweres Wetter waren wir auch noch nicht gekommen, aber das konnte sich täglich, ja stündlich ändern – spätestens dann, wenn wir in die Nähe von Kap Hoorn kamen. Für die anderen Matrosen schien das das Normalste von der Welt zu sein.

Kurz vor Kap Hoorn passierten wir einen gewaltigen Eisberg, und ab da begann der Kampf mit der See. Dreieinhalb Wochen dauerte er. Die Wellen waren so hoch wie Häuser. Ein Brecher nach dem anderen schlug an Deck. Die Mannschaft war wie ausgewechselt. Hier war nichts mehr mit rauher

Seemanns-Romantik, jetzt ging es nur noch ums Überleben. Je schwieriger die ganze Situation wurde, desto souveräner wurde der Kapitän.

Für jeden von uns hatte er ein freundliches Wort. Auch für mich. Vielleicht, weil ich der Jüngste an Bord war. Und als wir Kap Hoorn besiegt hatten und in ruhiger See vor der Küste Chiles segelten, da nahm er sich sogar Zeit, sich mit mir zu unterhalten. Ich erholte mich schnell von den Strapazen der vergangenen Wochen. Jetzt wußte ich, was es heißt, Seemann zu sein. Und ich wußte auch, was es heißt, Kapitän zu sein und ein Schiff samt Besatzung und Fracht um das Kap Hoorn zu führen.

Je weiter wir nach Norden kamen, desto wärmer wurde es, wir wurden wieder von Delphinen begleitet, der Frieden an Bord kehrte wieder ein. Ich kann gar nicht beschreiben, wie sehr ich es genoß, wieder regelmäßig vier Stunden durchzuschlafen. Die Arbeit an Deck machte mir großen Spaß, und unser Bordleben spielte sich bald wieder so ab wie im Atlantik, als wir noch gar nicht an Kap Hoorn dachten.

Eines Nachmittags, ich war gerade dabei, die Planken zu streichen, klopfte mir der Kapitän auf die Schulter: »Max, ich will mit dir reden«, sagte er im schönsten Deutsch mit dem norwegischen Akzent, der mir so gut gefiel. Ich folgte ihm in die Offiziersmesse, wo ich noch nie gewesen war. Dort bot er mir einen Stuhl an. Ich hatte mich kaum hingesetzt, da hatte der Kapitän mir schon ein Glas Rum eingegossen und reichte mir eine dicke Zigarre mit einer bunten Bauchbinde. Das war die erste Zigarre meines Lebens. Nervös nestelte ich an der Bauchbinde herum und wickelte sie um meinen kleinen Finger. Der Kapitän beobachtete mich dabei. »So, Max, nun mal von Mann zu Mann«, begann er dann das Gespräch. »In 60 Tagen ist die Reise zu Ende. Dann laufen wir in San Francisco ein. Was dann?«

Was dann, er hatte mich »was dann« gefragt. Darüber hatte ich auch noch nicht nachgedacht. »Aber du mußt doch wissen, was du willst? Bleibst du an Bord und kommst wieder mit nach Hamburg zurück, oder bleibst du in Kalifornien? Suchst du dir ein anderes Schiff, oder willst du eine amerikanische Landratte werden? Hast du dir denn noch gar nicht überlegt, was aus dir werden soll? Mensch, Max, denk doch mal nach!« Bei all dem Neuen, dem Schiff, der Reise, den Matrosen, Kap Hoorn und dem Kapitän hatte ich immer wieder den Gedanken verdrängt, was aus mir einmal werden sollte. Zurück nach Hamburg? Ausgeschlossen! Ein anderes Schiff suchen? Schon eher. In Amerika bleiben, Geld verdienen? Ich hatte keine Vorstellung davon, was das bedeutete. Für mich war Arbeit entweder das, was ich jetzt tat oder was ich einmal getan hatte, als ich Lehrjunge beim Kolonialwarenhändler Jepsen in Husum war. Mit Arbeit an Land verband ich nur Jepsens Schimpfkanonaden und Tyranneien. Ich konnte mir nicht vorstellen, daß ich etwas anderes als Botenjunge werden könnte. Nein, lieber wollte ich mein ganzes Leben lang zur See fahren. Was ich dachte, sagte ich dem Kapitän.

Zuerst zog er seine Stirn in Falten, dann sagte er: »So, nun trink erst mal deinen Rum, sonst wird er schimmelig. Und wegen deiner Heuer mach dir mal keine Sorgen. Wenn wir in Frisco sind, kriegst du 100 Dollar. Die hast du verdient.«

»Aber meine Heuer hat doch schon Frau Kitler bekommen«, unterbrach ich ihn. »Darüber brauchst du dir keine Gedanken machen. Wenn ich dir sage, du kriegst 100 Dollar, dann kriegst du sie auch. Und dann bekommst du noch ein Zeugnis von mir für deine Arbeit als Leichtmatrose auf der ›Olaf‹. Damit wirst du ein Schiff bekommen in Amerika. Und eine Adresse gebe ich dir auch noch. Eine Cousine von mir lebt in Portland, ich gebe dir einen Brief an sie mit, damit du eine Anlaufstation hast.«

Ich war sprachlos. Meine Heuer wollte er mir auszahlen. Ein Papier wollte er mir geben, auf dem stand, daß ich, Max Gottschalk, Leichtmatrose bin. Das war eine Karriere. Das hätte Jan hören müssen. In Hamburg als Schiffsjunge an Bord und in Kalifornien als Matrose von Bord. Wenn das so weiterging, würde ich nach meiner zehnten Reise Steuermann sein.

Der Kapitän unterbrach meine Hirngespinste: »Aber eine Bedingung habe ich: Sobald wir in Kalifornien ankommen, schreibst du einen Brief an deinen Vater und teilst ihm mit, daß du lebst. Warum du von zu Hause weggelaufen bist, weiß ich nicht, und es geht mich auch nichts an. Ob du wieder nach Hause gehst oder als Seemann weitermachst, ist auch deine Sache. Auch wenn du in Amerika bleiben willst, ist das deine Entscheidung. Das einzige, was ich von dir verlange, ist, daß du deinen Eltern deine Entscheidung schreibst. Dann stürz dich in deine Zukunft!« Er hatte recht. Auf einmal wollte ich nicht, daß sich meine Eltern Sorgen um mich machten. Ich wollte schreiben. Sobald ich in Amerika war, wollte ich schreiben.

Am 14. Juni 1901 – nach einer Reise von 176 Tagen – lief die »Olaf« in den Hafen von San Francisco ein. Meinen Seesack hatte ich über die Schulter geworfen, in meinem Schuh steckten 100 Dollar, das Schreiben des Kapitäns und die Adresse seiner Cousine hatte ich in der Tasche, als ich von Bord ging. Meine Entscheidung hatte ich getroffen. »Amerika, hier ist Max Gottschalk!«

Das war mein wilder Westen

Nun hatte ich also zum ersten Mal amerikanischen Boden unter den Füßen. Ein komisches Gefühl im Magen war es schon. Ich dachte an die Nächte in meiner Kammer bei Jepsen. Da hatte ich von Kalifornien gelesen, und nun war ich plötzlich in San Francisco, Kalifornien. Heimweh hatte ich keins, jedenfalls nicht nach Husum. Nur dieses verflixte Gefühl im Magen, das besonders dann auftrat, wenn ich an die »Olaf« dachte. Ich hatte Wort gehalten, der Brief an meine Eltern war bereits unterwegs. Ich war sicher, mein Vater würde sich keine Sorgen machen, meine Mutter schon eher. Na ja, jetzt wußten sie wenigstens, daß ich lebte.

Amerika hatte ich mir ganz anders vorgestellt, voller Indianer mit Pfeil und Bogen und mit Kriegsbemalung. Ich war ziemlich enttäuscht, stattdessen eine luxuriöse Stadt vorzufinden, mit hohen Häusern, elegant gekleideten Herrschaften und so vielen Kutschen, wie ich sie mein ganzes Leben noch nicht gesehen hatte.

Mit der englischen Sprache klappte es einigermaßen. Die Brocken, die ich an Bord aufgeschnappt hatte, kamen mir jetzt zugute. Und von Tag zu Tag lernte ich neue Wörter dazu. Trotzdem war ich ganz froh, wenn ich von Zeit zu Zeit deutsche Worte hörte. Und die hörte man damals in San Francisco häufig. Ich wohnte in einem billigen Hotel, das Zimmer kostete mich 80 Cent die Nacht. Tagsüber lief ich durch die Stadt, immer in der Hoffnung, Arbeit zu finden. Aber das wollten viele. So einfach war das Problem nicht zu lösen. Täglich zählte ich meine Dollars, und täglich wurden sie weniger. Manchmal ging ich in ein Kaffeehaus, wo ich eine billige dicke Suppe aß. Der Wirt mochte mich, außerdem war er neugierig, wer wohl dieser junge Mann war, der oft in seinen Laden kam, Suppe aß, gedankenverloren Löcher in die Luft starrte und wieder ging.

Am fünften oder sechsten Tag, ich war ziemlich verzweifelt, weil ich immer noch keine Arbeit gefunden hatte, setzte er sich zu mir an den Tisch. Sein halbvolles Glas Whisky hatte er gleich mitgebracht. Er sprach kein Deutsch und ich nur ganz wenig Englisch. Trotzdem verständigten wir uns ganz gut, mit Händen und Füßen und kleinen Zeichnungen auf einem Fetzen Papier. Ich machte ihm, so gut es ging, meine Situation klar, bis er begriffen hatte, was ich wollte. Arbeit wollte ich. Gleich schleppte er mich in die Küche, wo zwei riesige Schwarze Teller abwuschen. Er zeigte auf die Schwarzen, dann auf die Teller, dann wieder auf die Schwarzen und dann auf mich. Ich hatte verstanden. Soeben wurde mir eine Arbeit als Tellerwäscher angeboten. Ich erhielt 50 Cent am Tag, freie Station und Arbeitskleidung und stand ab sofort 14 Stunden in der Küche. Und das jeden Tag.

Bald merkte ich, daß mir dieser Beruf nicht lag. Ich war eben doch Seemann. Meinen Entschluß brauchte ich nicht lange zu überdenken. Ich ging zu meinem Boß und machte ihm klar, daß er sich nach einem neuen Tellerwäscher umschauen solle, mit mir könne er nicht mehr rechnen. Dann verlangte ich meinen mir zustehenden Arbeitslohn. Anstelle rechtmäßiger 3 Doller 50 kassierte ich jedoch ein paar Ohrfeigen und flog auf die Straße; mein Seesack flog Gott sei Dank wenig später hinterher. Ich sammelte meine Sachen auf, klopfte mir den Staub aus der Hose und zählte mein Geld nach. Von meinen hundert Dollar Heuer waren mir noch über 60 Dollar geblieben. Genug, um nicht zu verhungern. Vor dem Schaufenster einer Bank blieb ich stehen und schaute mir eine Landkarte von Kalifornien an. Ich beschloß, weiter in den Süden zu reisen. Mein Ziel hieß Los Angeles. Davon hatte ich schon gehört. Dort sollte es Arbeit in Hülle und Fülle geben, erzählte man sich in San Francisco. Und das Schönste: Eine Straße führte auch dorthin.

Wenn ich mal gesagt habe, von Husum nach Hamburg ist es ein langer Weg, dann nehme ich alles zurück. Das war ein Pappenstiel gegen Kalifornien. Ich hatte gar nicht gewußt, wie weit eine Meile sein kann, oder 10 oder 100, oder ich weiß nicht mehr, wie viele Meilen ich gelaufen bin. Die kalifornische Sonne ist viel heißer als die deutsche, die Straßen sind staubig und sandig, und die Wiesen und Weiden, die ich rechts und links der Straße sah, waren jetzt im Sommer bereits verbrannt. Häuser sah ich nur wenige. Die meisten Farmen waren im Hinterland zwischen den baumlosen Hügeln versteckt, aber breite Einfahrten führten von der Sandstraße dorthin. Einige dieser Tore waren kunstvoll geschnitzt und trugen den Namen der Farm. Manchmal wanderte ich Stunden von der einen zur anderen Einfahrt. Ich schlief unter Bäumen, und wenn ich Durst hatte, ging ich auf eine der Farmen, um meine Wasserflasche zu füllen. Manchmal wollte ich auch nach Arbeit fragen, aber dann entschloß ich mich im letzten Moment immer wieder anders, weil es mich nach Süden zog.

Vor einem bemalten Holzschild blieb ich stehen. »Alte Walfängerstation 5 Meilen« stand darauf. Nach fünf Meilen sah ich die Station tatsächlich rechts neben der Straße auf einer Höhe liegen. Weiß gekalkt war sie, mit einem windschiefen, schwarzgeteerten Holzdach, auf dem das Moos wucherte. Von dort hatte man einen wunderbaren Blick in die Bucht. An die Stirnseite des Gebäudes war ein dicker Pottwal gemalt worden, aber das war lange her, denn der Wal war von Sonne, Wind und Regen verwittert und verwaschen. Richtig blaß sah er aus, wie er da von der Wand aufs Meer schaute. 1855 war die Station gebaut worden – als Quartier für portugiesische Walfänger, die zwischen Kalifornien und Hawaii Wale jagten.

Drinnen war es düster und roch nach jahrzehntealtem Rauch. Ein paar verwegen aussehende Seeleute saßen an Tischen, tranken Whisky und lärmten, sangen Lieder und brüllten nach dem Wirt. Etwas unschlüssig blieb ich stehen und schaute in die Runde. Beachtet hatte mich keiner. An den Holzwänden hingen als Dekoration Netze und Harpunen, Petroleumlampen und geschnitzte Holzmasken. Ich ging langsam zur Theke. Noch immer nahm keiner Notiz von mir. Der Wirt war viel zu sehr damit beschäftigt, immer wieder die Gläser der portugiesischen Walfänger zu füllen. Links am Ende der Theke, im Schatten einer Wand, sah ich einen Jungen stehen. Er sah zerlumpt aus, hatte rote Haare und lustige Augen. Er war der einzige, der Notiz von mir nahm, und starrte mich so lange an, bis ich seinen Blick erwiderte.

Plötzlich dachte ich an Jan. Zögernd kam mir der Rothaarige in seinem durchlöcherten Hemd entgegen, baute sich neben mir auf und musterte mich. Er führte einen Zigarrenstummel zum Mund, nahm einen tiefen Zug, daß die Zigarre aufglühte und bot mir dann ebenfalls einen Zug an. Ich schüttelte den Kopf, und dann entschloß ich mich, das Schweigen zu brechen. »Hallo«, sagte ich.

»Auch hallo«, antwortete er. »Ich heiße Jack.« Dabei blitzten seine Augen.

»Und ich heiße Max«, sagte ich.

»Wo kommst du her?« wollte er wissen.

»Aus Frisco, aber eigentlich aus Deutschland, aus Husum, und du?«

Ich merkte, daß er mit meiner Antwort nichts anfangen konnte. Er schwieg einen Augenblick. »Ich bin aus Oregon, aus Portland, weißt du, wo das ist?«

»Nee, weiß ich nicht«, sagte ich.

»Und was machst du jetzt hier?«

»Bin auf der Durchreise.«

»Durchreise wohin?«

»Nach Los Angeles. Warst du schon mal in Los Angeles?«

»Nee, war ich nicht.«

»Wo willst du denn hin?« fragte ich.

Er grinste. »Überall und nirgends. Wie es gerade kommt.«

»Arbeitest du manchmal?«

»Manchmal schon, kommt drauf an, ob ich was finde. Jetzt habe ich schon lange nicht mehr gearbeitet. Und du?«

»Ich bin Seemann«, sagte ich.

»Und wo ist dein Schiff?« wollte er wissen.

»Hab' abgemustert.«

»Und suchst du dir ein neues Schiff unten im Süden?« fragte er.

»Weiß nicht, mal sehen, was kommt.«

Eine Weile sagte er gar nichts. Nach einer Pause meinte er: »Max, ich habe eine Idee, warum gehen wir nicht zusammen nach Süden. Das ist doch viel lustiger als alleine zu trampen.«

Irgendwie hatte er recht. Warum sollte ich mich nicht mit ihm zusammentun. Der kannte das Land und alles viel besser als ich. Und außerdem sprach er englisch, jedenfalls besser als ich. Und das war schon mal ein Vorteil. Ich reichte ihm die Hand. Er schlug ein. »Abgemacht«, sagte ich. »Abgemacht, Partner«, sagte er. Ich bestellte zwei Bier und bezahlte sie aus meinem restlichen Barvermögen. Jack und ich tranken beide unser Bier mit einem einzigen Riesenzug aus.

»So, und jetzt brauchen wir einen Plan«, meinte Jack.

»Was für einen Plan?«

»Na hör mal, ohne einen Plan geht gar nichts. Gut, wir gehen nach Süden. Und was machen wir dann? Paß auf, es gibt mehrere Möglichkeiten für uns. Wir können runter nach Mexiko. Oder rüber nach Texas und Cowboys werden. Oder in die Berge, fischen, jagen und Gold suchen. Oder wir fahren zur See. Oder wir gehen in die Armee. Tramps haben alle Möglichkeiten. Wir müssen uns bloß entscheiden. Also brauchen wir einen Plan. Verstehst du das?«

Ich verstand alles, nur nicht, warum ich mich jetzt an Ort und Stelle entscheiden sollte. Ich vertrat die Meinung, daß mein Plan, nämlich nach Los Angeles zu gehen, ein guter Plan sei. »Übrigens, Jack«, fragte ich, »hast du eigentlich Geld?«

»Geld, ich?« fragte er entgeistert.

»Ja, aber von was lebst du denn?«

»Da mach dir mal keine Sorgen. Ich zeig' dir schon, wovon ich lebe«, sagte er. Dabei hörte sich seine Stimme richtig lustig und sorgenlos an.

Wir schnappten unsere Bündel, und schon waren wir wieder auf der Straße in Richtung Süden. Die Seeleute würdigten uns keines Blickes, als wir die Walfängerstation verließen. Sie waren viel zu sehr mit ihrem Whisky beschäftigt.

Jack war ein Meister im Geschichtenerzählen. Er redete manchmal stundenlang, ohne Unterbrechung. Wenn man ihn so reden hörte, meinte man, er sei seit seinem zweiten oder dritten Lebensjahr auf der Straße. Das konnte natürlich nicht sein, denn irgendwann mußte Jack ja auch mal ein Kind gewesen sein, aber wenn man seinen Schilderungen Glauben schenkte, war er immer nur Tramp gewesen. Er wußte alles, er kannte alles, und er konnte alles. Gegen das, was Jack erlebt hatte, nahm sich meine Vergangenheit bescheiden aus. Ich beneidete Jack ein wenig. Irgendwie mußte er es gemerkt haben, und er genoß es sichtlich. Wahrscheinlich war ich der erste Mensch in seinem Leben, der ihn beneidete.

Aber darauf kam ich erst später.

Plötzlich sagte Jack: »Max, ich glaube, wir werden jetzt ein Stück fahren«, und er setzte sich in das verbrannte Gras am Straßenrand.

»Spinnst du, fahren? Womit? Oder haben wir vielleicht eine Kutsche?«

»Haben wir natürlich nicht, Max, aber wird schon kommen. Laß mich nur machen.«

Es dauerte gar nicht lange, da kam von hinten ein eleganter Einspänner im Trab heran. Jack stand auf und stellte sich in die Mitte der Sandstraße und winkte verzweifelt mit seinen Armen.

Prompt hielt die Kutsche, und genauso prompt fuhr der feine Herr, der die Zügel in der Hand hielt, Jack an: »Aus dem Weg, verdammter Bengel, oder soll ich dir Beine machen?« Drohend griff er zur Peitsche.

Jack hielt sich schützend die Hände vors Gesicht und sagte mit weinerlicher Stimme: »Bitte, mein Herr, nehmen Sie uns ein Stück mit. Wir müssen dringend nach Los Angeles zu meiner Mutter. Es ist etwas Schreckliches geschehen. Mein Vater ist von Banditen in Mexiko gefangengenommen worden, und nun soll meine Mutter Geld bezahlen, daß er wieder freikommt. Sie hat meiner Tante in San Francisco telegrafiert, wo ich gerade war, um meinen Vetter zu besuchen.« Dabei zeigte er auf mich. »Ich muß jetzt so schnell wie möglich nach Los Angeles zu meiner Mutter. Wir müssen schnell sein, wenn wir meinen Vater da lebend rausholen wollen.«

Der feine Herr auf dem Kutschbock sagte gar nichts mehr. Offenbar war es ihm unangenehm, mit den beiden unglücklichen Jungen so barsch umgegangen zu sein. Dafür sagte die feine Dame neben ihm ganz aufgeregt. »O Gott, John, das ist ja schrecklich, was man mit dem Vater des armen Jungen gemacht hat. Kommt Kinder, steigt auf. Natürlich nehmen wir euch mit.«

»Die verdammten Mexikaner, ich hab's ja immer gesagt, kurzen Prozeß machen muß man mit denen«, brummte der feine Herr vor sich hin und ließ das Pferd wieder antraben. Wir saßen bequem auf der Kutsche. Jack blinzelte mir zu.

Ich muß ehrlich sein, wenn es jemandem zu verdanken war, daß wir schneller als gedacht vorwärts kamen, dann Jack. Immer fiel ihm etwas Neues ein. Mal war es sein Vater, der von Mexikanern gekidnappt wurde. Dann lag die Großmutter im Sterben, oder ein Schwarzer hatte seine Schwester beleidigt, die er nun zu rächen hatte. Mal erzählte er von Pferdedieben, die sich am Besitz seiner Eltern vergriffen hatten, oder er wollte dringend nach Hause, weil er beim Bau der neuen Kirche helfen mußte. Jack stieg in meiner Achtung mehr und mehr.

Irgendwie kamen wir vom Weg ab: Natürlich fuhren die Kutschen wegen uns nicht nach Los Angeles, sondern wir fuhren mit den Kutschen, auch wenn das so manchen Umweg bedeutete. Auf die Weise sahen wir eine Menge von Kalifornien. Wie groß das Land war, wie wild und unberührt und wie wenig Menschen hier lebten. Wir kamen nach Bakersfield, das weit im Hinterland lag. Ich glaube, das war der Wilde Westen: Alle trugen Waffen und breitrandige Hüte. Jack und ich suchten uns ein billiges Hotel und bezogen ein gemeinsames Zimmer.

Wir genossen es, in der Hauptstraße auf- und abzugehen und die Männer auf ihren Pferden und die Postkutschen zu bewundern. Auf den Holzbürgersteigen war immer etwas los, und wie es sich für richtige Männer gehörte, verkehrten wir natürlich auch im Saloon, tranken Whisky und betrachteten heimlich die Männer beim Poker. War da Geld auf dem Tisch! Uns gingen fast die Augen über. Niemand nahm Notiz von uns, nicht mal der Mann hinter der Bar; der schob uns wortlos unsere Getränke rüber und kassierte ebenso wortlos unsere Dollars. Jeden Abend überprüften wir unsere Kassen, und eines Tages, wie sollte es auch anders sein, war es dann soweit. Bis auf ein Dollar und 35 Cent war das Geld ausgegeben. Unser Hotel mußten wir immer im voraus bezahlen, eine Nacht hatten wir also gut.

Ich saß auf meinem Bettrand, Jack auf seinem, und er machte mal wieder einen richtigen fröhlichen Eindruck. »Gott sei Dank, Max. Morgen geht's weiter. Jetzt ist Schluß mit dem Rumsitzen. Jetzt wird gelebt! Die Welt steht uns offen.«

Ich dachte, ich höre nicht richtig. Der hatte gut reden. Kein Geld, keine Arbeit, nichts zu essen. Und Jack sagte da, fröhlich wie er immer war, ab morgen wird gelebt! Nur gut, daß er bis jetzt immer recht gehabt hatte. Er würde das schon machen. Morgen war ein neuer Tag. Schließlich hatte Jack viel größere Erfahrung im Überleben als ich.

Unser erster Weg aus der Stadt führte uns auf eine einsame Farm. Hier wollten wir nach Arbeit fragen. Außerdem knurrte uns der Magen – und zwar so, wie nie zuvor. Der Hof war leer, nur ein paar Hühner, Enten und Truthähne liefen herum. Hinter einem weißgestrichenen Gatter dösten zwei Pferde unter einem Baum.

»Hallo«, rief Jack, »ist da jemand«, aber er erhielt keine Antwort.

»Komm, laß uns gehen, hier ist keiner«, schlug ich vor.

»Du spinnst wohl, jetzt weggehen, ich hab' Hunger, ich geh' erst, wenn ich mir den Magen vollgeschlagen habe«, meuterte Jack. Er drückte den Türgriff der Eingangstür herunter. Sie war offen. »Komm«, zischte er und schlich ins Haus. Ich hinterher.

Ohne Probleme fand Jack den Weg in die Küche. Er hatte den Braten gerochen, einen Truthahn, der herrlich duftend darauf wartete, verzehrt zu werden. Auf dem Tisch lag ein Riesenlaib herrlichen, noch dampfenden Brotes.

»Los Max«, flüsterte Jack, »wenn hier schon keine Arbeit für uns ist, wenigstens gibt's hier reichlich zu essen.«

Dann riß er dem Truthahn ein Bein ab und machte sich über den Brotlaib her. Ehe ich mich versah, hatte ich das andere Truthahnbein in der Hand.

»Hände hoch, ihr Strauchdiebe«, fuhr uns plötzlich eine schneidende Stimme an. »Und jetzt ganz langsam umdrehen.«

Mit erhobenen Armen, die fettriefenden Truthahnbeine in der Hand, standen wir vor einer alten Frau, die ein Gewehr auf uns gerichtet hatte. Wir sagten kein Wort, was sollten wir auch sagen.

Für mich war es das erste Mal, daß ich einer Gewehrmündung gegenüberstand. Das war ein Anblick: Jack und ich, beim Stehlen erwischt, mit der Beute noch in der Hand. Mein Unbehagen war größer als mein Hunger. Ich nehme an, bei Jack war es umgekehrt.

»Los, setzt euch hin«, kommandierte die Alte. Schüchtern, die Truthahnbeine immer noch umklammert, ließen wir uns nieder. Nach wie vor war das Gewehr der Alten auf uns gerichtet.

»Euch werd' ich schon das Stehlen abgewöhnen. Einfach in fremde Häuser einbrechen. Los, raus mit der Sprache. Was habt ihr gesucht? Na, wird's bald! Und keine faulen Ausreden, ihr Gesindel.«

»Wir hatten Hunger«, gestand ich.

»Soso, Hunger hattet ihr. Und weil ihr Hunger hattet, seid ihr einfach hier eingebrochen und wolltet meinen Truthahn stehlen, und ich weiß nicht, was ihr sonst noch alles hättet mitgehen lassen, wenn ich euch nicht erwischt hätte.«

»Wir hätten nichts anderes gestohlen, wir hatten wirklich nur Hunger«, stotterte Jack.

»Lüg nicht, werd nicht noch frech, Bürschchen!« fauchte die Alte und hob drohend das Gewehr.

Nun war guter Rat teuer. Wir saßen in der Klemme. Mit leeren Mägen, auf frischer Tat beim Diebstahl ertappt, und eine Waffe war auch noch auf uns gerichtet. Plötzlich hatte ich eine Idee: »Wir könnten bei ihnen arbeiten und uns so unser Essen verdienen«, sagte ich. Die Alte dachte einen Moment nach, dann ließ sie das Gewehr sinken. Das war zumindest etwas.

Wenig später befanden sich Jack und ich auf dem Farmhof. Jeder hatte einen Eimer mit weißer Farbe neben sich und einen Pinsel in der Hand. Wir strichen Gatterzäune auf der Miller-Farm. Mrs. Miller, die alte Farmerswitwe, hatte sich auf den Handel eingelassen. Wir durften uns bei ihr sattessen und in der Scheune schlafen, dafür mußten wir ihre Zäune streichen. Wir hatten mal wieder Glück gehabt, jedenfalls ging es unserem Magen gut. Jack und ich, wir bekamen bald einen lahmen rechten Arm; nie in meinem Leben hatte ich soviel mit Pinsel und Farbeimer gearbeitet.

Nach 14 Tagen waren wir fertig und wollten weiter. Mrs. Miller ließ uns nicht gerne gehen, als Abschiedsgeschenk gab sie uns noch zwei große Pakete mit Brot, Käse und Braten mit, und jeder bekam sogar noch ein paar Äpfel. Es war wie Weihnachten, und das mitten im Sommer.

Eine Kutsche nahm uns mit nach Morro Bay. Dort trieben wir uns im kleinen Fischerhafen herum. Erinnerungen an Husum überkamen mich. Aber anders als in Husum wurde der Hafen von Morro Bay ständig von uniformierten Sheriffs kontrolliert. Die hatten Angst vor mexikanischen Schmugglern, und jeder, der ihnen über den Weg lief, mußte seine Papiere vorzeigen. Für solche wie uns war das ein Problem. Nicht etwa, daß wir keine gültigen Papiere hatten, ich zumindest besaß Geburtsurkunde und dieses bunte, jeden Sheriff beeindruckende Schreiben, das mir der Kapitän der »Olaf« ausgestellt hatte. Die Schwierigkeit lag darin, daß wir Landstreicher waren. Landstreicher wurden damals ohne viel Federlesens eingesperrt – wenigstens für ein paar Tage – dann ließ man sie wieder frei. Am besten ging man also solchen Sheriffs aus dem Weg. Das nahmen wir uns fest vor, aber wir tappten trotzdem in die Falle, die eigentlich gar keine war. Er war nur ein dicker, etwas zu kurz geratener Sheriff mit einem riesigen, blanken Stern auf der Brust und einem großen breitkrempigen Hut, der uns plötzlich im Genick packte. Zum Weglaufen war es zu spät. Der Sheriff hatte eine unangenehme Stimme. »Na ihr beiden, wo kommt ihr denn her?« wollte er wissen.

»Aus Frisco«, antwortete Jack artig.

»Soso, aus Frisco«, wiederholte der Sheriff.

»Und wo wollt ihr hin?«

»Ach, wir wollen nach Süden, nur so nach Süden.«

»Was macht ihr dann im Hafen?«

»Nichts.«

»Was heißt nichts?«

»Nur gucken.«

»Nur gucken, was heißt nur gucken? Wo wohnt ihr denn?«

»Wir wohnen nirgendwo hier.«

Der Sheriff schnappte nach Luft. »Also Landstreicher. Wir wollen keine Landstreicher hier. Jetzt werdet ihr hübsch artig im Gefängnis schmoren, bis ihr schwarz werdet.«

Ehe wir uns versahen, saßen wir im Gefängnis. Was wir nicht wußten, war, daß der Sheriff mit uns verfuhr wie mit allen anderen, die er Landstreicher nannte. Zur Einschüchterung ins Gefängnis, und wenn man dann herauskam, hatte man natürlich nichts Eiligeres zu tun, als die Stadt so schnell wie möglich zu verlassen. So hielt der Sheriff mit großem Erfolg sein Revier von Landstreichern frei.

Auch wir ließen Morro Bay hinter uns und machten in Zukunft einen großen Bogen um alles, das nach Polizei roch. Nochmal ins Gefängnis, und wenn nur für einen Tag, das wollten wir nicht. Wir arbeiteten, wo sich Arbeit fand. Im Steinbruch klopften wir für einen Hungerlohn Steine, bis uns die Hände bluteten. Da waren außer uns Schwarze und Chinesen, die das schon viele Jahre getan hatten und sich in ihr Schicksal ergaben. Gesprächen gingen die aus dem Weg.

Einmal arbeiteten wir in einer Kneipe, einer finsteren Spelunke, wo Schlägereien zwischen Betrunkenen an der Tagesordnung waren. In Los Angeles blieben Jack und ich nur ein paar Tage, wir gingen auch nicht nach Texas oder Mexiko, sondern zurück nach San Francisco. Eine Art Heimweh überkam mich. Nicht nach Deutschland, Heimweh nach einem Schiff war es. Wir hielten uns vorwiegend im Hafen auf und in den Kneipen, in denen die Seeleute verkehrten. Da waren Matrosen aus aller Herren Länder. Es waren auch Deutsche dabei. Manchmal lauschte ich, wenn an einem Nebentisch von Hamburg die Rede war, und einmal fiel auch der Name von Frau Kitler. Genaues habe ich aber nicht verstanden. Dabei wurde mein Wunsch, auch wieder die Planken eines Schiffes unter mir zu haben, immer größer. Eines Abends lernte ich einen kennen, der Anderson hieß und sich als Steuermann ausgab. Der versprach mir, ein gutes Wort bei seinem Kapitän für mich einzulegen. Jack war nicht so begeistert. Keine zehn Pferde würden ihn auf ein Schiff bringen. Er könne auch gar nicht schwimmen. An einem Sonntag im November 1901 trennten sich unsere Wege. Mein nächstes Ziel hieß Sydney in Australien an Bord der »Vancouver«, Jack wollte nach Hause, nach Portland, mal nach dem Rechten schauen. Ich weiß noch, wie Jack zu mir sagte: »Na dann, bis später, Partner« und wie sein Rotschopf verschwand. Ich sollte ihn nie wieder sehen.

Max der Seemann

Kalifornien kam mir vor wie ein Traum, der schon lange, sehr lange zurückliegt. Es war mir, als wäre der Alltag wieder bei mir eingekehrt. Ich hatte wieder Schiffsplanken unter meinen Füßen, die Planken der »Vancouver«, und wir waren auf dem Weg über den riesigen Pazifischen Ozean, runter nach Australien. Den Bauch hatte unser Schiff voller Holz, das muß wohl bei den Australiern Mangelware gewesen sein. Ich war damals fest davon überzeugt, daß es in Australien nur Schafe und Känguruhs gab, wenn überhaupt. 120 Tage sollte die Reise ungefähr dauern. Ich war als Leichtmatrose an Bord und hatte eine Festheuer von 45 Dollar im Monat. Mit anderen Worten, ich war ein gemachter Mann! Die Stimmung war prächtig. Der Alte ließ sich kaum sehen, der erste Offizier auch nicht, der hockte ständig mit dem Kapitän zusammen. Dafür war der zweite Offizier immer da, aber das störte nicht, jedenfalls mich nicht, denn der war schwer in Ordnung. Das war seine Masche, der hatte so eine Art, daß wir Matrosen arbeiteten und dabei ein Gefühl bekamen, als arbeiteten wir für ihn. Patterson, so hieß der zweite Offizier, wußte das, der hatte wohl auch früher schon viel Erfolg gehabt mit seiner Art. Er war nett, aber nie ohne Hintergedanken, jedenfalls hatte ich den Eindruck.

Unser Schiff glitt dahin in unbekannte Regionen. Immer weiter ging es nach Süden. Die Segel blähten sich, wenn wir den Wind von hinten hatten, und das war meistens der Fall. Die See war ruhig, die Arbeit gut zu schaffen, die Kameradschaft prima, ich fühlte mich rundum wohl und hatte es mal wieder gut getroffen. Der Pazifik war blau, Hawaii ließen wir backbords liegen und kreuzten Kurs Süd-Südost.

Das Leben an Bord war ganz anders als auf meinem ersten Törn über den Atlantik und um Kap Hoorn nach Kalifornien. Hier hatte ich vom ersten Tag an Anerkennung. Der Leichtmatrose Max Gottschalk war eben kein Schiffsjunge Max Gottschalk mehr, sondern einer, der was von der Seefahrt verstand. Alles, was ich auf der »Olaf« gelernt hatte, kam mir hier auf der »Vancouver«, zugute. Ich war ein Mann. Nicht mehr der kleine Max, der nur von der großen weiten Welt träumte.

Eines war mir jetzt klar, wenn ich an die Zeit in meiner Kammer bei Jepsen zurückdachte: Ich wußte jetzt, *wie* man Zeitungen lesen muß. Die da drüben in Deutschland schrieben, Amerika sei das Land der unbegrenzten Möglichkeiten. Wenn die wüßten! Keine Ahnung hatten die. Keine Ahnung, wie leicht einer im »Land der unbegrenzten Möglichkeiten« verhungern konnte. Ich nahm mir vor, denen bei den »Husumer Nachrichten« einmal zu schreiben, daß der Unterschied zwischen Deutschland und Amerika nur so groß war, wenn man Amerika von Deutschland aus betrachtete. Eigentlich war es überall das gleiche. Die reichen Leute, denen ging es gut. Die hatten immer zu essen, nie brauchten sie sich Sorgen zu machen um ihr Brot von morgen. Die trugen feine Kleider und fuhren in hübschen Kutschen mit eleganten Pferden davor. Das war in Amerika nicht anders als in Deutschland. Ich empfand es als Ungerechtigkeit, daß es Reiche und Arme gab, konnte mir aber auch nicht vorstellen, was wohl wäre, wenn alle reich oder wenn alle arm wären.

Viel mehr aber interessierte mich die Frage, warum einige reiche und andere arme Eltern hatten. Plötzlich bekam ich eine Stinkwut, daß man sowas nicht beeinflussen konnte. Aber was nützte es, so war es eben. Wer arm geboren wurde, hatte nur zwei Möglichkeiten: entweder gar nichts zu tun und so sein Leben zu fristen oder sein Schicksal in beide Hände zu nehmen und mit dem Ziel, reich zu werden, draufloszumarschieren. Wenn man unten war, konnte es schließlich nur aufwärts gehen. Wer jedoch oben war, der konnte fallen; sogar sehr, sehr tief. Immer wieder mußte ich daran denken: an diese völlig falschen Vorstellungen, die die Deutschen von fernen Ländern hatten. Die dachten wohl, daß es anderswo auch so wie in den deutschen Kolonien zugehen würde. Als ob man als Deutscher nur zu kommen brauche, und schon läge einem die Welt zu Füßen. Wenn die wüßten! In der Seefahrt ist es völlig egal, ob einer Deutscher, Engländer, Ire, Däne, Norweger, oder was es sonst noch alles gibt, ist, nur von der Seefahrt muß er etwas verstehen, und fluchen kann jeder in seiner eigenen Sprache.

Der mich da mit einem freundschaftlich gemeinten Tritt aus meinen Gedanken riß, war Schotte. Benjamin hieß er, aber es nannte ihn keiner so. Bei allen hieß er nur Scotch. Erstens, weil er eben Schotte war, und zweitens, weil er dieses Getränk oft und gerne trank. »Hör auf, Löcher in die Luft zu starren, Max. Genieß lieber dein Leben und die ruhige See.«

Ich drehte mich um, in der klaren Seeluft lag ein schwacher Geruch von schottischem Whisky. Scotch war, wie immer, nicht ganz nüchtern. Ich hatte die Nacht über Wache gehabt und jetzt bis zum nächsten Morgen um sechs frei.

»Komm, Max. Ich erzähl' dir von Tahiti und den Fidschi-Inseln. Das ist das Paradies. Da muß jeder Mann und erst recht jeder Seemann einmal in seinem Leben gewesen sein. In 14 Tagen setzt du zum ersten Mal in deinem Leben deinen Fuß auf Südsee-Inselboden.«

Da hatte er einen wunden Punkt bei mir getroffen. In der Tat drehten sich seit Wochen die Gespräche aller Besatzungsmitglieder um die Südseemädchen von den Inseln. Natürlich war ich neugierig. Schließlich war ich Seemann. Scotch und ich suchten uns einen ruhigen, windgeschützten Platz am Achterdeck, direkt im Schatten eines der Boote, einem idealen Versteck an Bord, weil man von drei Seiten aus nicht zu sehen war. Scotch hatte eine volle Flasche Whisky in der Hand, entkorkte sie zuerst mit seinen Zähnen, spuckte den Korken weit von sich und nahm einen tiefen Zug aus der Flasche. Ein kräftiger Rülpser beendete die Zeremonie. Dann reichte Scotch mir die Flasche.

Ich war damals wohl der einzige Leichtmatrose der Welt, der nicht trank, jedenfalls nicht so unberechenbares Zeug wie Whisky und Rum, und jetzt hatte ich plötzlich die Whiskyflasche in der Hand. Nun ja, probieren konnte nicht schaden, davon starb man nicht. Außerdem, um mitreden zu können, mußte ich wissen, was an diesem Teufelszeug dran war. Mit zittrigen Händen nahm ich einen Riesenzug und verschluckte mich fast, so brannte der Whisky, als er mir durch den Hals in den Magen lief. Ich mußte husten und hoffte, daß Scotch die beiden Tränen in meinen Augen nicht bemerkt hatte.

Er nahm mir die Flasche ab, und dann fing er an zu erzählen: von den

Mädchen, die er kannte. In jedem Hafen hatte er eine, die auf ihn wartete. Aber die schönsten Mädchen, die gab es in der Südsee. Ich glaubte Scotch aufs Wort. Warum auch nicht? Er mußte es ja wissen. Schließlich hatte er in jedem Hafen der Welt eine, die auf ihn wartete. Ich beneidete ihn glühend darum, auf mich wartete niemand. Wieder reichte er mir die Flasche.

Jetzt wollte ich es wissen: Der erste Schluck hatte keinen größeren Schaden bei mir angerichtet, also würde das der zweite auch nicht tun. Diesmal verschluckte ich mich nicht. Ich gab die Flasche zurück, und Scotch erzählte weiter von den Südseemädchen. Eine, ich nehme an, das war die, die auf ihn wartet, hat Haare, die ihr bis zu den Hüften reichen. Und eine Blume trägt sie immer im Haar. Er schilderte in bunten Worten seine Erlebnisse, und mir blieb nichts übrig, als ihn zu bewundern. Ich bewunderte ihn vorbehaltlos!

Gut die Hälfte des Whiskys war jetzt noch in der Flasche, die andere Hälfte war in uns, was bei mir zur Folge hatte, daß ich Scotchs Worte prima verstand, aber wenn ich antworten wollte, war mir, als müßte ich jedes Wort gesondert formen. Und ich fand es urkomisch, daß unser Schiff gerade wie ein Brett auf dem Meer lag, während das Meer schaukelte, und manchmal verschwamm die Reling vor meinen Augen. Und Scotch erzählte und trank. Und ich hörte zu und trank, und plötzlich warf er mit einem Fluch die Flasche hinaus aufs Meer. Ich wußte nicht, was mit mir los war. Alles sah ich doppelt, ich konnte nicht mehr sprechen, kein Wort wollte aus meinem Mund herauskommen. Ich versuchte, mich aufzurappeln, aber es ging nicht. Ich war betrunken, sinnlos betrunken.

Und Scotch erzählte weiter. Offenbar hatte er meine Veränderung noch gar nicht bemerkt. Sein Redeschwall jedenfalls setzte sich fort, ich muß allerdings gestehen, daß ich nichts mehr verstand von all seinen verlocken- den Beschreibungen der schönen Mädchen von den Südseeinseln. Ich ver- stand nur noch Wortfetzen.

In meiner Koje wachte ich später auf. Mein Kopf pochte wie rasend, so als bearbeite ihn jemand mit einem Hammer. Ich lag ganz flach und versuchte einen Gedanken zu fassen. Kaum drehte ich meinen Kopf, hatte ich rasende Schmerzen. Nur undeutlich sah ich Patterson am Fußende der Koje. Er stand dort in seiner Uniform und mit der Mütze auf dem Kopf und beobachtete mich.

»Na, Gottschalk, wie geht's einem nach 14 Stunden Schlaf?« fragte er. Ich gab ihm keine Antwort. Ich fühlte mich hundeelend.

»Na, Gottschalk, wir waren wohl ein bißchen überfröhlich?«

Ich versuchte, schwach zu lächeln.

Da schrie er mich an, so wie ich den 2. Offizier Patterson noch nie erlebt hatte. »Gottschalk«, brüllte er, »hier gibt es nichts zu lachen. Sie lassen sich vollaufen und schlafen dann tagelang ihren Rausch aus, und Ihre Kameraden müssen Ihre Arbeit machen. Was haben Sie sich dabei gedacht? Los, antworten Sie!«

Ich wollte antworten, aber ich konnte nicht. Mir war nur schlecht. Ich glaube, ich wollte nur sterben. Mehr nicht. Aber der 2. Offizier Patterson ließ nicht locker: »Gottschalk«, sagte er auf einmal merkwürdig ruhig, »ich warne Sie, das ist Meuterei. Sie verweigern der Führung dieses Schiffes Ihren Gehorsam. Entweder, Sie stehen sofort auf und melden sich bei Ihrem Bootsmann zur Arbeit, oder ich werde dafür sorgen, daß Sie festgesetzt werden. Sie haben eine Minute Zeit.«

Ich schnappte nach Luft. War das Patterson? War das wirklich der nette Patterson? Mühsam rappelte ich mich aus meiner Koje hoch. Alles drehte sich um mich, aber deutlich hörte ich Pattersons Stimme: »Gottschalk, eines verspreche ich ihnen. Sie werden nie wieder ihren Dienst verschlafen. Sie werden sich vor Alkohol hüten. Sie werden in den nächsten Wochen nur noch an Wassereimer und Planken denken. Sie werden das Deck schrubben – so gründlich, wie es nie ein Seemann vor ihnen getan hat. Und noch eines, Gottschalk! Sie werden die Fidschi-Inseln kennenlernen, allerdings vom Schiff aus. So lange wir vor Anker liegen und die Mannschaft Landausgang hat, werden sie Wache schieben, Gottschalk!«

Ich schlich mich aus meiner Koje heraus, und wenig später kniete ich auf Deck, neben mir einen Eimer, und ich schrubbte die Planken, als ginge es um mein Leben. Aber das wurde mir erst restlos klar, als ich wieder einen klaren Kopf hatte. Scotch machte einen großen Bogen um mich.

Patterson, der zweite Offizier, machte ernst: Die Fidschi-Inseln, Samoa und Tahiti sah ich von Bord aus, und ich schwor mir, das alles nachzuholen, was meine Kameraden mit den Südseeschönheiten erlebten, während ich an Bord festsaß. Aber der Groll verflog, und als wir in australische Gewässer liefen, lebte ich nur noch für den Landgang in Sydney.

Im Hafen von Sydney trafen sich Seeleute aus aller Herren Länder, »Hamburger Jungs« waren auch dabei. Und wieder einmal fiel der Name der Frau Kitler. Wir kamen nach Brisbane und nach Melbourne, liefen neuseeländische Häfen an und schipperten die Inseln der Südsee rauf und runter. Die Südseeschönheiten hatte ich endlich auch kennengelernt, aber auf den Gedanken, mich auf einer der Inseln festzusetzen, so wie viele andere Seeleute es getan hatten, kam ich nie.

Meine große Liebe war mein Schiff, aber die Geschmäcker sind eben verschieden. Eins merkte ich mir: Geld konnte man verdienen, indem man einem Land, das eine bestimmte Ware nicht hatte, diese Ware lieferte. Für die Lieferung gab es Geld oder eine Tauschware. Schweinefleisch gegen Kokosöl, Holz gegen Eisen, Eisen gegen Holz. Es gab viel zu verdienen, nur schade, daß ich kein Händler war. Ich lernte im Lauf der nächsten Jahre den gesamten pazifischen Raum kennen: Singapur, Jakarta, Japan, China, Hawaii. Die vielen fremden Menschen, die eigenartigen Kulturen. Die Menschen aller Hautfarben, verschleierte Frauen, Rikschas, dickbäuchige weiße Plantagenbesitzer mit goldenen Uhren: Den Engländern schien damals in Südostasien die Welt zu gehören. Die Asiaten dienten, die Engländer verdienten, die Welt war in Ordnung. Aus mir wurde ein Tramp des Pazifischen Ozeans, es gab wohl kaum einen Hafen zwischen Frisco und Hongkong, Seattle und Melbourne, den ich nicht kennenlernte. Ich weiß nicht, auf wieviel Schiffen ich gefahren bin, lernte, wem man trauen konnte und wem nicht, fand heraus, daß manchmal die Matrosen die besseren Kapitäne waren, daß für manche Schiffseigner die Ladung wichtiger war als die Mannschaft. Ich zechte in den finstersten Spelunken von Macao bis Shanghai; ich verlor meine Angst vor schwerer See, zerreißenden Segeln und berstenden Masten, meinen Respekt davor verlor ich nie.

Mein Abstand zu Europa wurde immer größer. 1904/1905 waren die Jahre des Krieges zwischen Japan und Rußland. Höllisch aufpassen mußten wir, mit unseren Schiffen nicht zwischen die Fronten zu geraten. So mancher Schoner, so manches Vollschiff wurde im Nordpazifik versenkt. Mittlerweile war ich Vollmatrose geworden, ein gestandener Seemann, mit allen Wassern gewaschen, ich war immerhin bald 20 Jahre alt. Ich hatte meine Pläne und ein bestimmtes Ziel vor Augen. Sobald ich zurück nach Kalifornien käme, wollte ich mein Steuermannspatent machen. Da gab's Schulen in San Francisco, eine davon wollte ich besuchen, die Adresse hatte ich in meiner Tasche. Die Seefahrt hatte mich gepackt.

Als die stolze Dreimastbark »Jenny« mit mir an Bord unter vollen Segeln Kurs auf Hawaii nahm und am Horizont die ersten Palmen sichtbar wurden, konnte ich nicht ahnen, daß alles ganz anders kommen würde. An mir lag's jedenfalls nicht.

Die Prinzessin von Hawaii

Hawaii muß man gesehen haben, die Tropen-Insel mit den kilometerweiten weißen Stränden und ihren Kokospalmen. Das kristallklare blaue Wasser, das so warm war, daß man stundenlang darin schwimmen und tauchen konnte. Noch schöner war es unter Wasser, die Millionen von bunten Fischen, die die Korallen bewohnten und in den schönsten Farben schillerten, die ich jemals gesehen hatte. Der Boden war voll roter und blauer Seesterne, Seeigel und Muscheln; ich habe Muscheln gesehen, die wohl an die zwei Meter groß waren. Vor der Küste trennte ein Riff die seichten Uferregionen vom offenen Meer. Draußen brach sich die See, und das Riff war gleichzeitig eine Barriere für Haie, hinderte sie daran, in die Nähe der Strände zu schwimmen.

Ein Tag war schöner als der andere. Immer war der Himmel blau, kaum einmal zeigten sich Wolken, und wenn wirklich gegen Abend einer der tropischen Regengüsse vom Himmel herunterprasselte, dann war der Spuk meist innerhalb weniger Minuten vorbei. Und dann war der Himmel wieder sternenklar: Für mich war das der Inbegriff der Tropen und der Südsee; tagsüber die Sonne und das Meer, die lauen Nächte und die freundlichen Insulaner, die so offen auf einen zugehen. War das ein Leben!

Ich hatte im Hafen von Honolulu abgeheuert, besaß über 200 Dollar in bar und hatte mir fest vorgenommen, ein paar Monate auf Hawaii zu bleiben. Wenn das Geld ausgegeben war, wollte ich mir wieder ein Schiff suchen, wer weiß, wohin mich das Schicksal dann trieb.

Da ich die Zeit vorwiegend am Strand, der Sonne und dem Wind ausgesetzt, verbrachte, nahm meine Haut einen bronzefarbenen Ton an, und meine Haare wurden noch blonder. Mein Leben bestand aus Faulenzen, Schwimmen und Tauchen. Manchmal ging ich in eines der kleinen Inseldörfer, deren Bewohner abends vor palmblattgedeckten Hütten saßen, sich unterhielten und lachten. Ich setzte mich zu ihnen, nirgendwo war ich so freundlich aufgenommen worden wie hier bei den Südseemenschen. Ihre Gastfreundschaft ist bekannt und auf allen Inseln des Pazifischen Ozeans gleich; in Polynesien nicht anders als in Mikronesien oder Melanesien. Ihre Friedfertigkeit und ihre Freundlichkeit übertrugen sich, ob man wollte oder nicht, auf einen selbst. Nach einigen Wochen auf Hawaii konnte ich mir erklären, warum eine ganze Reihe Deutscher auf den Inselkolonien des Kaisers in der Südsee und auf dem Bismarck-Archipel geblieben waren. Und ich konnte mir sogar erklären, wie aus rauhen Soldaten, Kolonialbeamten und Seeleuten Seiner Majestät des Kaisers sanfte Insulaner wurden.

König Konhausuhauton war der unumschränkte Herrscher des hawaianischen Archipels. Er war ein schlauer Kerl. Den Reichtum der Insel, der aus riesigen Zuckerrohrplantagen bestand, hatte er vermietet. An einen Franzosen namens Le Blanc, der die Plantagen bewirtschaftete und das Zuckerrohr zur Weiterverarbeitung nach Frankreich verschiffte. Bei Le Blanc arbeiteten nur Insulaner, und die wurden anständig bezahlt. Sonst hätte der König ihm nahegelegt, die Inseln zu verlassen. Ohne das Zuckerrohr natürlich. Und ohne Abfindung für die auf dem Boden des Inselkönigreiches errichteten Gebäude. Aber das war noch nicht alles: Pro Tonne Zuckerrohr, die das Land verließ, erhielt der König eine bestimmte Summe, aus der er seinen Palast, der ebenso wie alle anderen Gebäude im Stil der Insel mit palmengedeckten Dächern gebaut war, erweiterte, und man erzählte sich sogar, daß der König Arme und Kranke mit seinem Geld unterstützte. Welcher König tut das schon? Kein Wunder, daß sein Volk ihn liebte.

Von Zeit zu Zeit gab der König ein Fest, das meistens drei Tage und drei Nächte dauerte und zu dem jeder Untertan gehen konnte. Wenn der König feierte, dann feierte er mit seinen Untertanen. Ein großer Platz war mit brennenden Fackeln abgesteckt worden. Vier Lagerfeuer brannten, vielleicht waren es auch fünf oder sechs. Über jedem der großen Feuer wurden Schweine gebraten. Schweinefleisch mit Bananen, das war eine große Delikatesse. Männer saßen auf dem Boden und hatten Trommeln zwischen ihren Knien, auf denen sie monotone Rhythmen schlugen, zu denen junge Mädchen tanzten.

61

Wohl ein paar hundert Insulaner waren auch dieses Mal zum Fest ihres Königs gekommen. Man trank Kokosmilch und Bananenschnaps, immer ausgelassener wurde die Stimmung. Der König, ein außerordentlich dicker Mann saß auf einem imposanten Bambusthron, um seinen Hals trug er einen Blumenkranz, in der linken Hand hielt er ein gewaltiges Stück Fleisch am Knochen, und mit der rechten schlug er sich vor Vergnügen auf den fetten Schenkel. Und er lachte und scherzte mit seinen Ministern und freute sich über das gelungene Fest. Und wie er sich freute. Die Stimmung stieg, immer ausgelassener wurde das Volk.

Ich war der einzige Weiße unter den Gästen, aber ich fiel nicht auf. Niemand nahm Notiz von mir, aber auch niemand hatte etwas dagegen, wenn ich mich zu der einen oder anderen Gruppe gesellte. Plötzlich verspürte ich Hunger und ließ mir ein Stück Schweinefleisch abschneiden. Ein paar Meter weiter ließ ich mich auf dem Boden nieder, um genüßlich und in aller Ruhe mein Fleisch zu verspeisen. In der Nähe saßen einige junge Mädchen, sie schauten zu mir herüber, eine sagte etwas, die anderen kicherten, offenbar machten sie ihre Bemerkungen über mich. Auf einmal standen sie auf und kamen kichernd und albernd zu mir herüber. Sie setzten sich auf den Boden, wo ich saß, was mir natürlich ganz recht war. Ich war sogar ein wenig stolz darauf, plötzlich fünf so hübsche Mädchen um mich zu haben.

Während vier der Mädchen unentwegt kicherten, sich gegenseitig ins Ohr flüsterten oder zu mir herüberschauten, verhielt sich eine eher ruhig: Sie schaute abwechselnd auf den Boden und heimlich zu mir herüber.

Nach einer Weile wurde es mir zu dumm, ich faßte mir ein Herz und fragte sie: »Laßt mich doch mitlachen, wenn es etwas so Lustiges gibt.« Das einzige, was ich erreicht hatte, war, daß sich das Kichern jetzt noch verstärkte. Aufstehen und weggehen wollte ich aber auch nicht, denn wer läßt schon fünf so schöne Mädchen sitzen?

»Ich heiße Max«, sagte ich. »Und ihr?« Eine Antwort auf meine Frage bekam ich nicht. Aber der Bann war gebrochen. Das wunderschöne Hawaii-mädchen, das sich am Gekicher seiner Freundinnen nicht beteiligt hatte, schaute mich so an, daß es mir fast die Sprache verschlug. Sie hatte langes blauschwarzes Haar, das mit einer weißen Blume geschmückt war. Ein dünnes, mit bunten Mustern bedrucktes gelbes Tuch hatte sie sich um ihren Körper geschlungen. Bis auf zwei goldene Armreife an jedem Handgelenk trug die Schöne keinen Schmuck. Ihre Stimme war die weichste Stimme, die ich je gehört hatte. Sanft und leise sagte sie: »Wer bist du? Wo kommst du her?« Hier auf Hawaii gab es das schönste Mädchen der Welt, und mich sprach sie an. »Ich bin ein Seemann, ein Deutscher, und ich bin für ein paar Wochen nach Hawaii gekommen.«

»Für ein paar Wochen?«

»Ja, dann such' ich mir wieder ein Schiff und fahr' zurück nach Kalifornien, oder nach Japan oder nach Australien.«

Sie schwieg und drehte sich kurz um. Ihre Freundinnen hatten sich entfernt. »Und was machst du auf Hawaii?«

»Ich schwimme, ich tauche, ich laß' mir die Sonne auf den Bauch scheinen, ich lebe. Ja, ich lebe, und mehr eigentlich nicht. Und manchmal besuche ich ein Fest eures Inselkönigs.«

Wieder schwieg sie, und ich merkte ein kleines Flackern in ihren schönen Augen. »Und wie gefällt dir das Fest?«

War das vielleicht eine Frage! »Gut gefällt's mir. Vor allem, weil ich dich getroffen habe. Und ich möchte dich etwas fragen. Sehen wir uns wieder?«

Sie zögerte einen Augenblick und blickte zu Boden. »Wenn du willst.« Sie fragte mich, ob ich die Lagune der zehn Palmen kannte. Ich kannte sie. Das war einer meiner Lieblingsplätze. Dort wollten wir uns am nächsten Tag treffen.

Plötzlich wurde unser Gespräch unterbrochen. Zwei Männer verneigten sich vor dem Mädchen und sagten ihr etwas in ihrer Sprache, die ich nicht verstand. Wortlos stand sie auf und ging. Die beiden Männer folgten ihr in einigen Metern Abstand.

Mein Herz pochte. Ich konnte keinen klaren Gedanken fassen. War das ein Traum, oder war es Wirklichkeit? Ich zwang mich, an etwas anderes zu denken, aber es gelang mir nicht. Ich dachte nur an sie. Dabei kannte ich noch nicht einmal ihren Namen. Wie schön sie war. Ihre Haare, ihre Augen, ihr Mund, wie weich ihre Sprache war, kurz, ich hatte mich Hals über Kopf in sie verliebt.

Die Lagune der zehn Palmen war von zwei Seiten wegen des dichten Regenwaldes kaum einsehbar. Das Wasser war südseeblau, und man konnte fast den Grund sehen. Es gab einige Felsen, ich hatte da meine Lieblingsplätze, auf denen ich gerne saß, die Vögel beobachtete, die Wellen und die sich im Wind wiegenden Palmen. Stundenlang blieb ich hier oft ganz alleine mit meinen Gedanken.

Heute wartete ich ungeduldig auf die schöne Insulanerin, ich lief ruhelos den Strand auf und ab. Manchmal bückte ich mich nach Muscheln und betrachtete sie gedankenverloren. Es war heiß und wohl fast Mittag. Die Palmblätter bewegten sich nicht, kein Windhauch ging. In der Ferne holten einige Fischer ihren Einbaum aus dem Wasser. Ich brauchte keinen Schutz mehr vor der Sonne, da ich schon tiefbraun war. Ich setzte mich in den Sand und ließ meine Füße von den kleinen Ausläufern der Dünung überspülen.

Ich hatte nicht bemerkt, wie sich mir jemand von hinten näherte. Erst als sich mir eine Hand auf die Schulter legte, drehte ich mich um. Ich hatte nicht umsonst gewartet. Sie war gekommen, sie hatte Wort gehalten. Ich war glücklich, und trotzdem fehlten mir die Worte, als sie sich neben mir im Sand niederließ und sich mit beiden Händen das Haar aus dem Gesicht strich. Das Tuch, das sie heute trug, war rot und ließ ihre Hautfarbe noch besser zur Geltung kommen.

»Und du weißt noch nicht einmal, wie ich heiße«, sagte sie und lächelte sanft. »Ich heiße Kimbandu.«

»Kimbandu«, wiederholte ich und lächelte auch.

»Das ist mir zu schwer, ich werde dich Kim nennen.«

»Komm, es ist heiß, gehen wir schwimmen«, meinte sie dann und ließ ihr Tuch fallen. Sie nahm mich bei der Hand, wir liefen hinein ins Wasser, und übermütig stürzten wir uns in die See. Kim umklammerte meinen Hals und versuchte, mich unter Wasser zu drücken. Ich spürte sie und wollte sie nie wieder loslassen.

Hand in Hand kamen wir schließlich aus dem Wasser. Ich betrachtete sie, ihren Körper. Sie war das Schönste, was ich in meinem ganzen Leben gesehen hatte. Nebeneinander legten wir uns in den Sand.

»Warum bleibst du nicht auf Hawaii?« fragte sie leise. »Für immer!«

»Wie soll ich das machen? Wovon soll ich leben?« sagte ich.

Kim lächelte und strich mir sanft übers Haar. Dann richtete sie sich auf und sagte mit klarer, sicherer Stimme: »Du brauchst kein Geld. Wir leben von dem, was wir haben, und wir haben genug. Ich bin die Prinzessin Kimbandu, die Tochter des Königs von Hawaii.«

Mir verschlug es die Sprache. »Du bist was?« fragte ich ungläubig.

Aber sie lächelte nur und sagte sanft und leise: »Ich möchte, daß du immer auf Hawaii bleibst.«

Die nächsten Wochen vergingen wie im Flug. Es war die schönste Zeit meines Lebens. Wir genossen alles, was wir taten. Wir schwammen, wir liefen stundenlang am Strand entlang, wir erkundeten die Regenwälder und fischten vom Einbaum aus – weit draußen vor der Küste. Ich war fest entschlossen, für immer mit Kim zusammenzubleiben. Ich liebte sie, und sie liebte mich. Irgendwann einmal würde ich auch den König kennenlernen. Wie unbeschwert war das Leben auf Hawaii. Die ewige Sonne. Wo sonst als hier konnte man mit beiden Händen nach dem Leben greifen? In den kleinen Dörfern war man sehr freundlich zu mir, die Prinzessin behandelte man überall mit großer Ehrfurcht. Wir naschten von tropischen Früchten, grillten Fische, aßen Schwein und Huhn, tranken Kokosmilch. Das bin ich, sagte ich manchmal zu mir selbst. Der Botenjunge Max Gottschalk aus Husum, der Seemann Max Gottschalk und nun der beste Freund und vielleicht sogar der Verlobte der Prinzessin von Hawaii. Wie wenig wir aus der sogenannten Zivilisation von den primitiven Völkern wußten, wie man sie immer nannte. Die Menschen waren glücklicher als wir, bildeten wirklich eine Einheit mit ihrer natürlichen Umgebung.

Viel unbeschwerter als wir Weißen waren die Insulaner, unsere Sorgen hatten sie nicht, und meine Kim war so frei, jeden Wunsch las sie mir von den Augen ab, so ganz anders als all die feinen und weniger feinen Damen, die ich sonst auf der Welt getroffen hatte. Kim war unbeschwert, fröhlich und gleichzeitig sanft. Alles war natürlich an ihr. Wie sie ging, wie sie sprach, wie sie sich bewegte, wie sie sich kleidete, wie sie lachte und wie sie manchmal traurig war. Für mich stand fest. Kim würde meine Frau werden. Ich wollte sie heiraten. Nur eines wollte ich nicht. Ich wollte nicht die

Tochter des Königs von Hawaii zur Frau. Ich wollte Kim. Aber wie konnte ich ihr das beibringen?

Ich ertappte mich immer häufiger bei dem Gedanken an meine gemeinsame Zukunft mit Kim. So viel hatten wir miteinander geredet. Ich hatte ihr mein ganzes Leben erzählt. Mehr und mehr festigte sich in mir ein Plan: Ich wollte zurück nach Kalifornien, noch ein oder zwei Jahre zur See fahren oder noch besser, in einem der Bergwerke arbeiten, um so viel Geld zu verdienen, daß Kim und ich unser Auskommen haben würden.

Ich wollte sie ernähren, nicht sie mich. Sie war nur meine Prinzessin, die ich mit niemandem teilen wollte. Wenn ich genug Geld hätte, wollte ich wieder nach Hawaii zurückkommen und sie holen. Ich wußte, wie schwer es für Kim sein würde, meinen Entschluß zu verstehen. Aber ich liebte sie viel zu sehr, um mich von meiner Idee abhalten zu lassen.

Eine mir bis dahin völlig unbekannte Energie überkam mich. Endlich hatte ich ein Ziel vor Augen: ein Leben mit Kim. Wie schnell würden zwei Jahre vergehen, und so heuerte ich wenig später in Honolulu auf einem Schoner an und segelte nach Seattle.

Nie zuvor war mir etwas so schwer gefallen wie der Abschied von meiner Prinzessin. Ich war schon ein komischer Kerl: Ich konnte das Paradies auf Erden haben, und ich suchte mir den schwersten Weg aus, um wieder zu meiner Prinzessin zurückkehren zu können.

Die Schicksalsstunde

In Seattle war es damals selten, einen Weißen zu finden, der sonnengebräunt war wie ich. Je länger ich auf dem Kontinent war, desto weiter entfernte sich Hawaii. Nur Kim war allgegenwärtig. Unruhig war ich und voller Tatendrang. Ich wollte endlich etwas erreichen. Ich gab den Gedanken auf, wieder für längere Zeit zur See zu fahren. Ich hörte von Cowboys, die auf den riesigen Rinderfarmen des Westens ihr Geld verdienten, viel Geld verdienten, wie man sich erzählte. Bei der Eisenbahn konnte man auch arbeiten. Die bauten jetzt überall im Land die Strecken aus und suchten dringend Arbeiter. Im Norden, oben in Kanada, hatte man Gold gefunden, Tausende machten den schweren Weg zum Klondike. Ich wußte noch nicht einmal, wo der Klondike war.

Ich tat mich mit Pete zusammen. Er kam aus dem Osten, aus Philadelphia, und wollte auch reich werden. Im Hafen, in einer Kneipe, die »Anchor Inn« hieß, hatte ich ihn kennengelernt. Diese Kneipe wurde zu unserer Stammkneipe. Und, wie schon so oft ging mein Geld, meine sauer verdienten Dollars, allmählich zur Neige. Ziemlich mißmutig saßen Pete und ich im »Anchor« und schlürften unseren Kaffee. Am Nebentisch waren ein paar verwegen aussehende Gestalten, die noch nicht einmal im Sitzen ihre dicken Mäntel mit den Pelzkrägen auszogen. Laut, so laut, daß man jedes Wort verstehen konnte, unterhielten die sich.

»Und ich sage euch, da liegen die Nuggets am Strand herum. Die braucht man nur aufzuheben, wie Eier. Da ist bis jetzt noch jeder reich geworden. Dagegen ist der Klondike ein Armenhaus. Tausende, ja Zehntausende sind schon oben, und es ist genug für jeden da. Ich sage euch, Freunde, wenn ihr reich werden wollt, dann gibt's nur eins. Nome. Alaska.«

Angespannt hörten Pete und ich zu. Uns stockte der Atem. Was der am Nebentisch erzählte, hörte sich an wie ein Märchen.

»Hast du das gehört, Pete?«

»Wenn das stimmt, sind wir gemachte Leute!«

»Pete, da liegen die Nuggets am Strand. Man braucht sie nur aufzuheben, hat der gesagt. Jetzt weißt du, wo wir hinmüssen!«

»Nach Alaska, Max, das ist doch wohl klar. Nichts wie nach Alaska, und zwar so schnell wie möglich.«

»Das sagst du so.«

»Wieso?«

»Ja, hast du vielleicht Geld für die Passage?«

Pete zögerte. »Natürlich nicht.«

»Paß auf«, sagte ich, »wir müssen rauskriegen, wann das nächste Schiff nach Alaska geht, mit dem werden wir fahren, und zwar als blinde Passagiere. Wir haben keine Zeit zu verlieren. Das Gold kann nicht warten.« Wann das nächste Schiff nach Alaska auslief, hatten wir schnell herausbekommen. Ich kannte einen Hafenmeister, der mir gegen einen Dollar Auskunft gab.

Die »Esmeralda« hatte wohl 100 Jahre auf dem Buckel, so sah sie jedenfalls aus, grau, schmutzig und heruntergekommen. Wir hatten uns mit einem ganzen Sack Zwieback und mehreren Wasserkanistern eingedeckt, als wir an Bord gingen, bzw. als wir an Bord geschüttet wurden mit einer riesigen Ladung gehacktem Holz. Als das Holz in die Luken fiel, waren zwei besonders große Scheite darunter. Einer war Pete, der andere war ich. Wir holten uns einige blaue Flecken, aber unser Proviant war Gott sei Dank nicht zu Bruch gegangen. Ziemlich unglücklich und schmutzig von Kopf bis Fuß hockten wir in unserem dunklen Versteck unten im Schiffsbauch zwischen den Holzscheiten. Wir hatten vorgesorgt und ein paar Kerzen mitgenommen. Im Kerzenlicht sah ich ein paar Schatten vorüberhuschen.

»Weißt du was, Pete«, flüsterte ich, »hier sind eine ganze Menge Ratten an Bord, und zwei davon sind wir.« Als Bewegung in den Schiffsbauch kam, lauschten wir gespannt.

»Ich glaube, es geht los«, sagte Pete.

»Alaska, wir kommen«, murmelte ich und überlegte, was ich wohl machen würde, wenn dort die Nuggets nicht am Strand lägen.

Wieviel hatte ich davon gehört und gelesen, wie geheimnisvoll war für mich das Land hoch oben im Norden, das zu meinem Lebensinhalt werden sollte. Ungeheuerliche Vorstellungen verband ich allein mit diesem Wort: Alaska.

Von Amerika aus kann man Rußland mit bloßem Auge sehen, denn nur fünf Kilometer trennen die Große Diomid-Insel, Big Diomede, die zu Rußland gehört, von der Kleinen Diomid-Insel, die amerikanisches Territorium ist. Die Datumsgrenze und die Grenze zweier Welten verläuft zwischen den beiden kleinen Inseln in der Beringstraße. Nur ein paar Eskimos leben dort, und die können nicht verstehen, daß sie Bürger zweier gegnerischer Staaten sind und nicht nur Vettern in einer großen Familie, die gemeinsam gegen die unbarmherzige Natur, die Kälte des Nordens, zu kämpfen haben. Die Beringstraße ist es, über die die ersten Bewohner Amerikas ins Land und auf den Kontinent kamen. Die Ethnologen behaupten, daß die Spuren, die man von ersten Ansiedlungen in Alaska gefunden hat, von asiatischen Völkern stammen. Manche Geologen unterstützen diese Theorie, indem sie vermuten, daß einst eine Landbrücke zwischen Amerika und Asien bestanden hatte. Die Inseln, die dort im Meer liegen, sind letzte Zeugen dieser Brücke.

Auch die Russen kamen. Als Jäger und Fallensteller kamen sie über die Aleuten, auf denen es Massen von Seehunden und Seeottern gab. Die Russen hatten ihren Stützpunkt auf der Insel Kodiak, schoben ihn dann 1799 in den Alexander-Archipel vor, wo sie Sitka gründeten. Mehrere Gouverneure waren energisch genug und trotzten der feindseligen Natur und der Rachgier der Eingeborenen, die wegen der russischen Brutalitäten und Plünderungen aufgebracht waren. Trotzdem war die russische Niederlassung nie von besonderer Bedeutung. Sie lag viel zu weit weg vom Zentrum des Landes, und der Nachschub für das damalige Russisch-Amerika blieb ein unlösbares Problem. Ab 1850 versuchte die russische Regierung in Petersburg immer wieder, die Kolonie zu verkaufen. 17 Jahre brauchten die Russen, bis das endlich gelang. Ohne Seward wäre es wahrscheinlich nie gelungen. William Henry Seward stammte aus Florida. Er hatte eine Leidenschaft für die Nordstaatler. Er bekämpfte die Sklaverei, ließ sich in New York als Rechtsanwalt nieder und wollte Präsidentschaftskandidat der Republikaner werden. Die Partei zog 1856 Fremond und 1860 Lincoln vor. Lincoln war es, der Seward zum Staatssekretär machte und anschließend eine Menge Sorgen mit ihm hatte. Seward versuchte nämlich, die Sezession zu verhindern, indem er in Europa nach einem Ablenkungskonflikt suchte. Dann hätte er fast den Norden wegen Mexiko in einen Krieg mit Frankreich verwickelt und schließlich auch in einen Krieg mit England wegen der Freiheit der Meere. Nach Ende des Bürgerkrieges brachte er die Idee auf, es gäbe für Amerika nichts Wichtigeres, als die Beseitigung des durch die Russen auf amerikanischem Boden geschaffenen Brückenkopfes. Der Augenblick war schlecht gewählt. Der lange Bürgerkrieg hatte eine Finanzkrise zur Folge, und Amerika war mit der schwierigen Aufgabe des Wiederaufbaus beschäftigt. Seward hatte alle Mühe, ernstgenommen zu werden, als er vorschlug, das Desinteresse des Zaren an Alaska auszunützen und die Vereinigten Staaten um ein Stück Polarlandschaft zu erweitern. Glücklicherweise war der zaristischen Regierung ebensoviel an einem raschen Verkauf gelegen wie dem Staatssekretär Seward. Der russische Botschafter in Washington, Baron von Streckl, verteilte 300 000 Dollar an mehrere Zeitungen, die ihr Herz für Alaska entdeckten, und außerdem zahlte er Bestechungsgelder an verschiedene der 27 Senatoren, die dann auch am 30. Mai 1867 dem Ankauf Alaskas zustimmten. Die Vereinigten Staaten zahlten 7 200 000 Dollar und wurden damit um eineinhalb Millionen Quadratkilometer größer.

Die folgenden Jahre gaben denen recht, die fragten, was Amerika mit der Eiswüste wolle. Der Zar hatte längst seine Beamten zurückgezogen, und die wenigen Russen, die im Lande blieben, bildeten lange Zeit die einzigen weißen Zivilisten der damaligen Kolonie. Zuerst lag die Verwaltung in den Händen der in Sitka stationierten Garnison, dann wurde die Zollverwaltung damit betraut, die dieses undankbare Geschäft bald auf die Marine abwälzte. Als Seward elf Jahre nach dem Kauf Alaskas starb, hatte man ihn zwar nicht zur Rechenschaft gezogen, aber Ruhm hatte ihm seine Idee wirklich nicht verschafft. Sein Alaska hatte noch nicht einmal 20 000 Einwohner, davon 19 000 Indianer und Eskimos.

Mit einem Schlag wurde dieses menschenleere Land zu einem Märchenland. Am Klondike im Norden Kanadas hatte man Gold gefunden, und der bequemste Weg dorthin führte über Alaska. Die Goldsucher kamen über Sitka, zogen weiter über Skagway am Fuße des White-Panes mit seinen vereisten Pfaden und stiegen dann nach Kanada hinunter, nach Whitehorse im Yukon-Territorium und schließlich zu den Goldfeldern. Sogar Frauen waren gekommen, hatte ich in Seattle gehört, mit hohen Schnürstiefeln und den weiten Röcken der Mode von 1898. Damals hatte ich im letzten Jahr die Schulbank in Husum gedrückt. Dann fand man auch in Alaska selbst Gold. Nome war im Frühjahr 1899 nur ein Eskimodorf am Rand der Beringstraße. Im Herbst des gleichen Jahres hausten dort bereits an die 30 000 verwilderte und ausgehungerte Gestalten. Das war vor drei Jahren. Und jetzt war Nome in aller Munde. Es gab wohl niemanden im Westen, der Nome nicht kannte.

Das von hohen Bergen umrahmte Fairbanks wurde ebenfalls von Goldgräbern überschwemmt, die den Sand der Flüsse wie Wildschweine durchwühlten. Manche Bonanzas ergaben sechs oder sieben Dollar pro Kubikmeter Sand, hatte ich in Seattle gehört. Für die neu ankommenden bedrohlich großen Menschenmengen wurde eine Verwaltung notwendig, und Polizei kam nach Alaska. Das nennt man wohl Zivilisation. Unendlich weites Alaska! Die Entfernungen werden in Alaska, durch die Form des Landes, das sich, beginnend mit einem schmalen Streifen längs der kanadischen Küste, bis zu den Aleuten hinzieht, noch weit größer. Von Ketchikan im Süden bis Atu, der äußersten der Aleuten-Inseln im Westen, ist es so weit wie von Miami in Florida bis San Francisco in Kalifornien, und von Ketchikan bis Point Barrow im Norden so weit wie von Miami bis Minniapolis, was ungefähr der Strecke Madrid–Moskau und Rom–Oslo in Europa entspricht.

Ich wußte so viel von Alaska, und doch hatte ich das alles nur gelesen. Was mochte mich dort oben im Norden erwarten, was für Menschen mochten das sein, die in Nome nach Gold suchten. Am allermeisten interessierte mich natürlich, ob genug Nuggets dort waren, um 30 000 reich zu machen.

Was hatte ich bisher alles erreicht und gesehen in meinen jungen Jahren. Die Zeit in Husum mit Jan und Lehrherr Jepsen, Kalifornien und Jack, der Pazifik und das rauhe Seemannsleben und meine große Liebe, die Prinzessin von Hawaii. Und doch sagte ich mir, daß ich noch viel zu jung war, um irgendwo für immer zu bleiben: Wenn sich jemandem eine Chance bietet, reich zu werden, dann sollte er sie nutzen. Wenn die Nuggets am Strand lagen in Nome, dann waren Männer gefragt, die sie aufhoben. Und ich wollte einer dieser Männer sein. Ich suchte das Abenteuer, das Unbekannte, und ich hatte ein klares Ziel vor Augen: Das Gold am Strand von Nome würde mir helfen, Geld zu machen. Und mit diesem Geld würde ich ein Schiff kaufen und damit über die Weltmeere segeln. Und eines Tages würde ich auch nach Hamburg oder nach Husum kommen. Alaska lag für mich zum Greifen nahe. Ein Glückspilz war ich, so fühlte ich mich jedenfalls. Und ich konnte es kaum noch abwarten, nach Alaska zu kommen.

Unser Schiff fuhr entlang der kanadischen Küste, vorbei an Südost-Alaska durch die Alëuten ins Beringmeer bis nach Nome.

Ich wußte eine Menge über das Gold, das in den letzten Jahren überall dort oben gefunden worden war.

Um die ganze Erde war die Nachricht von den Goldfunden im Norden gegangen. Und Hunderttausende hatte das Fieber gepackt, Hunderttausende ließen alles stehen und liegen und strömten zu den Goldfeldern im Norden Kanadas und nach Alaska. Das war der Beginn des Klondike-Goldrausches. Damals, es war ja noch gar nicht so lange her, war das Jahrhundert der Sensationsfunde zu Ende gegangen, in dem Hunderte zu Millionären geworden waren, Tausende reich und Hunderttausende noch ärmer als sie schon gewesen waren, bevor sie sich zu den Goldfeldern aufgemacht hatten.

Reich wurden auf jeden Fall die Händler und Ausrüster in den Hafenstädten San Francisco, Seattle und Vancouver, viel reicher als 99% aller Goldgräber. Die meisten von diesen nahmen unsagbare Strapazen auf sich, um ans Gold zu kommen. Goldsucher waren versessen aufs Gold und besessen von der Idee, reich zu werden. Sie alle traten den mörderischen Weg zum Chilkoot-Paß an. Selbst die stärksten Männer schafften es nicht, mehr als einen halben Zentner über den Paß zu schleppen. Noch aber hatte jeder seinen Traum vom großen Reichtum. Der Strom von besessenen Abenteuerern, der sich über den ganzen Norden ergoß, wurde immer größer. Die meisten gingen leer aus. Die Illusionen dieser Männer, die alles zu können glaubten, zerbrachen. Dabei konnten sie wirklich eine ganze Menge, denn jeder auf dem Treck, auf dem Fluß und seinem eigenen Claim mußte fischen, jagen, Boote zimmern und Häuser bauen, Gold suchen, Vieh züchten und einen Garten bestellen. Ihre Väter hatten den Wilden Westen besiedelt, jetzt glaubten auch die Söhne, ihre Chance zu haben.

Wie mochte es wohl in Nome aussehen? Die Klondike-Zeiten waren vorbei, und wenn Nome ein neues Klondike war, dann war das Suchen des Goldes bestimmt mit den gleichen Strapazen verbunden wie am Klondike. Pete und ich wußten jedenfalls nicht, was uns erwarten würde. Das einzige, was wir wirklich wußten, war, daß dort angeblich die Nuggets am Strand lagen.

»Pete, was machen wir, wenn die Nuggets nun doch nicht am Strand liegen?«

»Wieso? Das haben wir doch gehört?«

»Und wenn sie nicht dort liegen?«

Schweigen.

Ich fragte weiter: »Was ist, wenn wir eine teure Ausrüstung brauchen?« Schweigen. Offensichtlich wollte Pete nicht über solche Probleme sprechen.

Ich beruhigte mich selbst, indem ich mir sagte, irgendwie würden wir schon durchkommen. Warum sollte es in Nome nicht klappen?

Ich brauchte dringend jemanden, mit dem ich reden konnte, der etwas von Gold verstand und mir Tips geben konnte. Im Vergleich zu unseren Vorgängern am Klondike hatten wir es doch eigentlich noch gut. Die mußten sich ihren Weg zu den Goldfeldern hart erkämpfen, und wir wurden direkt nach Nome geschippert.

Manchmal dachte ich an Kim. Zuerst häufiger, doch mit jeder Meile, die wir weiter nach Norden kamen, dachte ich seltener an sie. Obwohl ich mich hier in dem dunklen und feuchtkalten Schiffsbauch in einer ungemütlicheren Lage befand als unter den Palmen von Hawaii, war ich irgendwie froh, hier zu sein, wo ich war. Wenn Kim bei mir wäre, wäre ich natürlich noch glücklicher gewesen. Aber das war ein völlig abwegiger Gedanke. Eine Prinzessin im dunklen Schiffsbauch. Das ging nicht. Und was meinen Plan betraf, viel Geld zu verdienen, um Kim ein sorgenloses Leben zu ermöglichen, war ich auch skeptisch geworden.

Wir hatten gut daran getan, uns mit ausreichend Proviant und warmer Kleidung einzudecken, bevor wir in Seattle an Bord gegangen waren. Es wurde merklich kühler, je weiter wir nach Norden kamen. Und dann, als unser Proviant schon zur Neige ging, legten wir in Nome an.

Mein Gold

Nome, Anfang des Jahrhunderts.

Ich kam mir vor wie in Kalifornien. Nur viel kälter war es. Aber wohl genauso viele Menschen bevölkerten hier den Strand wie in Kalifornien die Städte. 30 000 Menschen waren im Goldrausch nach Norden gekommen, und die meisten hatten am Strand ihre Zelte aufgestellt. Wie besessene Maulwürfe wühlten die Goldsucher den gefrorenen Boden auf und durchpflügten ihn mit ihren meist primitiven Werkzeugen.

In den Bachläufen, an den sandigen Ufern standen die Menschen dicht an dicht und wuschen Stunde um Stunde, Tag um Tag, Monat um Monat den Sand – immer in der Hoffnung, den ersehnten Goldstaub oder die begehrten Nuggets zu finden.

Erfolg hatten nur die allerwenigsten.

Pete und ich waren schon nach ein paar Tagen darauf gekommen, daß wir Lügnern auf den Leim gegangen waren: Nuggets lagen jedenfalls nicht am Strand. Wie wir genug Gold finden könnten, um unseren Lebensunterhalt zu verdienen, wußten wir nicht. Hier wollten immerhin 30 000 Menschen reich werden. Ein gutes Dutzend hatte es geschafft in den vergangenen Jahren. Aber was war schon ein gutes Dutzend gegen Zigtausende von Menschen? Viele der armen Teufel, die hierher nach Nome gekommen waren, hatten es noch viel schlechter getroffen als wir. Unten in Seattle oder San Francisco hatten sie alles verkauft, was sie besaßen, und alles, was sie für ihre Habseligkeiten bekommen hatten, hatten sie angelegt in Gerät und Ausrüstung. Schwer bepackt wie die Maulesel und völlig mittellos waren sie hier eingetroffen, hatten ihre Zelte am Strand aufgestellt, und schon nach wenigen Wochen hatten die meisten resigniert.

Die Illusionen waren hier sehr schnell dahin, und das wenige, was dem kargen Boden an Goldstaub abgerungen werden konnte, wurde in Alkohol umgesetzt. Es war ein Teufelskreis. Hier war kein Ort, an dem man an die Zukunft dachte, hier lebte man von einem Tag zum anderen.

Wer seine ganzen Ersparnisse ausgegeben hatte und Besitzer eines Zeltes war, gehörte zu den Privilegierten. Pete und ich gehörten jedoch zur großen Masse derjenigen, die noch nicht einmal ein Dach über dem Kopf hatten. Riesige Feuer brannten entlang des ganzen Strandes. Wohl fünfzig oder sechzig Personen teilten sich ein Feuer, um in der Kälte nicht einzugehen, und allabendlich begann der Kampf um einen Platz möglichst nahe an den Flammen.

Und doch gab es eine Art von Hierarchie damals in Nome: Die Reichen, das waren die, die in der Regel schon mehrere Jahre hier waren; sie bewohnten komfortable Blockhäuser im Ort. Einige Männer waren furchtbar reich, sie hatten hier Gold entdeckt. Reich waren auch die Ausrüster, die alles verkauften, was ein Goldsucher brauchte, und die Händler, die Lebensmittel und alkoholische Getränke zu atemberaubenden Preisen verkauften. Sie konnten die Preise festlegen, wie sie wollten. Alle anderen waren darauf angewiesen und bezahlten, ohne zu murren, jeden Preis. Das war damals das Gesetz des Nordens. Einige Saloons gab es auch, und so mancher, der ein kleines Vermögen aus dem kalten Sand geholt hatte, verspielte es in einer einzigen Nacht.

Pete und ich gehörten zur untersten Klasse. Unsere wenigen Dollars, die wir besessen hatten, waren für Lebensmittel bald aufgebraucht, und um wirklich erfolgreich Gold zu schürfen, brauchten wir eine Ausrüstung. Die zu kaufen, kostete wieder Geld. Und das wiederum besaßen wir nicht. Es war wie verhext. Ich gehörte immer wieder zu denen, die ums Überleben kämpfen mußten. Das war schon zu Hause in Husum so, und das war hier oben im Norden nicht anders. Tagelang schlichen Pete und ich am Strand umher und beobachteten die Besessenen bei der Arbeit, wie sie mit Spitzhacke und Schaufel arbeiteten, als ginge es um ihr Leben, wie sie Pfanne um Pfanne mit Sand füllten und diesen Sand wuschen. Mit bloßen Händen konnte man hier nichts werden. Bald hatten wir nicht einmal genug Geld mehr, um uns eine Schaufel zu kaufen. Manchmal schlenderten wir durch Nome. Es war eine richtige Stadt mit Bürgersteigen aus Holz und festen

Gold Nugget

Häusern mit Schildern, auf denen die Händler ihre Angebote feilboten. Eine Bank gab es, in der die Glücklichen, die wenigen Glücklichen, für Goldstaub und Nuggets Geld bekamen, und ein Gebäude, das einem gewissen Harnick gehörte. Gesehen hatte ich diesen Harnick noch nie, aber man redete viel über ihn in Nome. Man erzählte sich, er sei vor fünf Jahren mit nichts hierher gekommen, und jetzt hatte er alles, was er sich wünschte. Er mußte unermeßlich reich sein. Da Harnick ständig Leute suchte, gingen wir zu ihm, als wir wirklich nichts mehr hatten. Pete und ich, wir öffneten schüchtern die Tür seines Hauses und traten ein. Ein Mann, der aussah wie ein Wiesel, herrschte uns mit hoher Fistelstimme an: »Was wollt ihr?«

»Wir wollen Arbeit.«

»Das wollen viele.«

»Aber wir brauchen die Arbeit ganz dringend. Wir haben kaum noch etwas zu essen. Und nun haben wir gehört, daß Mister Harnick immer welche braucht, die als Gräber für ihn arbeiten. Wir möchten gerne wissen, was man da verdienen kann.«

Das Wiesel stieß ein wieherndes Lachen aus. Dann schien er sich doch wieder zu fangen, und ich fragte mich, was denn an dem, was ich da gesagt hatte, so abwegig war.

»So, jetzt hört mir zu, ihr Tagediebe«, sagte das Wiesel, »zuerst müßt ihr euch eins merken. Es ist eine ganz große Gnade, für Mr. Harnick arbeiten zu dürfen, womit ich nicht sagen will, daß wir euch nehmen.«

Er musterte uns mit seinen kleinen häßlichen Augen, sein Blick wanderte von unseren Fußspitzen bis zu unseren Haarschöpfen. Dann setzte er, wobei er ein sehr gnädiges Gesicht aufsetzte, seine Rede fort.

»Kräftig genug seht ihr ja aus. Und mit der Schaufel könnt ihr wohl auch umgehen.« Breitbeinig stellte er sich vor uns hin und stemmte seine Hände in die Hüften. Er musterte uns. Dann redete er spöttelnd weiter:

»Also, mal angenommen, Mr. Harnick würde euch nehmen, dann sage ich euch, wie eure Arbeit dann aussieht. Ihr werdet Gold schürfen, und zwar dort, wo Mr. Harnick euch hinstellt. Und ihr werdet von früh morgens bis spät abends schürfen. Ihr werdet von Mr. Harnick alle Geräte bekommen, die ihr braucht. Und zu essen bekommt ihr auch, damit ihr nicht verhungert. Und noch eins sage ich euch. Mr. Harnick kann nur zuverlässige Arbeiter gebrauchen, keine Faulpelze. Mr. Harnick hat ein ganzes Heer von Aufpassern, die euch alles Gold, was ihr findet, jeden Tag abnehmen. Das hat, wie ihr euch vielleicht vorstellen könnt, große Vorteile für euch. Ihr habt also keine Verantwortung und braucht euch nicht mit dem Gold herumzuplagen.«

Es hielt mich nicht mehr, und ich platzte heraus: »Und was verdienen wir?«

Das Wiesel setzte einen mehr als großzügigen Blick auf. »Was ihr verdient?« fragte er. »Ihr werdet beteiligt. Von allem Gold, was ihr findet, bekommt ihr den zwanzigsten Teil des Geldwertes. Findet ihr Gold im Wert von 100 Dollar, bekommt ihr 5 Dollar. Das ist sehr großzügig von Mr. Harnick. Denn er ermöglicht es euch, Goldsucher zu werden, und außerdem ernährt er euch, damit ihr nicht verhungert. Und ein Dach über dem Kopf gibt er euch auch, damit ihr ausgeruht seid für die Arbeit.« Böse grinste das Wiesel.

Ich war schockiert, und innerlich kochte ich. Pete ging es ähnlich wie mir. Aber hatten wir eine andere Möglichkeit? Wer das Geld hat, bestimmt die Regeln. Das war schon in Husum so, und hier in Nome war es nicht anders. Harnick war unsere Möglichkeit, hier zu überleben, und wenn die Bedingungen noch so schlecht waren. Das, was Harnick mit seinen Arbeitern machte, war brutalste Ausbeutung. Und das Wiesel war Harnicks verlängerter Arm, sein Henker. Eine Weile schwiegen Pete und ich, das Wiesel wurde schon ungeduldig. »Nun, wollt ihr, oder wollt ihr nicht?«

»Wir nehmen an.«

Wir hatten angenommen und standen nun in Lohn und Brot beim Goldsuchunternehmen Harnick in Nome/Alaska.

Was das Wiesel »ein Dach über dem Kopf« genannt hatte, entpuppte sich als ein grausiges Haus, in dem es von Wanzen wimmelte. Es roch nach rauher Männergesellschaft, und manchmal kam mir dieser Geruch vor wie der Geruch von Verzweiflung. Wir wurden gehalten wie die Tiere, aber immerhin: Harnick sorgte dafür, daß wir nicht verhungerten und so gut ernährt und bei Kräften waren, daß wir für ihn hart arbeiten konnten.

Wir waren wohl hundert Personen, die dicht nebeneinander auf dem Boden auf zerlumpten Decken lagen. Verglichen mit den Wochen am Strand war das immerhin ein Fortschritt. Zumindest brauchten wir nicht mehr zu frieren. Die Arbeit war gnadenlos. Wir suchten in den Flußläufen nach Gold, durchkämmten systematisch Quadratmeter um Quadratmeter Boden nach Gold. Manchmal hatte ich ein Gefühl von Freiheit, dann wieder spürte ich die Abhängigkeit, in der ich mich befand, und wenn ich das dachte, ging ich meiner Arbeit lustlos nach – so als hätte ich den letzten Funken Hoffnung an eine bessere Zukunft verloren. Es wurde immer schwieriger, den bald hartgefrorenen Boden nach Gold zu durchforschen. Harnick nahm jedoch keine Rücksicht: Ihm war es egal, ob Winter war. Er saß ja auch im Warmen. Aber er wußte, daß er nur Leistung und damit Gold von seinen Leibeigenen erwarten durfte, wenn er sie entsprechend ausrüstete. So standen uns nicht nur gute Schürfwerkzeuge zur Verfügung, sondern ebenso warme, wintergerechte Kleidung, Pelzstiefel und Parkas mit wolfsfellumrandeten Kapuzen.

Der Erfolg war nicht gerade umwerfend, aber immerhin: Es gab Gold in Nome. Zwar hatte ich nie das Glück, die großen Nuggets zu finden, aber Körner und Goldstaub waren hier keine Seltenheit. Die Aufseher von Harnick waren widerwärtig und mißtrauisch und tauchten immer dann bei uns auf, wenn wir sie am allerwenigsten erwarteten. Alles, was ich an Goldstaub gefunden hatte, wanderte dann in den Lederbeutel eines der Aufseher. An Ort und Stelle wurde gewogen, und der Goldsucher bekam einen schmierigen Zettel, sozusagen als Quittung. Einmal im Monat wurde abgerechnet. Das war die Aufgabe des Wiesels. In langer Schlange warteten wir Goldsucher, bis wir an der Reihe waren, präsentierten unsere Zettel und bekamen die Dollars ausgezahlt. Der Zahltag war jedes Mal der Tag der bitteren Ernüchterung. Man ging nicht gerade besonders nett und freundlich mit uns um, obwohl das Wiesel und die anderen von Harnicks Leuten doch auf uns angewiesen waren. Wenn wir nicht gewesen wären, hätte Harnick sich niemals seine Goldmillionen zusammenklauben können. Ich konnte mir das Wiesel jedenfalls nicht mit Schaufel und Spitzhacke in der Hand vorstellen.

Geduldig wartete ich. Endlich war ich an der Reihe. Ohne ein Wort zu sagen, übergab ich dem Wiesel, der sich, um seine Autorität zu untermauern, ein Monokel ins linke Auge gekniffen hatte, meine gesammelten Papierfetzen eines ganzen Monats. Ich bekam 48 Dollar. Das war eine ganze Menge Geld. Aber als ich daran dachte, daß ich ja immerhin für 960 Dollar Gold geschürft hatte und Harnick den Löwenanteil eingestrichen hatte, wurde mir hundeelend. Wut ergriff mich, und ich wäre dem Wiesel am liebsten ins Gesicht gesprungen. Ich steckte meine 48 Dollar ein, und das Wiesel entließ mich mit den Worten: »Da siehst du mal, wie großzügig Mr. Harnick ist. Du darfst ihm dankbar sein, Tagedieb.«

Ich hatte mir vorgenommen, nicht leichtsinnig mit meinem schwer verdienten Geld umzugehen, sondern sparte jeden Dollar. Mein Ziel war es, so viel Geld zusammenzubekommen, daß ich mir eine eigene Ausrüstung kaufen und mich dieser verfluchten Fesseln der Harnickschen Leibeigenschaft endlich entledigen konnte. Dann wollte ich meinen eigenen Claim abstecken und endlich reich werden. Meine Freundschaft mit Pete war ein wenig gestört worden: Das war nahezu unmerklich geschehen. Pete hatte sich ein paar verwegenen Burschen aus New York angeschlossen, und nun hatte er an jedem Zahltag nichts Besseres zu tun, als seine Dollars zusammen mit seinen Freunden sofort in einem der Saloons von Nome für Whisky und Mädchen auszugeben. Für ihn war es das eigentliche Leben, etwas, was er sich immer gewünscht, mir gegenüber aber niemals zugegeben hatte. Er hatte nicht das Gefühl, sich in Abhängigkeit und Leibeigenschaft zu befinden. Er hatte Geld, genug zu essen, brauchte nicht zu frieren, sein Lebensinhalt waren der Saloon und die Mädchen, die zu Hunderten zu den Goldfeldern des Nordens geströmt waren, um Männern wie Pete ihr sauerverdientes Geld aus der Tasche zu ziehen. Männer wie Pete bildeten die Mehrheit. Ohne sie wären Leute wie Harnick nie zu diesem sagenhaften Reichtum gekommen. Mein Leben war anders: Ich hatte ein Ziel vor Augen!

So vergingen Tag für Tag, Woche für Woche, Monat für Monat. Ein Tag war wie der andere. 14 Stunden schuftete ich auf den Goldfeldern, dann schlenderte ich durch Nome. Die Stadt wuchs. Sie schien jeden Tag und jede Woche zu wachsen. Jeden Monat trafen Schiffe mit neuen Ladungen von Goldsuchern ein. Wieviele ihr Glück fanden, das wird wohl immer das Geheimnis von Nome bleiben.

Die Winter waren hart. Niemals zuvor habe ich bitterere Winter erlebt. Manchmal zeigte das Thermometer 50° C unter Null, und es fegte ein eisiger Wind von der Beringstraße herüber. Unbarmherzig deckten Schneestürme alles zu, und genauso unbarmherzig trieben Harnicks Leute Männer wie mich zur Arbeit. Metertief war der Boden gefroren, und es grenzte ans Unmögliche, mit der Spitzhacke in den Boden einzudringen. Entsprechend gering war die Ausbeute und damit auch der Verdienst. Trotzdem: Es gelang mir zu sparen. Jeden Monat legte ich einige Dollars beiseite. Stattliche 320 Dollar wurden es in einem Jahr. Und dann eines Tages kam ein völlig neuer Gedanke in mein Leben.

Ich war in die Handelsstation gegangen, um mir etwas Tabak zu kaufen, als ich einige Männer bemerkte, die so verwegen aussahen, als hätten sie die

Zivilisation schon seit vielen Monaten nicht mehr gesehen. Sie kauften ein, als wollten sie ein ganzes Dorf versorgen, und sie bezahlten mit Fellen! Mir gingen fast die Augen über. Das hatte ich noch nicht gesehen. Zwar hatte ich schon von Pelzhändlern gehört, aber die waren drüben in Kanada, in den großen Wäldern. Nicht aber hier an der Küste.

Neugierig stellte ich mich neben die abenteuerlichen Gestalten. Dann fragte ich: »Wo kommt ihr her?«

Ich hatte gar nicht damit gerechnet, eine Antwort zu bekommen, aber einer antwortete freundlich: »Aus Sibirien kommen wir, Junge, aus Sibirien.«

Aus Sibirien. Davon hatte ich schon gehört, und mutig fragte ich weiter: »Was habt ihr dort gemacht? Wie ist es in Sibirien? Und wie weit ist es dorthin?«

Der Freundliche hörte sich meine Fragen erheitert an.

»Immer mit der Ruhe, Junge! Eins nach dem anderen. Wenn es dir Freude macht, will ich deine Fragen gerne beantworten. Meine Freunde und ich, wir sind Pelzhändler drüben in Sibirien. Pelze, mußt du wissen, sind das wahre Gold. Hast du schon mal einen Zobel-Balg durch deine Hände gleiten lassen? Wohl nicht. Wir drei, wir kommen nur alle paar Monate zurück nach Alaska, um unsere Pelze zu verkaufen und neue Handelsware einzukaufen. Und dann geht's wieder zurück nach Sibirien.«

Was ich da hörte, das war etwas für Max Gottschalk! Das hörte sich geradezu atemberaubend an. Ich fragte weiter, und der Fremde machte auch keine Anstalten, meinen Fragen aus dem Weg zu gehen, während seine beiden Partner mit Einkäufen beschäftigt waren.

»Verratet mir, mit wem ihr Handel treibt. Ja, sprecht ihr denn die fremden Sprachen?«

Der Freundliche grinste: »Junge, die Felle von den eingeborenen Halunken zu bekommen ist leichter als eine Bonanza zu entdecken. Die warten nur drauf, die Felle abgeben zu dürfen.«

»Ja, und was zahlt ihr dafür?«

Da lachte der Händler und strich sich mit der Hand über den Mund: »Das, Junge, ist das Geheimnis eines jeden Pelzhändlers.«

Nun waren seine Partner mit den Einkäufen so weit. Die Schlitten draußen vor der Tür waren voll beladen, und auch der Freundliche machte Anstalten, nach draußen zu gehen. Bevor er ging, blinzelte er mir nochmals zu und sagte: »Bis zum nächsten Mal in diesem Laden, junger Mann. In einem Jahr um die gleiche Zeit bin ich wieder hier!«

Dann ging er, und ich sah, wie er das Zugseil eines der Packschlitten nahm und, ohne sich noch einmal umzublicken, fortging. Ich starrte ihm noch nach, als er schon längst verschwunden war.

»Pelze«, murmelte ich.

Ich hatte ein neues Ziel: Pelze aus Sibirien! Ich grübelte nach, was einer wie ich wohl anstellen müßte, um Pelzhändler werden zu können. Sofort überlegte ich, was man so brauchte, um einen schwunghaften Pelzhandel zu beginnen: Zuerst einmal ein Schiff oder zumindest ein Boot, um die Beringstraße zu überqueren und an der sibirischen Küste von Bucht zu Bucht und von Hafen zu Hafen zu fahren, und dann brauchte man natürlich Waren, um Pelze eintauschen zu können. Und was noch? Ich dachte nach. Ortskenntnisse und Sprachkenntnisse wären gut. In meinen Fahrensjahren auf dem Pazifik hatte ich etwas Russisch gelernt, einmal war ich zwei oder drei Tage in Wladiwostok, und ich hatte festgestellt, daß ich mich recht gut verständigen konnte.

Seit ich die drei Pelzhändler in der Handelsstation getroffen hatte, ließ mich der Gedanke, selbst Pelzhändler zu werden, nicht mehr los. Da ich niemanden hatte, mit dem ich mich über die tollkühne Idee unterhalten konnte, mußte ich selbst über das jetzt Notwendige nachdenken. Woher sollte ich ein Boot nehmen? Ein Boot war bestimmt unerschwinglich für mich.

Aber zunächst einmal verlief mein Leben in Nome weiter so wie vorher. Ich suchte Gold, lieferte den Löwenanteil Harnicks Eintreibern ab und durfte den Rest behalten. Aber, wenn ich einmal frei hatte, und das kam nicht allzu oft vor, hielt ich mich gerne unten am Hafen auf, wo die Schiffe lagen und wo auch einige Wracks am Strand lagen. Meist waren das Fischerboote und bessere Kähne mit durchgerosteten Bäuchen und verrotteten Planken. Die Namen waren in Wind und Wetter, in Schnee, Eis und

Salzwasser verblaßt. Manchmal marschierte ich stundenlang am Strand entlang und begutachtete die Schiffswracks kritisch, klopfte prüfend auf die Rümpfe und kratzte mit den Fingernägeln am Rost.

Eino Hämäläinen war Finne, und die »Knoppola« war ehemals sein Schiff. Jetzt lag sie traurig an Land, rostete und rottete vor sich hin und machte einen gar nicht mehr seetüchtigen Eindruck. Vor langer Zeit mußte sie wohl ein tüchtiges Zweimastschiff mit einem soliden Eisenrumpf gewesen sein. Bekanntlich verstehen die Finnen ja etwas vom Schiffsbau. Fast liebevoll betrachtete ich die »Knoppola« und merkte gar nicht, daß ihr Besitzer neben mich getreten war.

»Du kannst sie haben«, sagte er mit singendem Akzent. »Du kannst sie haben – für 35 Dollar. Aber du mußt viel tun, damit sie seetüchtig wird.«

Die »Knoppola« war eine Art Ketsch und konnte mit viel Mühe von einem Mann gesegelt werden. Ich stellte mir vor, wie sie in ihren besten Zeiten in der Beringstraße gekreuzt war. Mit stolzem Großsegel, aufgeblähter Fock und einem schnittigen Besan-Segel. Aber wie das Boot jetzt am Strand lag, machte es einen eher traurigen Eindruck.

35 Dollar, ging es mir durch den Kopf.

Und dann sagte ich: »35 Dollar« und reichte Eino Hämäläinen die Hand.

Er schlug erst ein und dann mir auf die Schulter. Ich versprach, in mein Quartier zu gehen, um das Geld zu holen, der Finne wollte in der Zwischenzeit den Kontrakt aufsetzen. Noch am gleichen Abend war alles unter Dach und Fach. Ich war der stolzeste Mann in ganz Nome: ein Schiffsbesitzer! Die meisten in Nome sahen das ganz anders. Und so verbreitete sich auch bald wie ein Lauffeuer, daß Max Gottschalk ein Schiffswrack gekauft hätte, was natürlich in einer Stadt wie Nome Folgen hatte. Endlich hatte das eintönige Nest ein Gesprächsthema, und ich war auf dem besten Weg, zum Gespött der Leute zu werden. Wo immer ich auftauchte, sprach man mich an, machte sich über mich lustig und bot mir weitere Schiffswracks zum Kauf an. Natürlich ging mir das ganze Gerede auf die Nerven. Aber ich hatte einen ganz entscheidenden Vorteil: Ich verstand etwas von der Seefahrt und von Schiffen, und ich wußte, daß mich die »Knoppola« auf die andere Seite der Beringstraße bringen würde. Nach Sibirien!

Ich arbeitete wie besessen für den Ausbeuter Harnick, um mit den Dollars die Reparaturen meines Schiffes bezahlen zu können. Meine Rechnung ging diesmal auf. Ich bastelte in jeder freien Minute, die ich hatte, an meinem Schiff, das mehr und mehr Form annahm. Bei Wind und Wetter hämmerte und zimmerte ich an den Masten, brachte Ruder und Steuerrad wieder in Ordnung und nähte, wenn ich einmal Abwechslung brauchte, Segel aus Stoff, den ich günstig erstanden hatte. Ganz und gar ging ich in meiner Arbeit auf, und ich freute mich über jeden Schritt, den ich vorankam. Jetzt kam mir meine seemännische Erfahrung zugute, ich wollte kein schickes Boot, sondern ein seetüchtiges. Und es dauerte gar nicht lange, bis diejenigen, die sich vorher über mich lustig gemacht hatten, mein Werk bewunderten. So verging Monat um Monat, und ich kam meinem Ziel immer näher. Ich konnte es kaum erwarten, endlich die Segel zu setzen und Richtung sibirische Küste in See zu stechen. Jeden Dollar, den ich ausgab, und ich hatte nicht mehr sehr viele, drehte ich um, damit mir noch Geld übrigblieb, um die notwendige Handelsware kaufen zu können. Es war August, und mein Plan bestand darin, vor Einbruch des Winters und vor dem Zufrieren der Beringstraße nach Sibirien zu kommen, mein Schiff dort an Land zu bringen, den Winter in Sibirien zu verbringen und im kommenden Spätfrühling mit möglichst vielen Pelzen und Fellen zurück nach Alaska zu segeln. Ich hatte mir zahlreiche Landkarten besorgt, die ich Tag für Tag studierte.

Der Tag, auf den ich mich ganz besonders gefreut hatte, war der Tag, an dem ich bei Harnick kündigte. Wie damals, als wir uns beworben hatten, stand ich dem Wiesel gegenüber. Nur war ich selbstbewußter geworden; als ich ihm meine Zettel übergab und noch 57 Dollar erhielt, konnte ich mir nicht verkneifen, ihm ins Gesicht zu sagen: »So, und jetzt könnt ihr euch einen anderen suchen, der sich von Mr. Harnick und Ihnen ausbeuten läßt . . .«

»Unverschämter Bengel, mach, daß du rauskommst«, unterbrach mich das Wiesel, und dabei blitzten seine Augen bösartig. Ich aber fügte noch hinzu: »Was verdient Mr. Harnick eigentlich an den vielen armen Teufeln, die für ihn arbeiten, und was gibt er Ihnen davon ab, obwohl ich nicht so richtig weiß, ob Sie überhaupt etwas verdienen, denn Sie haben sich bestimmt noch nie die Hände abgefroren, und Sie haben sicherlich noch nie auf Wanzen geschlafen und sind im Dreck fast umgekommen. Bestellen Sie doch ihrem Mr. Harnick, daß er ein Ausbeuter und Menschenschinder ist, und zwar einer von der übelsten Sorte.«

Das Wiesel kochte, und es suchte nach Worten. Sein Gesicht verfärbte sich vor lauter Wut.

»Raus«, schrie er, »raus, sonst mach ich dir Beine. Komm mir nicht noch einmal unter die Augen, du Satansbraten, sonst ergeht's dir schlecht. Einen Mr. Harnick beleidigt man nicht. Und wer's tut, ist ein Ausgestoßener und wird nirgendwo mehr Unterschlupf finden in Nome. Geh mir aus den Augen!«

Den Gefallen tat ich ihm gerne, ich hatte ohnehin andere, wichtigere Dinge zu tun und hatte mir lediglich die Genugtuung verschaffen wollen, meine Meinung über Mr. Harnick laut herauszusagen. Das hatte ich auch für die anderen leibeigenen Goldgräber getan.

Von nun an schlief ich auf meinem Boot. Mein Lager in der Gemeinschaftsunterkunft hatte ich aufgegeben. Das Gerät, das ich zum Goldsuchen brauchte, und das Harnick gehörte, ließ ich einfach im großen Schlafraum liegen. Sollten sich doch die anderen darum streiten. Mein Boot war nun fertig zum Auslaufen, die Segel genäht, die Karten von der Beringstraße und vom sibirischen Küstenland lagen bereit, und in meinem Beutel hatte ich noch 180 Dollar. Das war eine ganze Menge Geld, aber ich brauchte es, um Proviant und Handelsware einzukaufen, um mein Geschäft erst einmal zum Laufen zu bringen. Ich kaufte außerdem einen Schlitten und verstaute ihn auf meinem Boot. Die Hunde, die diesen Schlitten einmal ziehen würden, die wollte ich mir drüben in Sibirien besorgen. Und dann kaufte ich mir auch ein Gewehr und eine Menge Munition, man konnte ja nie wissen.

Damit war mein Geld fast aufgebraucht, aber dafür war mein Schiff beladen mit Töpfen, Nadeln, Streichhölzern, Messern, und ich hatte für mich das Notwendige gekauft, um den Winter überstehen zu können. Ich war gewappnet, und alles, was ich besaß, befand sich auf dem Boot. Mein Plan war es, herauszufinden, was die Leute in Sibirien am nötigsten brauchten, und das wollte ich ihnen besorgen. Ich wollte so lange drüben bleiben, bis meine Tauschware aufgebraucht war, und dann mit möglichst vielen Fellen nach Alaska zurückkommen. Am Abend vor meiner Abreise kam Pete. Er hatte seine Hände tief in den Taschen vergraben. Auf dem Kopf trug er eine Kappe, deren Ohrenschützer er im Winter herunterklappen konnte. Er musterte mein Boot, dann sah er mich an! »Hallo Max.«

»Hallo, Pete.«

»Hab' gehört, morgen fährst du los.«

»Ja. Wie geht's dir überhaupt! Ich hab' lange nichts von dir gehört. Was machst du denn so?«

»Ich werd' wohl hierbleiben in Nome. Mir fehlt es ja an nichts. Hab' genug zu essen und zu trinken . . .«

»Wohl in erster Linie zu trinken«, schob ich ein.

»Wieso?«

»Na, ich schätze, daß du das meiste von dem, was du verdienst, in Alkohol umsetzt.«

»Ach Unsinn!«

»Na ja, Pete, Hauptsache, du bist zufrieden.«

»Das bin ich. Weißt du, Max, Nome hat eine ganz große Zukunft. Wenn das so weitergeht, werden hier in zehn Jahren genau so viel Menschen sein wie in San Francisco. Eines Tages werde ich genug Geld haben, um meinen eigenen Claim abzustecken, und dann habe ich auch genug Geld, um mir alles an Ausrüstung zu kaufen, was ich brauche. Willst du dir nicht doch noch einmal überlegen, ob du nicht besser hierbleibst. Schau, hier haben wir Zukunft. Die Stadt wächst, und jeder, der hier ist, kann mit ihr mitwachsen.«

»Ne, Pete, das hier ist nichts für mich. Zu viele Menschen, die sich gegenseitig auf den Füßen herumtrampeln. Reich kann man nur werden, wenn man die Reichen auf seiner Seite hat. Gegen alle Harnicks hat unsereins keine Chance. Ich werde dorthin gehen, wo man wirklich noch alleine ist und eine Chance hat, Geld zu machen.«

»Max, du machst dir etwas vor, Gold ist immer mehr wert als Pelze.«

»Nein, wenn ich einen Pelz habe, gehört er mir. Von jedem Gramm Gold aber, das ich hier in Nome finde, gehört mir nur der zwanzigste Teil. Und das ist mir zu wenig.«

»Weißt du, Max, du mußt selber wissen, was du tust. Ich bin nur davon überzeugt, daß Nome eine große Zukunft hat. Darum bleibe ich hier. Irgendwann werde ich ein hübsches Haus haben und eine hübsche Frau und einen hübschen Batzen Geld. Vielleicht werde ich einen Saloon aufmachen oder irgend etwas Ähnliches. Hier werden immer Leute gesucht, jetzt suchen sie gerade einen Posthalter.«

»Soll ich vielleicht Posthalter werden, Pete?« Ich mußte lachen.

»Max, nein, das sollst du mit Sicherheit nicht! Wenn du dir etwas in den Kopf gesetzt hast, kann dich ohnehin niemand davon abhalten. So gut kenne ich dich. Fahr ruhig rüber nach Sibirien. Ich bin sicher, daß du schneller wieder hier bist, als du glaubst. Wenn du überhaupt noch dazu in der Lage bist zurückzukommen. Wenn dich die Wilden da drüben nicht längst aufgefressen haben. Man erzählt sich ja wunderliche Dinge über die. Neulich im Saloon habe ich gehört, daß die Eskimos alle Weißen, die sie kriegen, auffressen. Umbringen, die Kehle durchschneiden, einfach auffressen.«

»Pete, glaub mir, die dir das erzählt haben, waren bestimmt noch nie in Sibirien. Das sind alles Maulhelden. Die kenne ich gut genug.«

»Du weißt alles besser, Max, das war schon immer so. Ich wünsch' dir alles Gute, und sieh bloß zu, daß du deinen Kopf zwischen den Schultern behältst.«

Wortlos ging er fort. Und ich sah ihm noch lange nach. So verschieden waren wir. Hier trennten sich unsere Wege. Was mochte wohl aus ihm werden? Hoffentlich erfüllten sich auch seine Träume vom Reichtum. Ich wünschte es ihm jedenfalls. Vielleicht würden wir uns irgendwann wieder treffen.

Ich konnte kaum schlafen in meiner letzten Nacht in Nome. Im Morgengrauen des nächsten Tages setzte ich die Segel, und mein Schiff glitt langsam aufs Meer hinaus. Die Beringstraße sah recht einladend aus, gar nicht lebensgefährlich und feindlich. Ich hatte ausgerechnet, daß ich drei Tage brauchen würde – bei mäßigem Wind. Tatsächlich war am Morgen des dritten Tages Land in Sicht. Die sibirische Küste!

Ein Fußbreit Sibirien

Während der ganzen Überfahrt hatte ich kein Auge zugemacht. Drei Tage lang ließ mich die Aufregung nicht schlafen. Manchmal, wenn ich mich kaum noch auf den Beinen halten konnte, band ich das Steuerrad mit einem Seil fest und hielt so das Boot auf dem gewünschten Kurs. Die Nähe der sibirischen Küste aber machte mich wieder hellwach und guter Dinge. Die Beringstraße hatte es wirklich gut mit mir gemeint. Fast glatt war die See gewesen, und so war die Überfahrt nach Sibirien ohne Schwierigkeiten verlaufen. Der Bug des Bootes war direkt auf eine kleine Bucht gerichtet. Die letzten Meter, und mit einem leichten Knirschen rutschte der Rumpf auf den Sand. Ich war in Sibirien.

Das erste, was ich sah, war eine Gruppe junger Männer, die, in leichte Pelze gekleidet, am Ufer standen und meine Ankunft beobachtet hatten. Schweigend standen sie da. Sie sahen nicht feindselig aus, nur neugierig, so, als wäre meine Ankunft ein großes Ereignis. Ich befestigte ein großes, langes Seil am Bug und sprang auf den Strand. Meine ganze Kraft legte ich in das Seil und zog, was das Zeug hielt. Natürlich gelang es mir nicht, das Boot auch nur um einen Millimeter zu bewegen und auf den Strand zu ziehen. Hilflos drehte ich mich zu den nach wie vor staunenden jungen Männern und gab ihnen ein Zeichen, mir zu helfen. Offenbar schienen sie mich nicht zu verstehen. Da hatte ich eine Idee. Ich kramte eine Schachtel Zündhölzer aus meiner Hosentasche hervor und entzündete ein Streichholz. Die Augen der Fremden leuchteten. Ob sie jemals vorher Streichhölzer gesehen hatten, das wußte ich nicht. Aber ich sah, daß sie gerne ein paar der Dinger gehabt hätten.

Ich hielt ihnen die Schachtel entgegen, und als einer schüchtern vortrat und nach der Schachtel griff, da zog ich blitzschnell meinen Arm zurück, drehte mich um und deutete auf das am Boden liegende Seil. Nun hatten sie verstanden, und plötzlich griffen 20 Hände zu und zogen Zentimeter um Zentimeter das Boot an Land, bis es friedlich im Schutz einiger Fichten lag. Ich belohnte meine Helfer. Jeder bekam von mir eine Schachtel Zündhölzer, und sie alle schienen vollauf zufrieden zu sein, so als hätten sie das Geschäft ihres Lebens gemacht. Sie spielten mit den Zündhölzern, brannten eines nach dem andern ab, und plötzlich verschwanden sie. Ich war wieder allein, aber mein Boot befand sich in einer geschützten Lage, und ich spürte plötzlich bleierne Müdigkeit in meinen Knochen. Ich legte mich, angezogen wie ich war, in meine Kajüte zum Schlafen. Vorher hatte ich – um mich vor unwillkommenen Gästen zu schützen – eine schwere Kiste von innen vor die Tür geschoben. Und zur Beruhigung legte ich mein Gewehr neben mich.

Als ich aufwachte, war es heller Tag. Ich raffte die Segel, verstaute die wichtigen Sachen in der Kombüse und verriegelte die Luke. Mit meinem Gewehr machte ich mich auf, die Gegend zu erkunden. Sie war einsam, sehr einsam. Ich prägte mir genau ein, wo das Boot lag. Mein Spaziergang durch lichte Laubwälder mochte wohl zwei oder drei Stunden gedauert haben, als ich mich zum Rückweg entschloß. Am Ufer warteten die jungen Männer bereits auf mich. Einer grinste. Sie mußten schon eine ganze Zeit dort gestanden haben, denn sie waren sichtlich erleichtert, als ich endlich erschien. Einer von ihnen hatte europäische Gesichtszüge, ansonsten sah er aus wie die anderen, war ebenfalls in Fell gekleidet, trug die gleichen Pelzstiefel.

Er musterte mich kurz und sprach mich dann auf russisch an, sagte weder guten Tag, noch gab er sich mit Höflichkeitsfloskeln ab, sondern kam unverblümt zur Sache.

»Die Männer hier kamen gestern ins Dorf zurück und waren furchtbar aufgeregt. Sie erzählten mir von einem, der mit dem Boot gekommen war und ihnen Stäbchen, die Feuer machen, schenkte. Du mußt wissen, daß ich schon seit langer, langer Zeit keine Zündhölzer mehr besitze. Nun dachte ich, wenn einer in dieses gottverdammte Land kommt und tatsächlich Zündhölzer hat, dann hat er auch Tabak. Du mußt wissen, daß ich schon seit sechs Jahren keinen Tabak mehr gerochen habe.«

Nun, dem Mann konnte geholfen werden. Tabak hatte ich in Hülle und

Fülle dabei, aber zuerst einmal war ich neugierig, wer diese eigentümliche Erscheinung war, dieser Weiße bei den Einheimischen.

»Wie heißt du?« fragte ich auf russisch.

»Juri«, antwortete er.

»Juri was«, wollte ich wissen.

»Nur Juri.«

»Warum sagst du es mir nicht? Wir könnten Landsleute sein.« Meine Stimme hörte sich wohl ungeduldig an.

»Ich heiße Juri. Und ich bin ein Tschuktsche. Das muß dir reichen«, antwortete er mit einer plötzlich sehr harten Stimme. Seine Frage nach Tabak wiederholte er nicht mehr.

Ich kletterte aufs Boot und sah, wie mir die Fremden erwartungsvoll nachschauten und jede meiner Bewegungen verfolgten. Ich hatte einige Pfeifen an Bord, suchte zwei davon heraus, dazu einen gehörigen Beutel Tabak. Der merkwürdige Juri hatte mit seinen Augen verfolgt, was ich da holte, fast gierig sah er aus. Ich warf ihm eine Pfeife zu, und er umklammerte sie mit seinen riesigen Händen. Immer noch schwieg er. Ich reichte ihm den Tabaksbeutel, und er griff mit zittrigen Fingern hinein und stopfte sich die Pfeife in einer solchen Geschwindigkeit, wie ich noch nie jemanden sich die Pfeife stopfen sah. Ich reichte ihm ein Paket Zündhölzer, er steckte sich die Pfeife an, und bevor er den ersten tiefen Zug nahm, nahm sein Gesicht einen fast verklärten Zug an.

Nun genoß er den Tabakrauch, ließ sich neben einem Baum auf der Erde nieder und lehnte seinen Rücken an den Stamm. Mit einer großzügigen Geste forderte er mich auf, ebenfalls Platz zu nehmen, und ich ließ mich neben ihm nieder. Er redete nicht, er rauchte nur, und so lag es an mir, das Gespräch zu beginnen.

»Wie weit ist es von hier bis zu eurem Dorf?« fragte ich neugierig.

Er ließ sich viel Zeit mit der Antwort. »Vier oder fünf Werst, kommt ganz drauf an, wie man läuft«, antwortete er ganz friedlich, ohne mich anzusehen.

»Wie lange bist du schon hier, und warum machst du so ein Geheimnis daraus, woher du kommst?« rätselte ich.

Ein wenig, ein ganz klein wenig schien er jetzt aufzutauen. »Ich hab' dir eben schon gesagt, daß ich Juri heiße und seit sieben Jahren ein Tschuktsche bin.«

Nun kam es mir vor, als mache es ihm Spaß, mich raten zu lassen.

Plötzlich sah er mich mit scharfen Augen an. »Fremder«, meinte er ruhig und bestimmt und ließ mich nicht mehr aus den Augen. »Fremder, du bist mit deinem Boot ins Tschuktschen-Land eingedrungen, also ist es an dir, zu erzählen, wer du bist und was du hier willst.«

Mir kam es vor, als mustere er mich plötzlich mißtrauisch. Und ich sah ein, daß es wohl besser war, ihm ein bißchen über mich zu erzählen. Also sagte ich, wer ich war: ein ehemaliger Kolonialwaren-Lehrjunge aus Husum, ein gestandener Seemann, ein ausgebeuteter Goldgräber und ein Pelzhändler in spe.

Er schien verstanden zu haben. »Eigenartig«, murmelte er, »sehr eigenartig.«

»Wieso eigenartig?«

»Weil die anderen Pelzhändler sich alle weiter unten im Süden rumtreiben. Du bist weit und breit der einzige hier im Tschuktschen-Land. Und du bist ein Wahnsinniger, der sich in die Hölle wagt.«

Ich wußte nicht so recht, wie ich das verstehen sollte. »Was meinst du mit Hölle?« ging ich der Sache auf den Grund.

»Ich meine die weiße Hölle, du Idiot«, beruhigte er mich da fast väterlich, obwohl er höchstens zehn oder fünfzehn Jahre älter gewesen sein mochte als ich. »Du platzt hier herein wie ein Lebensmüder. Gerade jetzt, wo der Winter unmittelbar bevorsteht. Der sibirische Winter ist grausam, das Grausamste, was du dir vorstellen kannst. Das Eis ist grausam, der Schnee ist grausam, jeder Tag ist grausam. Am grausamsten aber sind die Nächte, diese mörderischen Nächte. Der Sturm heult, die Wölfe heulen, und du weißt nie, ob du den nächsten Morgen erlebst. Das ist Sibirien im Winter, und der Winter steht vor der Tür. Du kannst von Glück sagen, daß du uns getroffen hast. Wir nehmen dich mit ins Dorf.«

Ich reichte ihm den Tabaksbeutel, und er stopfte seine Pfeife nach.

»Ich habe keine Angst vor eurem Winter.«

»Du kennst ihn nicht.«

»Aber ich habe ebenso schlimme Winter wie die, von denen du mir erzählst, drüben in Alaska kennengelernt.«

Als ich das gesagt hatte, lachte er spöttisch: »Fremder, du verstehst die Kälte nicht. Gegen Sibiriens Winter sind Alaskas Winter der reine Frühling. Nimm dich in acht, Fremder, wenn du nicht sterben willst.«

War das eine Warnung! Ich versuchte, Juris prüfendem Blick auszuweichen. Die Tschuktschen hatten sich im Halbkreis auf der kalten Erde niedergelassen. Ich hörte, wie sie in ihrer Sprache redeten. Ich wollte mehr wissen, viel mehr von dem geheimnisvollen Juri, der aussah wie ein Tschuktsche und ein Gesicht hatte wie ein Weißer.

»Fremder«, sagte Juri, als wolle er mir entgegenkommen, »du bist der erste Weiße, den ich seit vielen Jahren sehe, und du bist jung. Viel zu jung für Sibirien. Kein Fremder überlebt hier ohne Hilfe. Und Hilfe ist hier schwer zu bekommen. Nicht jeder hat so viel Glück, wie ich es hatte, als ich zu den Tschuktschen kam.«

»Warst du Pelzhändler?« fragte ich, fast ungeduldig vor Neugierde.

»Nein, ich war nie Pelzhändler. Ich diente dem größten Halunken im ganzen Reich, Seiner Majestät dem Zaren.«

»Du warst Soldat?«

»Ich bin Deserteur. Seit sieben Jahren. Und ich bin Tschuktsche. Ich habe eine neue Heimat, und ich habe mir sogar einmal geschworen, daß ich nie wieder einen Weißen sehen wollte.«

»Aber warum bist du desertiert?«

»Mein Regiment kam von Petersburg nach Wladimir. Dann nach Omsk. Dann nach Irkutsk. Dann nach Jakutsk. Immer weiter nach Osten. Strafgefangene haben wir begleitet. Keine Mörder und Banditen. Nein, das waren welche, die ihre eigene Meinung hatten über die Fürsten und den Zaren. Die haben ihre Meinung laut gesagt. Die Reichen fressen und saufen sich voll, und die Bauern hungern. Aber das darf in Rußland niemand laut sagen, sonst setzt er sein Leben aufs Spiel. Hätte ich damals nicht die Strafgefangenen kennengelernt, hätte ich nie gemerkt, wieviel Unrecht in Rußland geschieht. Ganz Rußland ist ein Geschwür, ein stinkendes, eiterndes Geschwür. Es wird der Tag kommen, an dem dieses Geschwür aus Rußland herausgeschnitten wird. Ich bin froh, daß ich eine neue Heimat gefunden habe, bei den Tschuktschen.«

Er stockte, und ich merkte, daß es ihm gar nicht so recht war, daß er ins Erzählen gekommen war. Jetzt hatte er etwas gesagt, über das er seit vielen Jahren nicht gesprochen hatte.

In der Tschuktschen-Sprache rief er dann etwas zu den anderen hinüber. Diese standen auf. Dann wandte sich Juri wieder zu mir und sagte: »Es wird Schnee geben. Heute noch. Wir gehen ins Dorf zurück. Du kannst mitkommen.«

Ganz wohl war mir nicht dabei, als ich mein Schiff mit all der Ausrüstung und der ganzen Handelsware zurückließ. Aber Juri versicherte mir hoch und heilig, daß nichts passieren würde. Niemand würde etwas stehlen. Der Fußmarsch dauerte eine gute Stunde. Ich spürte förmlich, wie es kälter wurde. Auf einer Lichtung stand das Tschuktschen-Dorf mit etwa 25 Jurten, Zelten aus Tierhäuten. An der Spitze der Jurte gibt es eine Öffnung für den Rauch. Der Rauch war das erste, das ich registriert hatte, denn ich fror erbärmlich.

»Du kannst mit zu mir kommen«, sagte Juri. An diesem Tag war ich Gast bei den Tschuktschen, wir aßen köstliches Elchfleisch und tranken Rentiermilch. Heiß war sie, und sie schmeckte herrlich. Kein Stern war am Himmel zu sehen, und plötzlich fing es an zu schneien.

Es schneite und schneite.

Kaum konnte man seine Hand vor Augen sehen.

Als Juri und ich dann vor der Jurte standen, sagte er fast feierlich: »Morgen kannst du dein erstes Handelsgeschäft mit den Tschuktschen machen, aber ich rate dir: Nimm keine Felle. Nimm Hunde!«

So kam es auch. Drei Eisentöpfe weniger hatte ich. Dafür war ich Besitzer von sieben Hunden. Es waren widerstandsfähige, kräftige Eskimo-Hunde. Juri hatte mir geholfen, die richtigen Tiere auszusuchen, solche die daran gewöhnt waren, vor dem Schlitten zu gehen. Dann hatte er mich zum Boot zurückbegleitet. Gemeinsam hatten wir den Schlitten ausgeladen und bepackt, so abenteuerlich bepackt, daß ich Angst hatte, der Schlitten könne umstürzen. Die Hunde spannten wir vor den Schlitten, und wir fuhren zurück ins Dorf. Das war der Abschied von meinem Schiff, das mich über die Beringstraße hierher nach Sibirien gebracht hatte.

Juri schien Gedanken lesen zu können. »Du brauchst dir keine Gedanken zu machen. Deinem Boot passiert nichts. Niemand wird es antasten. Ich werde von Zeit zu Zeit hierher kommen und nach dem Rechten sehen. Und ich verspreche dir, wer auch nur einen Holzspan von deinem Schiff stiehlt, dem drehe ich den Hals um.«

Ich wollte noch ein paar Tage bleiben und mich dann zu meiner ersten langen Handelsreise aufmachen. Wohin mochte sie mich wohl führen? Wann würde ich wohl zurückkommen? Und ob ich wohl Pelze haben würde? Mein Problem war, daß ich nicht genug Platz auf dem Schlitten hatte, um eine ordentliche Menge von Fellbündeln aufzunehmen. Juri machte mir den Vorschlag, daß ich alles, was ich nicht unbedingt brauchte, im Dorf der Tschuktschen lassen könne. Ich war überzeugt davon, daß ich Juri trauen konnte. Darum nahm ich dankbar an. Wir verabredeten, daß ich meine Ware im nächsten Frühling vor meiner Abreise nach Alaska abholen würde. Meine Ware bestand aus Gegenständen meiner Schiffsausrüstung.

Felle ließ ich auch bei Juri. Meine ersten erhandelten Felle. Vier prächtige Luchse waren es, zwei blauschwarze Wölfe, ein Dutzend Blaufüchse und 15 Robbenfelle. Dieser Posten hatte mich fünf Stahlmesser, 30 Nadeln in unterschiedlichen Stärken, drei Töpfe und 40 Schachteln Zündhölzer gekostet. Ich war stolz und fest davon überzeugt, ein prächtiges Geschäft gemacht zu haben. Juri bestärkte mich in der Annahme und versprach, auf diese Felle aufzupassen wie auf seinen Augapfel.

Am Abend vor meiner Abreise sprachen Juri und ich lange miteinander. Er erzählte und erzählte. Von sich, von seinem Leben bei den Tschuktschen und von seinem Leben davor. Er hatte einmal eine Frau und ein Kind gehabt, aber das war lange her. Ich habe noch nie einen Menschen kennengelernt, der so viel wußte wie Juri.

Vom vielen Reden war ich müde geworden. Und ich schlief wie ein Murmeltier in meiner letzten Nacht im Dorf der Tschuktschen.

Am nächsten Morgen gleich nach Tagesanbruch spannte ich die Hunde vor meinen bepackten Schlitten, und meine große Reise begann. Juri, das wußte ich, würde ich wiedersehen. Bestimmt würde ich ihn wiedersehen. Zum Abschied hatte er mir einen dicken Pelzmantel, eine Pelzmütze und Fellstiefel geschenkt. Ich ließ ihm Tabak für die ganzen langen Wintermonate zurück.

Bald hatte ich das Dorf hinter mir gelassen. So kurz ich dort gewesen war, es kam mir vor wie eine kleine Heimat. Es war grimmig kalt, und es schneite unentwegt. Ich erinnere mich noch gut daran. Nirgends kam mir die Kälte grimmiger, die Temperaturen erbarmungsloser, die eisige Luft schneidender vor als im äußersten Nordosten des Riesenlandes Sibirien. Ich befand mich im Anadyr-Bereich. Das ganze Land lag unter einer tiefen Schneedecke, bis auf den Grund waren die Flüsse gefroren, Millionen von Erlen und Birken waren in der Kälte erstarrt. Nur diese Bäume schauten aus den Schneemassen heraus, alles andere hatte der Schnee unter sich begraben. Und doch lebten Menschen hier. Nicht nur Juris Stamm, von dem ich gerade kam. Es gab eine ganze Reihe von Tschuktschen – und weiter südlich Korjaken, das sind Stämme, die den Eskimos nahe verwandt sind und eine bewundernswerte Fähigkeit entwickelt hatten, in der widrigen Natur Ostsibiriens zu überleben. Im kurzen Sommer lebten sie vom Fischfang, im Winter von der Jagd. Sicher gab es neben Juri auch ein paar andere Weiße, aber das waren sehr wenige. Dann gab es natürlich einige Garnisonen mit Kosaken-Regimentern Seiner Majestät des Zaren und dann die Siedlungen mit den Unglücklichen, den nach Sibirien Deportierten und Verbannten. Tausende, Zehntausende waren es, die mit ihren Bewachern nach Sibirien gekommen waren.

Juri war auch einer dieser Bewacher gewesen, aber einer von den wenigen, die das Unglück nicht länger mit ansehen konnten und einfach davonliefen.

Meine sieben Hunde zogen den langen Schlitten durch eine Landschaft, die, so brutal und abweisend sie gegen die Menschen war, trotzdem eine geradezu unbeschreibliche Faszination auf mich ausübte. Es waren die Einzigartigkeiten der ostsibirischen Winterlandschaft, ihre Ruhe, die sie vermittelte, und ihre ungeahnten Schätze an Pelztieren.

Ich sah den Atem meiner Hunde und hörte den gleichförmigen Klang ihrer Schritte auf dem verharschten Schnee. Ihnen machen die sibirischen Tempe-

Max Gottschalks Hundeschlitten

raturen nichts aus, mit ihrem dicken Pelz sind sie gewappnet gegen die erbarmungslosen Temperaturen. Der Schnee war hart, so daß die Schlitten-kufen kaum einsanken. Ich hatte Glück, seit Tagen hatte es nicht geschneit. So kam ich gut voran. Bei Neuschnee wäre das anders gewesen. Dann hätten die Tiere meinem Schlitten und mir den Weg durch hohen Schnee erkämpfen müssen. Wir fuhren über den gefrorenen Fluß. Das war bequemer, als sich den Weg durch Wälder und über Berge erkämpfen zu müssen. Obwohl ich in den dicken Pelz gehüllt war, den mir Juri geschenkt hatte, fror ich. Ich wagte kaum, meinen Mund zum Atmen zu öffnen. Die Kälte war eine tödliche Gefahr. Ich durfte noch nicht einmal einen Handschuh verlieren, meine Finger wären schnell erfroren.

Nicht nur von dem, was Juri mir erzählte, auch aus anderen Schilderungen und Erzählungen wußte ich, welches Unheil die Weißen bei den Stämmen Sibiriens angerichtet hatten. Als diese sich wehrten, kam es zu Massakern, bei denen auch unschuldige Russen und noch viel mehr Einheimische dran glauben mußten. Doppelt und dreifach aber zahlten es damals die Tschuktschen den Weißen heim.

In Nordsibirien gab es etwas, das kostbarer war als Gold: Zobel hießen die Pelztiere, die die allerschönsten Felle hatten. Ihr dichtes, langes, seidenweiches Haar half ihnen, auch die bittersten Winter zu überstehen.

Ich kam auf meinen Fahrten durch viele Dörfer, die jeweils fünf bis sechs Tagesreisen von einander entfernt waren. Hier oben im Norden war es die Ausnahme, daß sich einmal ein Weißer sehen ließ, also waren meine Handelschancen entsprechend gut. Bald hatte ich eine kostbare Fracht auf meinem Schlitten: ein Bündel Luchsfelle, Hermeline, Silber-, Blau- und Weißfüchse, Nerze und sogar einige Zobel. Die hatte ich bei den Stämmen eingetauscht gegen Töpfe und Bindfäden, eiserne Nadeln, Streichhölzer, Salz und Tuch. Gefragt waren neben diesen Gegenständen vor allem auch Messer, Schußwaffen und Munition. Ich scheute mich davor, diese Dinge zu handeln, wodurch mir allerdings so manches Geschäft durch die Lappen ging. Es gab Pelzhändler, die sich nicht davor scheuten, den Eskimos oder anderen ostsibirischen Stämmen Waffen, Dynamit und Alkohol zu liefern. Diese wurden dann ganz versessen auf das Teufelszeug und begaben sich, ohne daß sie es selbst merkten, mehr und mehr in die Abhängigkeit gewisser, skrupelloser Fellhändler, die sogar ihre eigene Mutter verkauft hätten, um bestimmte Felle zu erhandeln.

Ich war der nördlichste Pelzhändler zu meiner Zeit. Bedenkenlos konnte ich mit meinem Hundegespann durch das Land reisen, von Siedlung zu Siedlung, von Dorf zu Dorf, um anschließend meine eingetauschten Felle zu einem meiner Handelsposten zu bringen, von wo ich sie teilweise nach Alaska verschiffte, um sie drüben zu verkaufen. Manchmal, aber das war die Ausnahme, fand ich auch hier in Sibirien einen Aufkäufer aus Petersburg oder Wladiwostok.

Angriffe von Stämmen kamen nicht vor, ich habe im Osten friedliebende, fröhliche Menschen kennengelernt, die leben möchten und nur zu den Waffen greifen, um zu jagen oder sich zu verteidigen.

Das Übernachten in den Wäldern war eine Übung, die sich jeden Abend wiederholte. Die Hunde fanden ihren Weg und vor allem eine Übernachtungsstelle von ganz alleine. Meistens gab es dort, wo die Hunde abends stehenblieben, eine Menge Moos und Flechten unter dem Schnee. So half mir der Instinkt der Tiere. Jeden Abend das gleiche. Brennholz schlagen, die Hunde abschirren. Die liefen nicht weg. Die wußten ganz genau, daß ihr bester Schutz vor Wölfen das Feuer und der Mensch waren. Mein Abendbrot bestand meistens aus gefrorenem Fleisch, das ich über dem Feuer weichkochte, und Bohnen. Dazu aß ich gesalzenen Speck. Ich genoß die Tage und ebenso die Nächte in Sibirien, die Stille, die nur vom leisen Schnaufen der Hunde unterbrochen wurde. Obwohl ich vom Pelzhandel lebte, hatte ich einen großen Respekt vor den Tieren. Ich wußte, daß man der Natur nur bis zu einer ganz bestimmten Grenze etwas entnehmen durfte, wenn man auch noch in den nächsten Jahren von ihr leben wollte.

In für sibirische Verhältnisse lauen Sommernächten beobachtete ich die Biber, wie sie emsig ihrer Nachtarbeit nachgingen. Mich beeindruckte das fleißige Schaffen der Tiere. Wie sie die Einmündung eines Nebenflusses abriegelten, das Wasser stauten, ganze Gebiete unter Wasser setzten, um in der Mitte eine neue Burg zu bauen.

Nachts lag ich meistens lange wach und hörte die Wölfe heulen. Dann wußte ich, daß der Winter kommen und es kalt werden würde. Früher hatte mich das Heulen der Wölfe erschreckt, jetzt hatte ich mich daran gewöhnt.

Noch lebten die Wölfe in Familien. Wenn Schnee und eisige Kälte kamen, rotteten sie sich zu Rudeln zusammen, um gemeinsam zu jagen. Dann konnte es auch passieren, daß Wölfe ihre natürliche Angst vor den Menschen verloren und angriffen. Solange sie aber in der Natur satt werden, gehen sie ihren größten Feinden, den Menschen, aus dem Wege.

Im Laufe der Zeit begann ich die Tiere mit ganz anderen Augen zu sehen. Stundenlang beobachtete ich sie in der Wildnis Sibiriens oder Alaskas. Ich liebte den Norden: Seine Jahreszeiten, die Landschaften, meine nächtlichen primitiven Lager, wenn ich mit den Hunden unterwegs war.

Zu Fuß oder mit dem Schlitten unterwegs lernte ich auch die entlegensten Zipfel meines Pelzhandelsreiches immer besser kennen. Zuerst war es nur Geschäft, mein Wunsch zu tauschen und für die eingehandelten Pelze von den Aufkäufern möglichst viele Dollars oder Rubel zu bekommen. Je länger ich aber im Lande war und je besser ich die einzelnen Stämme kennenlernte, desto mehr wuchs meine Freude, wenn ich in das eine oder andere Dorf kam. Bald hatte ich überall Freunde, und wenn ich mit meiner Tauschware in die Dörfer kam, liefen mir die Kinder schon entgegen. Eins hatte ich sehr schnell gemerkt: Diese Menschen hatten es verdient, daß man ehrlich mit ihnen umging.

Ich handelte an der ganzen sibirischen Küste von Anadyr bis runter nach Wladiwostok. Auf Kamtschatka hatte ich zwei Handelsposten, die während meiner Abwesenheit von korjakischen Freunden besetzt waren. Die Handelsposten entwickelten sich bald zu einem Warenumschlagplatz. Von Zeit zu Zeit fuhr ich über die Beringstraße nach Hause, nach Nome. Und jedes Mal brachte ich eine ganze Schiffsladung voller Felle mit, die ich dann bei den amerikanischen Aufkäufern an den Mann brachte, um mit dem erzielten Gewinn wieder neue Tauschware anzuschaffen. Hatte ich die Ware, hielt es mich nie lange, und ich fuhr auf dem schnellsten Wege wieder nach Sibirien. Die russische Sprache beherrschte ich immer besser, von Monat zu Monat lernte ich dazu, zu Hause sprach ich englisch, in Sibirien russisch, und außerdem konnte ich ein paar Brocken mit den verschiedenen Einheimischen sprechen, die ich besuchte. Mein Freunde mochten es, wenn ich versuchte, mich in ihrer Sprache mit ihnen zu unterhalten. Da gab es so manches Gelächter, was wohl mit meiner Aussprache zusammenhing.

Es war ein friedliches und gleichzeitig abenteuerliches Leben, das ich in vollen Zügen genoß. Gleichzeitig war ich mir aber auch darüber im klaren, daß das natürlich nicht immer so sein würde.

Nicht einmal, wohl fünfzigmal reiste ich Tausende von Kilometern durch das Land. Im Winter mit Hundeschlitten, im Sommer mit Pferden, anders waren die Entfernungen kaum zu bewältigen. Manchmal, das muß ich ehrlich gestehen, hatte ich Sehnsucht nach Weißen. Wer so wie ich tage- und wochenlang durch die Arktis fährt, der braucht einen Menschen, mit dem er reden kann. Ich fuhr manchmal sogar einen Umweg, wenn ich die Möglichkeit hatte, Natascha und Boris zu besuchen.

Boris war ein Fallensteller, und er liebte die unberührte Wildnis im Osten über alles. Auf einer kleinen Lichtung hatten sie eine schmucke Hütte gebaut, und im Garten ernteten sie in den Sommermonaten ihr eigenes Gemüse. In vielen langen Gesprächen hatte ich herausgefunden, daß Boris und Natascha ihr einfaches und manchmal gefährliches Leben niemals mit einem annehmlicheren Leben irgendwo in der Stadt tauschen wollten. Sie gingen auf die Jagd, um sich ihren Wintervorrat an Fleisch zu schießen, und die Felle verkauften sie schon seit vielen Jahren in der Handelsstation, viele Tagereisen weiter südlich. Ich freute mich jedesmal, wenn ich bei meinen beiden Freunden Rast machen konnte. Ein Erlebnis aber sollte ich mein ganzes Leben nicht vergessen.

»Boris, Natascha«, rief ich laut. Niemand antwortete mir. Sonst mußte ich keine drei Sekunden warten.

»Boris, Natascha«, rief ich noch einmal, diesmal lauter. Plötzlich öffnete sich die schwere Bohlentür zur Holzhütte, und Natascha kam müde heraus. In den sechs Monaten, seit ich sie das letzte Mal gesehen hatte, kam sie mir um Jahre gealtert vor. Verweinte Augen hatte sie. Sie schaute mich nur an und sagte kein Wort. Da wußte ich, daß irgend etwas geschehen war.

»Was ist passiert, Natascha? Wo ist Boris?« fragte ich. Sie zeigte zum Haus. Ich stürmte an ihr vorbei ins Haus hinein. Boris lag auf einem Gestell, das mit Fellen bespannt war. Ich wollte gerade etwas sagen, als ich bemerkte, daß Boris offenbar schlief. Sein ganzer Kopf war mit Leinen umwickelt. Ich schaute mir ihn einen Moment lang an, dann entfernte ich mich, so leise ich nur konnte. Ich war erschüttert und wandte mich an Natascha.

»Wie ist das passiert?« fragte ich. Die Geschichte, die ich da hörte, war haarsträubend.

»Es war ein Bär«, erzählte mir Natascha mit Tränen in den Augen. »Wir hatten unser Lager an der Flußbiegung, zehn Werst von hier. Seit Tagen waren wir schon hinter einem Elch her. Es war ein schöner Abend gewesen. Das Feuer brannte, es war still, das einzige Geräusch in der Nacht war das Knacken des berstenden Holzes. Wir legten Holz nach und gingen dann schlafen. Ich schlief gleich ein, so müde war ich von dem langen Tag unserer Elchjagd. Gegen vier Uhr wachte ich auf. Boris wisperte mir etwas ins Ohr, das sich so anhörte wie, ich sollte mich nicht bewegen, da draußen sei etwas. Ich hielt meinen Atem an und sah im Mondlicht die Silhouette eines riesigen Bären. Ich hatte solche Angst, auch Boris traute sich nicht, zum Gewehr zu greifen – zu dicht war der Bär an uns dran. Und plötzlich war er über mir. Dann stellte er sich auf seine Hinterbeine und schlug mit den Vorderpfoten wütend in die Luft. Ich schrie, aber mein Schrei ging in dem wütenden Lärm, den der Bär machte, unter. Aber ich konnte klar denken. Ich wußte, daß es ein schneller Tod sein würde, wenn er seine mächtigen Pranken in mein Fleisch schlug oder mit seinen tödlichen Klauen mein Genick durchhieb. Keine Möglichkeit mehr sah ich, dem hier zu entgehen, ich sah meinem Tod ins Auge und war wie gelähmt.

Boris hatte keine Zeit mehr, zu schießen. Er wußte, die einzige Möglichkeit, den Bären von mir abzulenken, war, ihn auf sich aufmerksam zu machen, auch wenn das mit dem Risiko verbunden war, daß der Bär bei jeder Bewegung sofort nach Boris' Genick schlagen würde. Der Bär ließ sich wieder auf alle viere nieder, und Boris schlug ihm mit dem Mut der Verzweiflung die Faust ins Gesicht. Der Bär stellte sich wieder auf seine Hinterbeine und riß Boris mit hoch. Die furchtbaren Klauen hatten Boris' rechte Seite aufgeschlitzt, und der Bär schlug blitzschnell seine Zähne in Boris' Schädeldecke. Dann nahm er Boris mit dem Maul und einer Vordertatze hoch und schleppte ihn, auf drei Beinen laufend, davon. Boris war ohnmächtig geworden, und seine Kopfhaut hing herunter. Ein paar Meter weiter ließ das Tier Boris endlich los und verschwand im Gebüsch. Offensichtlich war es durch etwas gestört worden.

Boris war trotz seiner schweren Verletzungen nicht ohnmächtig. Bevor der Bär von Boris abließ, hatte er ihm noch in den Rücken gebissen. Boris kam mir entgegengetorkelt, voller Blut war er und sah entsetzlich aus. Das Blut rann ihm über das Gesicht. Ich legte Boris neben das wärmende Feuer auf Felle. Bald würde der Schock eintreten. Boris war ganz still, er war ohnmächtig geworden. Ich verband seine Wunden mit Leinen, das wir immer bei uns haben, wenn wir auf der Jagd sind. Ich benetzte Boris' Lippen mit

Wasser. Stundenlang saß ich still neben ihm. Der Bär kam nicht wieder.«
Ich hatte ihr gebannt zugehört. Was sie mir da erzählte, hörte sich
unglaublich an. Aber er hatte überlebt. Natascha war am nächsten Tag nach
Hause gelaufen, hatte das Pferd vor den Schlitten gespannt und hatte ihren
schwerverletzten Boris nach Hause gebracht, wo sie ihn umsorgte und ihm
das Leben rettete. Viele Wochen waren vergangen, und daß Boris überhaupt
überleben konnte, grenzte an ein Wunder. So hart war Sibirien!

Schweigend stand ich neben dem Lager, auf dem Boris lag. Er war
aufgewacht, erkannte mich und lächelte schwach. Sein Gesicht war völlig
entstellt. Aber wenn der Mann, der dort lag, äußerlich kaum noch Ähnlich-
keiten mit dem freundlichen und immer lustigen Boris hatte, wie ich ihn
einmal kennenlernte, es war Boris. Ich griff nach seiner Hand, die sich kalt
anfühlte. Ein ohnmächtiger Haß auf diesen Bären erfaßte mich. Ich schaute
Boris an, und dann sah ich Nataschas hoffnungsloses Gesicht.

»Max, ich merke, daß er glücklich ist, wenn ich bei ihm bin. Er weiß, daß
ich es bin. Aber er spricht nicht mit mir. Er kann nicht mehr sprechen. Er
liegt einfach nur da und ist hilflos wie ein Kind. Dieses Ungeheuer hat in
dieser schrecklichen Nacht nicht nur Boris', sondern auch mein Leben
zerstört. Max, warum mußte es ausgerechnet Boris sein, mein Boris?«
Verzweifelt sah sie mich an. »Max, du kennst doch Boris. Sein ganzes Leben
war er ein Mann, wie sich eine Frau keinen besseren vorstellen kann. Jeden
Wunsch las er mir von den Augen ab. Er war immer so glücklich, wenn er
wußte, daß ich glücklich war. Nie ließ er mich alleine. Wir hatten nicht viel,
aber wir hatten uns. Ich würde alles dafür geben, daß er wieder gesund wird.
Aber er wird nie wieder gesund werden.« Sie begann zu weinen. Ganz leise.
Es war ein hoffnungsloses, verzweifeltes Weinen.

Wie gerne hätte ich geholfen. Natascha und Boris, das waren für mich
Freunde, echte Freunde. Sie waren beide Menschen, die zuhören konnten
und mir jeden Gefallen gern taten. Ich bewunderte die Harmonie, in der sie
immer gelebt hatten, und nun stand ich an Boris' Krankenlager und konnte
nichts, gar nichts tun.

»Natascha, bring ihn in die Stadt, nach Anadyr, dort gibt es ein Hospital,
dort sind Ärzte, die ihm vielleicht helfen können.«

Sie hatte sich beruhigt. »Nein, Max«, sagte sie. »Ich werde ihn nicht von hier wegbringen. Wie oft hat er mir gesagt, daß er hier, wo wir beide gelebt haben, auch sterben möchte. Er soll bleiben, wo er glücklich war, und ich will immer bei ihm bleiben und ihn pflegen. Max, Boris hätte das gleiche auch für mich getan.«

»Ich weiß, wie sehr du deinen Mann liebst«, sagte ich, »und ich weiß auch, daß du alles für ihn tun würdest. Aber du darfst nicht unvernünftig sein. Natascha, wie willst du ganz alleine den Winter überstehen?«

»Ich werde arbeiten, wie ich noch nie gearbeitet habe«, sagte sie. »Ich werde Holz hacken, damit wir im Winter nicht zu frieren brauchen, ich werde jagen und fischen, damit wir zu essen haben, ich werde all das für Boris tun, was er immer für mich getan hat. Nein, niemals werde ich ihn von hier wegbringen.«

Ich konnte Natascha gut verstehen und wünschte mir, daß sie ihre Kräfte nicht überschätzte. Schon für einen Mann war das Überleben im sibirischen Winter nicht ganz einfach. Für eine Frau aber, die noch dazu einen Schwerkranken zu versorgen hatte, war es gefährlich. Ich wußte, daß ich Natascha niemals von ihrem Vorhaben abhalten würde. Sie war bereit, mit ihm zusammen zu sterben, und ich glaube, sie wäre sogar glücklich darüber gewesen.

In den Tagen, in denen ich als Gast in der kleinen Hütte war, half ich Natascha, wo ich nur konnte: Einen ganzen Tag verbrachte ich allein damit, Holz zu spalten und aufzuschichten. Die Art und Weise, wie sich Natascha um Boris kümmerte, war selbstverständlich, auch wenn es ihr schwerfiel, die Fassung zu wahren, wenn sie ihm gegenübersaß, ihn fütterte oder nur seine Hand hielt und ihn stundenlang anschaute.

Eines Abends, Natascha und ich hatten am kleinen Holztisch gesessen und köstliche Blinis, eine Art Eierkuchen, gegessen, sagte Natascha zu mir: »Max, du bist unser Freund, und ich weiß, daß du uns gerne helfen möchtest. Aber gerade, weil du unser Freund bist, bitte ich dich um etwas: Bitte geh, Max. Ich möchte mit meinem Boris hier alleine bleiben. Bitte hab Verständnis dafür. Ich war mit Boris alleine, als er gesund war, und ich möchte, daß alles so ist, wie früher. Er soll das Zuhause haben, das er immer hatte.«

Am nächsten Morgen nahm ich Abschied von Natascha und Boris.

Erst zwei Jahre später kam ich in die Gegend zurück und freute mich darauf, meine Freunde Boris und Natascha zu sehen. Ob Boris noch lebte? Ob Natascha es geschafft hatte, ihn durchzubringen? Viel konnte in zwei Jahren passiert sein. Und wie recht ich hatte.

Die Tür der kleinen Hütte ging auf und heraus kam, auf einen Stock gestützt, ein Mann. Er trug zerlumpte Kleider, und lange Haarsträhnen hingen ihm wirr ins Gesicht. Der Mann schaute mich an, aber er sah mich nicht. Boris ging einfach an mir vorbei. Er würde niemanden mehr erkennen. Was mochte das für eine Welt sein, in der er jetzt lebte.

Nur ein paar Meter vom Haus entfernt sah ich ein kleines Grabkreuz. Was war passiert? Ich sollte es nie erfahren.

Nach vier Monaten kam ich nach meiner ersten Reise wieder zurück ins Tschuktschendorf. Ich freute mich auf das Wiedersehen mit Juri. Der Schnee lag hoch. Alles war in bester Ordnung. Meine Felle waren dort, wo ich sie gelassen hatte, Juri hatte Wort gehalten. Einmal in der Woche war er zu meinem Boot gefahren und hatte nach dem Rechten gesehen. Nichts war dem Boot geschehen. Nur tief eingeschneit war es, lag unter einer dicken Schneedecke begraben.

Natürlich mußte ich Juri berichten, wie es mir auf meiner ersten Handelsreise ergangen war. Und er bestaunte die Ausbeute der Arbeit dieses Winters. Wir saßen in seiner Jurte und tranken heißen Tee, den er aus im Sommer gesammelten und getrockneten Flechtenknospen zubereitet hatte. Draußen schneite es wieder.

»Du solltest, solange noch Schnee liegt, nach Norden zu den Eskimostämmen an der Küste fahren«, schlug Juri mir vor.

»Warum gerade jetzt zu den Eskimos, Juri? Ich habe mir vorgenommen, zuerst einmal die Tschuktschendörfer hier im Bereich der Küste zu bereisen. Da werde ich mehr an Pelzen bekommen, als mein Schlitten tragen kann.«

»Max, aber eines sag' ich dir, wenn du Walroßzähne haben willst, Elfenbein, dann mußt du zu den Eskimos. Wenn es dir recht ist, komme ich mit dir.«

Ich sagte sofort ja, einen besseren Führer als Juri konnte ich mir gar nicht vorstellen.

Ich freute mich auf den ersten Besuch im Eskimodorf. Wir waren knapp zwei Wochen unterwegs nach Norden. Von Tag zu Tag wurde die Landschaft karger, und dann kamen wir in offenes Tundragebiet: Flachland, weiße Wüste, soweit das Auge reichte.

Unser Gepäck hatten wir auf das Notwendigste verringert, um möglichst schnell voranzukommen, nur die Handelsware war dabei. Und ich hoffte, auf der Rückreise den Schlitten voller Walroßzähne zu haben. Am Nachmittag des fünfzehnten Tages kamen wir an.

Ich hatte schon so viel über die Eskimos gehört und gelesen. Von amerikanischen Waldindianern wurden sie aufgrund ihrer Eßgewohnheiten als »esquimantijk« bezeichnet, was »Rohfleischfresser« heißt.

Ich habe später selbst die Erfahrung gemacht, daß sich ein Eskimo nicht gern so nennen läßt. Er empfindet das als Schimpfwort und reagiert entsprechend. Die Eskimos nennen sich selbst schlicht »Inuit«, also Mensch.

Für mich waren Eskimos ein Beweis für die Anpassungsfähigkeit der Menschen. Ihre einzigartige Lebensweise ist ganz auf die karge arktische Umwelt abgestimmt.

Jahrhundertelang lebten sie in völliger Abgeschiedenheit nur vom Fischfang und von der Jagd. Ihre Jagdmethoden waren das Harpunieren vom Kajak aus, die Anschleichjagd auf dem Eis, das Fangen mit Netzen oder das Jagen mit Pfeil und Bogen. Perfekte Anpassung also an eine widrige Natur, die trotzdem alles zum Überleben anbietet. Die Kajaks wurden aus mit Häuten überzogenen Knochen gebaut und im Sommer verwendet, hauptsächliches Transportmittel auf dem Land war der Hundeschlitten. Als Unterkunft benutzten die Eskimos neben dem aus Eisblöcken zusammengefügten Iglu auch Gruben mit einem Dach aus Walrippen und aufgelegtem Torf sowie im Sommer Zelte.

Die Eskimos kannten anfangs weder Stammesgemeinschaften noch Rangunterschiede. Die gesellschaftliche Form war die Jagdgruppe, in der alle männlichen Mitglieder, die Jäger, gleichberechtigt waren. Das Häuptlingsamt, so wie ich es bei den Eskimos erlebte, hat sich erst in jüngerer Zeit entwickelt.

Das Vordringen der Weißen in die Arktis verursachte grundlegende Veränderungen im Leben der Eskimos. Der Bestand an Walen, Moschusochsen, Bären und Karibus wurde durch Überjagung erheblich verringert. Dadurch verloren viele Eskimos ihre Lebensgrundlage. Eine neue Überlebenschance bot sich: der Pelzhandel, der zu Kontakten mit Weißen führte. Das war wohl die größte Veränderung, die die Eskimos erlebten.

Ein stolzes Volk waren sie für mich. Seit Hunderten von Generationen immer zum Überleben gezwungen. Unvorstellbar war es für sie, daß einer wie ich sich der Arktis aussetzte und in ihr auch noch überlebte. Wer außer den Eskimos kann das? Viele, die den Norden nicht kennen, haben eine völlig falsche Vorstellung von ihm. Vor allem ist der Unterschied zwischen den Jahreszeiten so extrem wie nirgendwo sonst auf der Welt. Im Winter, von Oktober bis Februar, herrscht völlige Dunkelheit. Entsprechend extrem sind auch die Sommer, wenn die Sonne nicht untergeht.

Sehvermögen und Gehör sind bei Eskimos viel besser entwickelt als bei anderen Völkern. Sie reagieren sehr schnell, wenn die Umstände es erfordern. Andererseits habe ich immer ihre Selbstdisziplin bewundert. Selbst in Augenblicken allergrößter Gefahr, zum Beispiel mitten in einem Sturm auf dem brechenden Eis der See, behalten sie die Ruhe. Sie ernähren sich in erster Linie von Seehunden und Walrossen, die das ganze Jahr über gejagt werden können. Füchse liefern Felle für die Kleidung, und auch der Eisbär wird wegen seines Fleisches und seines Pelzes gejagt. Im Sommer fängt man Fische und Wale.

Meine erste Jagd zusammen mit den Eskimos war für mich ein großartiges Erlebnis, das ich niemals vergessen werde. Häuptling Kiloktuk, der mein Handelspartner über viele Jahre war, hatte mich eingeladen. Wir nahmen ein paar Planen mit, die als Schutz gegen den Wind gedacht waren, und eine Kiste, in der unser Kochgeschirr steckte: alte zerbeulte Kocher und eine Wasserflasche. Außerdem eine ganze Reihe unentbehrlicher Gegenstände: Draht, Bindfaden, Kerzen, Harpunen und Ersatzteile und natürlich Gewehre. Die Harpunen verstauten wir auf dem Schlitten, einige Geräte, die so ein

Mittelding zwischen Eispickel und Säge waren, brauchten wir zum Zerschneiden von Eisblöcken. Und natürlich nahmen wir auch Decken mit: Das waren Karibufelle. Kurz bevor es losging, wickelte der Häuptling über die senkrechten Schlittenstangen hinten am Schlitten noch einen Beutel mit Harpunenleinen, außerdem eine Ersatzspitze für die Harpune, dicke Fausthandschuhe aus Seehundfell und einige Schachteln mit Munition. Diese relativ leichte Fracht wurde von 14 kräftigen Hunden gezogen.

Wir flogen nur so dahin, und es überraschte mich auch nicht sehr, daß wir die ersten 15 Kilometer unserer Reise hinaus aufs Packeis bei Temperaturen von vielleicht 40° C unter Null in weniger als anderthalb Stunden zurücklegten. Wohl 30 Kilometer brachten wir hinter uns, ohne ein Atemloch zu entdecken: Seehunde unterhalten ein ganzes System winziger Löcher im Eis, um atmen zu können.

Unsere Schlitten holperten über rauhes Eis mit einer dünnen Schneedekke, nicht ein einziger Spalt, geschweige denn Atemloch war zu sehen. Plötzlich sprang unser Anführer vom Schlitten und führte die Hunde zur Seite. Dann kniete er nieder und schnüffelte am Boden. Erst da konnte ich einen winzigen Buckel erkennen, der etwa drei Zentimeter aus dem Schnee herausragte. Mit dem stumpfen Ende seiner Peitsche stieß er ein Loch hinein. Er hatte den typischen Seehundgeruch wahrgenommen. Ich kniete auch über dem Loch nieder und schnüffelte. Das einzige, was ich selbst roch, war Meerwasser. Der Häuptling ging zum Schlitten zurück und gab mir sein Gewehr. Die nächste halbe Stunde lang trieb er die Hunde in einem Kreis von etwa 200 Metern Durchmesser um mich herum in der Hoffnung, einige Seehunde zum Loch hinzutreiben, wo ich wartete. Aber es passierte nichts, kein Seehund kam. Wir brachen wieder auf.

Innerhalb der nächsten Stunden fanden wir zwei weitere Atemlöcher. Über eine halbe Stunde wartete ich an jedem der Löcher fast bewegungslos und hielt, bis auf die Knochen frierend, mein Gewehr in Anschlag. Es passierte nichts. »Die Seehunde riechen den Fremden«, grinste Häuptling Kiloktuk. Kurze Zeit später kamen wir ans nächste Atemloch. Ich merkte, der Häuptling war aufgeregter als sonst. Diesmal wollte er über dem Atemloch warten, ich sollte in der Zeit sein Hundegespann herumführen. Nicht weit war ich gekommen, als ein Schuß knallte. Kiloktuk hatte einen Seehund getötet. Ich sprang auf den Schlitten, die Hunde rannten so schnell wie möglich zu ihrem Herrn zurück. Als wir ankamen, hatte Kiloktuk schon eine Harpune tief in den Kadaver gestochen, damit er nicht unter dem Eis abtrieb. Schnell befestigten wir die Leine am Schlitten. Wohl eine halbe Stunde lang arbeiteten wir nun an dem Eisloch, bis es so groß war, daß die Hunde den Seehund herausziehen konnten.

Als es Nacht wurde, schlugen wir unsere Zeltplanen draußen auf dem Eis auf und legten uns sofort schlafen.

Neun Monate jeden Jahres, von Oktober bis Juni, sind die Gewässer der Küste zugefroren und dienen als Verbindungswege zwischen den Siedlungen. Die See draußen ist über Hunderte von Kilometern mit treibendem Packeis bedeckt, das den Eskimos weite Jagdgründe eröffnet. Dort jagen sie Seehunde, Walrosse und Eisbären. Es gibt Jäger, die mit ihren Hundeschlitten wohl 5000 Kilometer auf dem Packeis zurücklegen. Oft reisen sie ganz allein oder in kleinen Gruppen. Auf solchen Reisen hängt das Leben des Jägers von seiner Fähigkeit ab, das Eis richtig zu beurteilen. Sogar mitten im Winter, wenn die gefrorene Eisfläche bis zu vier Meter dick wird, können Meeresströmungen und starke Winde das Eis zu Schollen aufbrechen, zwischen denen breite Risse klaffen. Auch wenn die See bei Temperaturen, die bis 40° C unter Null sinken, schnell wieder zufriert, ist das neue Eis noch so elastisch, daß man vorsichtig fahren muß, um keine Druckwellen zu erzeugen, die die Eisdecke in Schwingungen versetzen und reißen lassen würden. Erst wenn der Frühling naht, bricht das Eis allmählich, und im Juli ist es so weit offen, daß die Eskimos zum Jagen und Fischen ihre Kajaks benutzen können. Aber selbst im Sommer treiben auf der See überall Eisstücke, die von schmelzenden Eisbergen abbrechen. Die Eskimos müssen vorsichtig manövrieren, denn die scharfen Kanten des Eises können leicht Löcher in die Hautbespannung der Kajaks reißen.

Ende Oktober kommt jedes Jahr der Tag, an dem die Sonne am Horizont versinkt. Während der langen Polarnacht, die damit anbricht, wird die Welt im Norden kälter, im Januar und Februar sinken die Temperaturen auf durchschnittlich −30° C, teilweise auf −40° C. Unter allen Ereignissen des arktischen Jahresablaufes ist kaum eines, über das sich die Eskimos so sehr freuen, wie über das Zufrieren der See. Plötzlich, von einem Tag zum anderen, schweigt die See. In allen Eskimosiedlungen laufen, wenn es soweit ist, die Menschen an den Strand herunter, um mit Harpunen und Eispickeln die Haltbarkeit der neuen Eisfläche zu prüfen und sich vorsichtig Meter um Meter hinauszuwagen. Das Zufrieren der See kündigt ein neues, einträgliches Leben an: Von diesem Zeitpunkt an sind die Eskimos nicht mehr auf den schmalen Küstenstreifen beschränkt. Tag für Tag wächst jetzt das Gebiet, das den Eskimos und ihren Hundeschlitten offensteht. Im Februar wird das Eis die Jagdgebiete versiebenfacht haben. Das Zufrieren der See ist aber noch mehr: das Ende einer grausamen Zeit mit Stürmen und tobender See.

Unmittelbar auf das Zufrieren der Eisdecke in Küstennähe folgt eine kurze Zeit mit idealen Bedingungen für die Seehundjagd an den Atemlöchern. Seehunde sind die wichtigsten Beutetiere der Eskimos, denn sie können das ganze Jahr über gejagt werden und tragen wesentlich zum Lebensunterhalt bei. In den Gewässern findet man das ganze Jahr über zwei Robbenarten, die größere der beiden ist die Bartenrobbe, über 400 kg kann sie wiegen und liefert dementsprechend große Mengen Fleisch und eine zähe Haut, die als strapazierfähiges Material für Stiefelsohlen und Peitschenschnüre Verwendung findet. Die Ringelrobbe ist die kleinere der beiden Robbenarten. Sie erreicht höchstens ein Drittel des Gewichts der größeren Bartenrobbe, und sie kommt viel häufiger vor. Das Fell der Ringelrobbe ist weich und schön gezeichnet und bringt den Eskimos beim Tausch einen besonders guten Preis.

Gerade während der ersten Wochen der langen Polarnacht sieht man, wie sich das Grundmuster des Lebens über viele Jahrhunderte erhalten hat. Die Methoden, die die Jäger bei ihrer Seehundjagd auf dem dünnen Eis der See anwenden, haben ihre Vorfahren vor vielen Jahrhunderten entwickelt. Die kurze Jagd bedeutet viel Arbeit für die Eskimofrauen, die die Seehundfelle nach uralten Techniken säubern und abschaben. Dann schneiden sie aus den Fellen Jacken, Fausthandschuhe und Stiefel zu, wie sie die Eskimos während des ganzen Jahres tragen. Das Nähen von Kleidungsstücken ist eine Geduldsarbeit. Im November beginnt die arbeitsreichste Zeit, weil sie meistens ganze Packen von Seehundfellen bekommen. Aber es entstehen auch Parkas aus Polarfuchs oder aus Karibufell und Hosen aus Eisbärenfell.

Wenn das Eis dicker geworden ist, freut sich jeder Jäger schon darauf, die Hunde anzuschirren und das Gefühl der Freiheit zu genießen, das er bei der Jagd empfindet. Die Jäger arbeiten in jedem Dorf stundenlang, überholen ihre alten Schlitten und bauen neue. Das alles geschieht mit solcher Ungeduld, daß man meinen könnte, das Eis hielte nur eine Woche statt acht Monate oder länger. Tatsächlich gibt es gar keinen Grund für solche Eile, da die See noch ein paar windstille Frosttage braucht, bis sie von einer dicken Eisschicht bedeckt wird, die sich weit hinaus erstreckt. Und doch gibt es jedesmal die gleiche Aufregung, wenn die Schlitten aufs Eis herausgebracht werden sollen. Es ist ein unausgesprochener, aber ehrgeiziger Wettlauf vieler Jäger, der erste im Dorf zu sein, der mit einem Schlitten auf die zugefrorene See hinausfährt.

Die Beziehung zwischen den Eskimos und ihren Hunden basiert auf gegenseitigem Respekt, beide sind voneinander abhängig. Daneben gilt in der Rangordnung unbedingte Disziplin. Diese Disziplin wird innerhalb des Rudels von einem starken Leithund überwacht und durch eine Rangordnung im ganzen Gespann gewährleistet, das Schlittengespann insgesamt gehorcht dem Jäger, der seine Hunde in einem Maße kommandieren kann, das man erlebt haben muß, um sich eine Vorstellung davon zu machen. Mit Rufen und Pfiffen kann ein erfahrener Jäger sein Hundegespann im vollen Tempo im Zickzack über die rauheste Eisdecke jagen. Er kann seine Hunde durch Schmelzwasserströme, über Felsen und Abhänge mit 60% Steigung hinauftreiben.

Die langen Polarnächte sind wie geschaffen für lange Schlittenfahrten: In winterlicher Dunkelheit geht die Fahrt über eine fast endlose Eisfläche – bei Mondlicht, das so hell ist, daß von einem Paß oder Hügel aus mehr als 100 Kilometer weit entfernte Berge zu sehen sind. Ich kenne keine Landschaft, die schöner ist als die arktische Eislandschaft. Manchmal aber gibt es während der vier Monate dauernden Nacht nur wenig oder gar kein Mondlicht, entsprechend abenteuerlich sind dann die Schlittenfahrten durch die

Eisbär

Finsternis. Die Eskimos besitzen eine erstaunliche Fähigkeit, einen Weg durch die Nacht zu finden. Das liegt daran, daß der Eskimo viele nützliche Hinweise durch scheinbar bedeutungslose Dinge erhält: Die Art, wie der Schnee liegt, die Windrichtung, der Neigungswinkel des Schlittens, jede Einzelheit der Landschaft ist in seinem Gedächtnis eingeprägt. Sein Geheimnis ist die enge Vertrautheit mit der arktischen Umwelt, der Respekt vor ihren Warnzeichen und die Kenntnis der eigenen Grenzen.

Nanook, wie die Eskimos den Eisbären nennen, lebt in der Eis- und Schneelandschaft im arktischen Norden. Sein weißes bis gelbliches Fell tarnt ihn in seiner natürlichen Umgebung und schützt ihn vor den mörderischen Temperaturen der Arktis. Eisbären leben im weißen Norden, und in Küstengegenden kommen sie sogar an Land. Dann fressen sie Moos, knabbern an Flechten herum, zupfen Grashalme, sind harmlos in ihrem dicken weißen

Pelz. Es passiert aber auch, daß Eisbären in die Nähe menschlicher Siedlungen kommen, den Müll der Eskimodörfer durchwühlen, und in Sibirien sollen sie sogar in Häuser eingebrochen sein, als die Jäger draußen auf dem Eis waren. Eisbären sind Einzelgänger, die ihre Zeit auf dem Eis mit Nahrungssuche verbringen. Trotzdem sieht man manchmal auch mehrere Tiere gemeinsam, wie sie sich an Kadavern von Walrossen oder Walen zu schaffen machen. Mein Freund Jim Allen, ein Pelzhändler wie ich, erzählte mir später vom Sommer 1914, als er in der Nähe von Point Hope an der Tschuktschen-See nördlich von Kotzebue gewesen war und über 100 Eisbären an einem einzigen Walkadaver gesehen hatte. Einige Bären waren auf dem Eis gelegen und hatten geschlafen, andere waren auf dem Rücken des toten Wales spazieren gegangen, und wieder andere waren im Maul des riesigen Tieres verschwunden und wieder zum Vorschein gekommen, indem sie sich durch die Seite gefressen hatten.

Das wichtigste Organ des Bären ist seine Nase. Ich kannte Leute, die behaupteten, Bären könnten Beute noch in zwölf Meilen Entfernung riechen. Wenn sie im ewigen Eis jagen, dann liegen sie oft stundenlang an den Luftlöchern, die die Robben zum Atmen brauchen. Taucht endlich die ersehnte Beute auf, schlägt der Bär zu. Eisbären haben keine Feinde in der Natur, sie sind die unumschränkten Herrscher des Eises.

Nur ausgewachsene Walroßbullen mit ihren riesigen Stoßzähnen geht Nanook aus dem Weg. Er zieht es vor, Walroßkühe und -kälber zu jagen. Einmal entdeckte ich ein solches Schlachtfeld auf dem Eis neben einem Wasserloch. Das Eis dampfte von all dem Blut. Der Bär lag nur einige Meter vom Wasserloch entfernt, lebte noch, war aber tödlich verletzt. Er kam nicht mehr hoch, denn er hatte in seinem Körper einige tiefe Wunden, die von den todbringenden Stoßzähnen eines Walroßbullen stammten. Der Kampf hatte sich wohl nur ein paar Minuten, bevor ich gekommen war, unter Wasser abgespielt.

Das Walroß war Sieger geblieben.

Darüber, ob Eisbären für Menschen gefährlich sind, gingen damals die Meinungen weit auseinander. Ich kannte viele alte Seefahrer, Händler und Entdecker, die behaupteten, jeder Eisbär griffe sofort an, wenn er einen

Menschen gesehen oder gewittert habe. Ich habe solche erlebt, die sofort angriffen und wieder andere, die das Weite suchten.

Auch über die Größe von Eisbären erzählte man sich damals sagenhafte Geschichten. Eskimos berichteten mir von einem Bären, der so groß gewesen sein soll, daß ein Mensch mit gekreuzten Beinen in seiner Fußspur im Schnee sitzen konnte.

Eisbären sind phantastische Schwimmer. Einmal soll ein Bär 300 km von der Küste und von der nächsten Eisscholle entfernt im Meer geschwommen sein. Diese Tiere sind so geschickt und schnell – auch unter Wasser – daß sie ohne Schwierigkeiten tauchende Enten jagen können.

Juri

Ich machte viele Reisen mit Juri. Nach unserer ersten gemeinsamen Reise, die uns zu den Eskimos geführt hatte, waren wir ins Tschuktschendorf, Juris neue Heimat, zurückgekommen. Juri genoß ein sehr hohes Ansehen bei den Tschuktschen; sieben Jahre vorher war er als Deserteur hierher gekommen. Und von hier war er nie wieder weggekommen. Er lernte die Sprache der Tschuktschen, er jagte und fischte mit ihnen, er kleidete sich wie sie, bekam immer größeren Abstand zur weißen Zivilisation im Westen.

Juri hatte mir viel von sich erzählt. Von seiner Soldatenzeit in der Armee des Zaren. Von seiner Frau und seinem Kind. Von Petersburg und Moskau, von Sträflingslagern, in denen politische Gefangene unter menschenunwürdigen Verhältnissen vegetieren mußten, von Jahren, die er als Aufseher in solchen Lagern verbrachte und endlich von seinem Entschluß, die Uniform des Unrechts abzulegen. Darauf stand im Zarenreich der Tod. Standrechtliche Erschießung drohte Juri, wenn er seinen Jägern in die Hände fiele. Darum versteckte er sich, als ich ihn kennenlernte, seit mehr als sieben Jahren bei den Tschuktschen. Waren Patrouillen der Garnison Anadyrs unterwegs, ging die Nachricht davon wie ein Lauffeuer durch das ganze Land. Juri wurde rechtzeitig gewarnt, so daß er sich in den Wäldern verstecken konnte, bis die Gefahr vorüber war. Mein Freund Juri führte das Leben eines Gesetzlosen. Die Tschuktschen schätzten dagegen Juri und seine Ehrlichkeit, und sie wußten, daß er sich bedingungslos für sie einsetzen würde. Sein Entschluß stand fest, er würde weiterhin, wohl für immer bei den Tschuktschen bleiben.

Auch ich blieb noch einige Zeit im Dorf. Inzwischen war das Eis aufgebrochen, und ich konnte mein Schiff klar zum Auslaufen machen. Es waren eine ganze Reihe Reparaturarbeiten nötig, ich mußte den Winter aus dem Boot klopfen. Meine Handelsware war restlos aufgebraucht. Die Ladung dagegen

Schiff mit eingehandelten Walroßzähnen

konnte sich sehen lassen, und ich war überzeugt davon, einen guten Preis zu erzielen für meine Walroßzähne, die Luchs-, Otter-, Wolfs- und Robbenpelze, Vielfraße, Biber, Hermeline und Zobel. Es konnte jetzt nur noch Tage dauern, bis die Beringstraße so offen war, daß ich nach Alaska hinübersegeln konnte.

Dann war es endlich soweit. Die Tschuktschen hatten einen Baumstamm halbiert und beide Hälften halb in den Sand eingegraben. Wir waren wohl 20 Mann, die mein Boot auf diese Stämme wälzten und ins Wasser gleiten ließen. Bald hatte ich wieder Wasser unter dem Kiel. Zwei lange Bugseile waren um Baumstämme gebunden, um das Boot am Abtreiben zu hindern. Ich wollte noch eine Nacht im Dorf der Tschuktschen bleiben und am nächsten Morgen meine Rückreise nach Alaska antreten.

Abends saßen wir in einer großen Runde zusammen und brieten Fisch. Juri stocherte stumm im Feuer herum, und auch ich war ziemlich wortkarg.

»Warst du eigentlich schon mal in Alaska, Juri?«

»Nein, war ich nicht. Alaska ist weit, und die Menschen dort sind fremd. Ich spreche ihre Sprache nicht.«

»Juri, es gibt dort auch welche, die russisch sprechen.«

»Wenn Baranof noch drüben wär', würde ich mir Amerikas Sibirien gerne mal ansehen.«

»Ach, Juri, das sind die alten Zeiten, das ist schon über 50 Jahre her. Warum kommst du nicht mit mir rüber? Wir bleiben ohnehin nicht lange.«

Ich hoffte, daß er meine Einladung annehmen würde. Er dachte nach.

»Wir lange willst du drüben bleiben, Max?«

»Vielleicht einen Monat oder weniger, Juri.«

Wieder dachte er nach. Dann sagte er: »Gut, Max, ich kommte mit.«

Vier Tage später waren Juri und ich in Nome. Wieder war die Überfahrt ohne Schwierigkeiten verlaufen. Die See war ungewöhnlich glatt und ruhig für die Jahreszeit. Es war Ende Juni, nach einer Reise von neun Monaten war ich zurück in Alaska und machte mein Schiff am kleinen Kai fest. Eine Menge Menschen, die kamen neugierig in den Hafen gerannt wie immer, wenn ein Schiff oder ein noch so kleines Boot anlegte. Juri blieb an Bord, und ich holte zwei Holzwagen, auf die wir die Felle luden. Dann gingen wir zur Handelsstation und warfen die Ware, Bündel für Bündel, auf den Holztresen. Den Verkäufern und dem Buchhalter gingen fast die Augen über, prüfend und bewundernd ließen sie Fell für Fell durch ihre Hände gleiten, Luchse, Wölfe, Vielfraße, die seidenweichen Zobel. Ich stand schweigend da, hatte die Arme verschränkt und schaute genüßlich zu, wie man meine Ware bewunderte. Der Buchhalter rief den Leiter der Station, und der staunte auch nicht schlecht. Dann bot er mir 1200 Dollar für den ganzen Posten. Aber ich dachte mir, wenn er mir schon 1200 Dollar bot, dann würde man mir bestimmt auch das Dreifache zahlen. Nun, fast das Dreifache zahlte er mir, 3400 Dollar in nagelneuen 50-Dollar-Noten zählte mir der gierige Chef der Handelsstation auf den Tisch. Zuerst hatte er versucht, mir den Betrag in Gold anzubieten, aber was sollte ich mit Gold;

ich brauchte Geld, um mir neue Tauschware zu kaufen. So viel Geld hatte ich noch nie vorher gesehen, geschweige denn besessen. Die Monate in Sibirien hatten sich bezahlt gemacht. Juri und ich gingen und ließen die Felle zurück. Ich würde im nächsten Jahr neue Felle bringen.

In Nome hatte sich in den Monaten meiner Abwesenheit nicht viel verändert. Noch genauso viele Menschen waren da, noch genauso eintönig war die Stadt. Genauso wenig Reiche gab es und genauso viele Arme. Müde, unrasiert, in unsere Pelze eingemummt gingen wir ins »Golden Nugget«. Wir wollten ein Zimmer mieten und dann etwas essen. Ein hochmütig dreinschauender kleiner Mann, der im Eingangsraum des Hotels über Büchern und Zahlen saß, musterte uns von Kopf bis Fuß und sagte dann bissig: »Was wollt ihr hier?«

»Wir wollen ein Zimmer.«

Das schien nun das letzte zu sein, was er erwartet hatte. Zwei, die so heruntergekommen aussahen wie wir, besaßen die Unverschämtheit, bei ihm nach einem Zimmer zu fragen. Er starrte uns fassungslos an.

»Haben Sie nicht verstanden, wir wollen ein Zimmer«, wiederholte ich meine Bitte. Dann drehte ich mich zu Juri um und erklärte ihm auf russisch, was ich gesagt hatte. Mir erschien es einfacher, in Sibirien Zobelfelle zu bekommen als in Nome ein Hotelzimmer. Noch immer hatte ich keine Antwort. Endlich setzte der Mann ein liebenswürdiges Gesicht auf und sagte: »Tut mir leid. Wir haben keine Zimmer mehr, wir sind ausgebucht.«

»So, ausgebucht sind Sie. Sind Sie da auch ganz sicher. Wollen Sie nicht vorsichtshalber noch einmal nachschauen. Könnte ja sein, daß Sie doch nicht ausgebucht sind.«

Nun wurde ihm die Situation unangenehm. Er wand sich. »Können Sie überhaupt bezahlen? Wir sind ein teures Haus. Eigentlich ein sehr teures Haus, wir müssen auf unseren guten Ruf achten. Also bitte gehen Sie. Ich glaube nicht, daß das hier der richtige Platz für jemanden wie euch ist.«

Ich mußte grinsen. Sehr vertrauenerweckend sahen Juri und ich wirklich nicht aus.

»Nun passen Sie mal auf«, sagte ich bestimmt. »Ich glaube eher, daß Sie nicht genug Wechselgeld für mich haben.« Ich holte eine 50-Dollar-Note aus meinem Brustbeutel und legte sie auf den Tisch. Dem armen Hotelangestellten gingen fast die Augen über. Plötzlich wurde er sehr liebenswürdig und zuvorkommend. »Gerade fällt mir ein, wir haben doch noch ein Zimmer, ein sehr schönes sogar. Kostet drei Dollar die Nacht.«

Wir genossen es, wieder einmal in richtigen Betten zu liegen. Wir schliefen den ganzen Tag, und abends gingen wir ins »Dug-out«. Das ist ein Saloon, um den ich früher immer einen großen Bogen gemacht hatte. Aber jetzt war das anders. Jetzt hatte ich Geld, und ich wollte Juri etwas bieten. Im »Dug-out« trafen sich viele Goldsucher und vertranken ihr Geld. An den Tischen liefen Pokerrunden, an denen Geschäftsleute aus Nome und Berufsspieler aus dem Süden beteiligt waren, und dann waren da noch Frauen, die hierher gekommen waren wegen der Dollars, die man so leicht verdiente. Bis spät in die Nacht hämmerte ein Klavierspieler auf die Tasten, und alle paar Stunden traten ein paar Mädchen in gerüschten Kleidern auf und schwangen ihre Beine. Die Luft war zum Schneiden dick vom Rauch, und es roch nach Whisky und Wodka.

Einige tranken so viel, daß sie von ihrem Stuhl fielen und wie ohnmächtig am Boden lagen. Diese Schnapsleichen wurden dann von einem kräftigen Mann an die frische Luft gesetzt.

Ich merkte, daß sich Juri nicht wohl fühlte. Zu wenig Luft war hier zum Atmen, zu viel Lärm, zu viele Betrunkene. Wir bestellten uns ein Glas Bier und tranken es in einem einzigen Zug aus. Mein erstes Bier war das seit langer Zeit und Juris erstes seit sieben Jahren. Wir sprachen auf russisch miteinander. Die Goldsucher grölten, das Piano klimperte laut und falsch. Plötzlich stieß mich Juri an. »Hast du das gehört, Max?«

»Nein, was denn?«

»Die da drüben am Tisch, das sind russische Pelzhändler.«

»Woher weißt du das?«

»Ich hab's gehört.«

»Bei dem Lärm?«

»Ich hab' einige Brocken aufgeschnappt.«

Wir bestellten uns noch ein Bier und setzten uns an den Tisch neben den russischen Pelzhändlern. Die redeten in einer anständigen Lautstärke, ließen sich von niemandem stören, sie konnten ja nicht ahnen, daß wir sie verstanden.

»Und ich sage euch, von der Hundebande kriegt ihr alles, sie sind hinter dem Wodka her wie der Hund hinter der läufigen Hündin. Die verkaufen dir die Frau und alles, was sie haben. Mußt immer nur hübsche Mengen Alkohol bei dir haben. Alkohol ist bei denen die ganz große Mode«, sagte einer mit einem wirren dunklen Bart.

»Ja, Semjonow hat recht, die sind so scharf auf das Zeug, daß sie dir die Felle nachwerfen. Bei den Korjaken ist das ganz schlimm. Und als nächstes knöpf’ ich mir die Tschuktschen vor. Freunde, ich will Felle sehen, wir wollen die Tschuktschen glücklich machen.«

Als er das gesagt hatte, wieherte er vor Vergnügen und trank sein Glas voller Whisky mit einem Zug leer.

»Die Zobel der Tschuktschen sind aber nicht so gut wie die aus Kamtschatka«, sagte der mit dem dunklen Bart.

»Das ist ganz egal, Semjonow«, sagte der, den die anderen Grischa nannten, »als nächstes räumen wir bei den Tschuktschen auf. Frieren werden die Hunde im Winter, wenn wir alle ihre Felle haben.« Dabei lachte er schallend.

»Ja genau, Grischa. Und wir werden die Tschuktschenweiber packen und die Kerle werden uns noch auf Knien danken und um jeden Tropfen Alkohol betteln. Ein Fest werden wir geben für die Tschuktschen.«

Da hielt es Juri nicht länger aus. Langsam stand er auf. Er drehte sich ebenso langsam zu den drei Russen um und sagte laut und deutlich auf russisch: »Wollt ihr mich nicht zu dem Fest einladen?«

Die drei Russen drehten sich zu Juri um.

»Wer bist du, Bauer?« fragte Grischa verächtlich.

»Ich bin ein Tschuktsche.« Das war alles, was er sagte. Dann schlug er Grischa ins Gesicht, so daß er Blut spuckte und wie ein gefällter Baum zu Boden fiel.

»Das wirst du uns büßen, du Hund«, murmelte Semjonow grimmig und griff zum Messer, als ihm Juri mit einem einzigen Schlag den Arm brach. Dem Dritten versetzte er einen solchen Tritt in den Bauch, daß dieser röchelnd zusammenbrach. Genauso langsam wie er aufgestanden war, setzte sich Juri wieder und murmelte: »Ich hätte sie umbringen sollen.«

Die anderen Gäste hatten natürlich den Grund des Streites nicht mitbekommen. Aber Schlägereien waren etwas Selbstverständliches damals in Nome, und darum nahm auch kaum einer Notiz davon. Zwei der Russen hatten sich aufgerappelt und schleppten ihren ohnmächtigen Freund hinaus. Semjonow drehte sich zu Juri um. Wütend sagte er zu Juri: »Dein Gesicht werden wir uns merken, Tschuktsche.«

Solche Männer brachten Unheil über die Stämme. Um die Felle zu bekommen, gingen sie über Leichen. Und ihre Taten brachten alle Weißen in Verruf. Juri und ich zahlten unsere Zeche und gingen ins »Nugget« zurück.

Am nächsten Tag zahlte ich einen Großteil meines Geldes bei der Bank ein, den Rest brauchte ich, um neue Tauschware zu kaufen. Juri war ruhig und verschlossen, er ging Gesprächen mit mir aus dem Weg. Offenbar beschäftigte ihn noch der Vorfall mit den drei Russen im Saloon. Eine Zeitlang ließ ich ihn in Ruhe, dann fragte ich ihn, was er hatte.

»Max«, sagte er, »laß uns wieder zurück nach Sibirien zu meinem Volk gehen. Ich habe das Gefühl, daß ich dort mehr gebraucht werde als hier.«

»Mir soll es recht sein. Ich habe ohnehin nicht mehr viel zu tun in Nome. Nur die Tauschware muß ich kaufen, und dann segeln wir nach Sibirien zurück.«

»Was willst du diesmal tauschen, Max?«

»Das gleiche, was ich bei mir hatte, als ich dich in Sibirien traf. Töpfe, Nadeln, Bindfäden, Messer.«

»Vergiß die Gewehre nicht.«

»Gewehre, bist du verrückt? Sollen die Menschen sich gegenseitig umbringen?«

»Nein. Sie sollen sich nur verteidigen. Ohne Waffen sind sie Händlern wie denen, mit denen wir Bekanntschaft gemacht haben, doch unterlegen. Sie brauchen Waffen, um sich verteidigen zu können. Es werden schlimme Jahre kommen für die Stämme. Wenn du willst, daß sie überleben, dann gib ihnen Waffen!«

121

»Juri, versteh mich doch. Waffen, Gewehre bedeuten den Tod. Ich wollte nie zu den Händlern gehören, die Waffen liefern. Waffen sind nicht weniger schlimm als Alkohol.«

»Es ist dein Geld, Max. Aber vergiß nie: Pelzhändler wie die von gestern abend gibt es zu Hunderten. Sie werden Unglück bringen, aber du kannst helfen, diese Völker von dem Unglück zu bewahren. Kauf Gewehre, Max!«

Wir luden vier Holzkisten an Bord. In jeder der Kisten waren fünf nagelneue Gewehre, und 2000 Schuß Munition hatte ich auch gekauft. Und dann natürlich meine übliche Handelsware. Als wir die Segel setzten, sagte Juri zu mir: »Max, es war schön, einmal mit dir hier in Nome gewesen zu sein, aber ich glaube, ich werde nie wiederkommen.«

Wir setzten die Segel, und mit einem merkwürdigen, unbestimmten Gefühl ging es los. Es war angenehm, nicht ständig allein am Ruder stehen zu müssen. Eine Zeitlang beobachtete ich den Küstenstreifen, der hinter uns lag, dann sah ich nur noch Meer. Möwen begleiteten uns. Plötzlich mußte ich an meine Eltern denken. Was sie wohl machten? Ob sie überhaupt noch lebten? Ich hatte nie wieder etwas von ihnen gehört. Wohin hätten sie mir auch schreiben sollen? Wer wußte auch, wie lange so ein Brief unterwegs war. Auch Juri war gedankenverloren. Einmal sagte er zu mir: »Weißt du, Max, ich hoffe nur, daß wir an der Küste noch lange, sehr lange, gute Zeiten haben werden.«

Wieder dauerte es vier Tage, bis wir die Beringstraße überquert hatten. An der gleichen Stelle, an der schon bei meiner ersten Ankunft das Schiff auf dem Sand aufgelaufen war, endete die Überfahrt. Wir sprangen ins flache Wasser, jeder von uns hatte ein Tau in der Hand, das wir um einen Baum wickelten. Dann beschlossen wir, ins Dorf zu gehen und ein paar Männer zu holen, die uns helfen sollten, die schwere Ladung ins Dorf zu schleppen. Juris Miene hellte sich auf, je näher wir dem Dorf kamen. Dann waren endlich die Jurten in Sicht. Juri beschleunigte seine Schritte. Nun konnte er es wohl kaum noch erwarten, nach Hause zu kommen. Das Dorf war merkwürdig still. Keine Kinderstimmen. Niemand kam uns entgegen.

»Komisch, keiner ist da«, wunderte ich mich.

»Irgend etwas stimmt hier nicht«, sagte Juri.

Dann sahen wir den ersten Toten. Es war ein alter Mann, in seiner Stirn hatte er ein kreisrundes Loch. Wir sahen alte Frauen mit zerschmetterten Köpfen, Männer, Frauen, Kinder, alle tot. Schrecklich zugerichtet die meisten. Es war grauenhaft. Die Bewohner des Dorfes lebten nicht mehr. Erschossen, erstochen, erwürgt, erschlagen. Juri rannte wie ein Besessener von Jurte zu Jurte. »Nein«, schrie er, »nein«. Dann war er plötzlich verschwunden. Nach einer Weile kam er mit einem Zettel in der Hand; ich las: »So gehen die Kosaken mit denen um, die Deserteure verstecken.«

Die Kosaken hatten fürchterlich unter den Tschuktschen gewütet. Systematisch hatten sie die Dörfer durchkämmt auf der Suche nach Deserteuren. 70 Tschuktschen hatten Juri das Leben gerettet und ihr Leben geopfert.

Schweigend saßen Juri und ich nebeneinander, ohnmächtiger Haß und ohnmächtige Wut, das war alles, was wir empfinden konnten. Wir begruben die Toten, und dann zündete Juri die Jurten an. Sie brannten lichterloh. In ein paar Stunden würde nur noch Asche daran erinnern, daß hier einmal Menschen gelebt hatten. Tränen standen Juri in den Augen, als er in die Flammen sah. Wieder hatte er eine Heimat verloren, nun mußte er weiterflüchten. Wo sollte er jetzt hin? Hier, wo wir jetzt waren, war Sibirien zu Ende. Plötzlich war einer der Eskimohunde da und legte sich winselnd vor unseren Füßen auf den Boden. Nach und nach erschienen auch die anderen Hunde. Sie hatten das Massaker überlebt.

»Juri, komm, wir gehen zum Boot zurück«, sagte ich. Wortlos folgte er mir, und auch alle 14 Hunde kamen hinterher. Wir bauten uns eine Höhle am Ufer, ganz in der Nähe des Schiffes. Dann schossen wir einen Elch, um uns und die Hunde zu ernähren. So warteten wir Woche um Woche auf den Winter. Endlich fing es an zu schneien. Juri war wortkarg geblieben, er fühlte sich schuldig am Tod der Tschuktschen. Was immer ich ihm vorschlug, er ließ sich nicht ablenken. Ich bat ihn, auf meine Handelsreise nach Süden mitzukommen. Aber er lehnte ab. Er sagte nur: »Nein, Max, ich kann nicht mit dir gehen. Ich muß nach Anadyr. Ich werde mein Volk rächen.« Es war zwecklos, mit ihm zu reden, so groß war sein Haß gegen alle, die Uniform trugen. Ich hoffte nur, daß er keine Fehler machen würde. Das letzte, was Juri mir sagte, war: »In Anadyr wirst du mich finden!«

Das Imperium

Ich war nun auf dem Weg nach Süden, Juri wollte nach Norden. Mein Ziel war die Halbinsel Kamtschatka im Pazifischen Ozean, und Juri beabsichtigte, sich in der Gegend von Anadyr aufzuhalten, um sich an den Kosaken zu rächen, die sein ganzes Dorf ausgerottet hatten. Wie ich Juri kannte, war sein Vorhaben ernst gemeint, und es gab nichts, das ihn davon abhalten konnte. Ich kannte keinen Menschen, der so hassen konnte wie Juri. Ich machte mir ernsthafte Sorgen um ihn. Vielleicht wäre es besser gewesen, ihn nicht alleine zu lassen. Ich hätte ihn überreden sollen, mit mir zu kommen. Vielleicht hätte die Zeit dann die Wunden geheilt und Juris Haß gemildert. Wie sollte er seinen einsamen Kampf gegen die Obrigkeit gewinnen? Juri war ein Gesetzloser, auch wenn er im Recht war. Sein Kampf war aussichtslos. Während ich mit meinem Hundeschlitten durch die weiße Einsamkeit glitt, wünschte ich mir, Juri wiederzusehen.

Zwanzig Tage war ich schon unterwegs nach Süden, und es wurde immer kälter. Ich hatte Mühe, meine Hunde durchzubringen. Täglich brauchten sie ihre Ration Fleisch, aber meine Vorräte gingen allmählich zur Neige. Jeden Abend, wenn wir irgendwo auf einer Lichtung lagerten, taute ich die gefrorenen Fleischbrocken in zwei Töpfen über dem Feuer auf. Für die Hunde war das ein täglich wiederkehrendes Ritual, sie konnten es kaum erwarten und winselten, unterwürfig und flach in den Schnee gepreßt, bis sie Nahrung bekamen. Diese Rationen wurden von Tag zu Tag kleiner. Sieben ausgewachsene und schwer arbeitende Hunde brauchen gehörige Mengen Fleisch. Es war wie verhext, schon seit Tagen hatte ich kein Wild mehr gesehen, sonst hätte ich einen jungen Elch, ein Reh oder ein Rentier geschossen, um neuen Fleischvorrat zu bekommen. Wenn wir nicht innerhalb der nächsten drei Tage in ein Dorf gelangten oder einen Fleischvorrat schießen konnten, würde ich gezwungen sein, den schwächsten Schlittenhund zu töten und an die anderen Hunde zu verfüttern. Mir war ganz elend bei dem Gedanken, denn ich hatte alle meine Hunde gleichermaßen gern und wollte mich von keinem von ihnen trennen. Längst hatten sich die Hunde daran gewöhnt, sich abends nicht mehr den Magen vollschlagen zu können, aber eine bestimmte Menge Futter war erforderlich, um sie arbeitsfähig zu halten.

An dem Abend war es wohl 40° oder 50° C unter Null. Ich hatte mein Lager in einer windgeschützten Talsenke aufgeschlagen, am Rande einer Fichtenschonung, die hinter mir lag. Vor mir war eine weite Ebene, nur durch einige, vereinzelt stehende Birken unterbrochen. Es war eine sternklare, bitterkalte Vollmondnacht. In Abständen von einigen Metern hatten sich die Hunde Schneemulden gegraben, in denen sie nun dösten. Ich hatte mich im Schlitten in Felle und Decken eingegraben. Plötzlich hörte ich ein lang anhaltendes schauriges Heulen: ein Wolf! Ein anderer Wolf antwortete. Ich bemerkte, wie die Hunde unruhig wurden und war selbst plötzlich hellwach. So sehr ich mich auch anstrengte, ich konnte die Wölfe nicht sehen, ich hörte sie nur.

Nach einer Weile war alles wieder still, auch die Hunde ließen sich wieder im Schnee nieder und wärmten ihre Schnauzen, indem sie sie zwischen die Vorderpfoten preßten. Ich lauschte noch ein paar Minuten in die Dunkelheit und Stille – die Wölfe waren wohl weitergezogen, jedenfalls war alles ruhig, und ich schlief ein. Wie lange ich geschlafen hatte, weiß ich nicht, was mich aufgeweckt hat, auch nicht. Als ich aufwachte, durchfuhr mich ein großer Schreck. Sofort griff ich zum Gewehr. Mein Lager war von Wölfen umstellt. Meter um Meter pirschten sie sich heran, ließen sich nieder und kamen dann dichter heran. Meine Hunde zeigten eine eigenartige Reaktion: Sie hatten sich auf den Boden gelegt und ihre Köpfe den Wölfen abgewendet, so als verringere sich die Gefahr, wenn man wegschaut. Ich wußte, die erbarmungslose Kälte und der Mangel an Nahrung waren schuld daran, daß die Wölfe ihre Angst vor Menschen verloren hatten, und ihr Instinkt sagte ihnen, daß die Hunde keine Chance gegen sie hatten. Ich bemühte mich, innerlich ruhig zu bleiben. Ich feuerte einen Schuß ab, der durch die Nacht hallte. Die Wölfe gerieten in Panik und rannten ein Stück davon. Aber die

Gefahr war nicht vorbei. So leicht ließen sie sich nicht davonjagen angesichts der sicheren Beute. Ich war aufgesprungen und schrie in die Wildnis hinein. Auch meine Hunde hatten sich aus dem Schnee erhoben, rührten sich nicht von der Stelle. 50 oder 60 Meter waren die Wölfe nun vom Lager entfernt. Ich erkannte den Leitwolf. Er war der einzige, der mit erhobener Rute als äußeres Zeichen seiner Würde dastand. Ein prächtiges Tier. Ich mußte mir etwas einfallen lassen, freiwillig würden die Wölfe den Belagerungszustand wohl nicht aufgeben. Ich zählte elf Wölfe. Hastig machte ich drei weitere Gewehre schußbereit. Wenn ich zwei oder drei der Wölfe tötete, konnte es sein, daß sich ihre Artgenossen hungrig auf sie stürzten und uns, meine Hunde und mich, unbehelligt ließen. Ich nahm einen der Grauen ins Visier und schoß. Der Wolf stürzte getroffen zu Boden. Die anderen flüchteten. Noch zweimal schoß ich in das Rudel. Ein weiterer Wolf überschlug sich in der Luft und blieb liegen. Einem dritten hatte ich wohl die Schulter durch-schossen, denn er ging zu Boden. Die anderen rannten zu Tode erschrocken davon. Vorerst schien die Gefahr gebannt. Drei Wölfe waren auf der Strecke geblieben, die anderen hatten das Weite gesucht. Aber ich wußte, der Hunger würde sie zurücktreiben. Es dauerte nur ein paar Minuten, da waren sie auch schon wieder da. Ich hatte recht gehabt: Sie stürzten sich auf ihre toten Artgenossen und zerrissen sie. Die Zähne fletschend, knurrten sie einander an und machten sich über die Beute her. Nach einer knappen Stunde waren sie verschwunden. Nur noch blutiger roter Schnee, Knochen-reste und Fellfetzen erinnerten an den nächtlichen Besuch. Ich hielt es für das beste, das Lager abzubrechen, bepackte meinen Schlitten, nahm die Hunde ins Geschirr und setzte meinen Weg nach Süden fort. Wie lange würde es noch dauern, bis ich auf Menschen traf. Nach meiner Berechnung mußte ich mich bereits im Korjakengebiet befinden. 16 Stunden fuhren wir, machten nur einige Male kurze Rast. Dann trafen wir auf eine Gruppe Jäger, die auf leichten Rennschlitten unterwegs waren.

Sie waren in dicke Pelze gekleidet und machten einen vertrauenerwecken-den Eindruck auf mich. Ich konnte mich sogar mit ihnen verständigen, denn sie sprachen ein wenig russisch. Sie luden mich ein, mit ihnen in ihr Dorf zu kommen. Sie waren ein paar Tage draußen gewesen, um Nerze und Zobel zu fangen. Ein gutes Dutzend der prächtigen und wertvollen Pelztiere war ihnen in die Fallen gegangen. Der Weg zurück war angenehm. Kilometerweit ging es leicht bergab, die Hunde gaben ihr Letztes, sie merkten wohl, daß die Reise in Kürze zu Ende sein würde und freuten sich auf die willkommene Rast.

Das Dorf der Korjaken lag an einem zugefrorenen Fluß, an dessen rechtem Ufer die Jurten standen. Überall lagen Hunde im Schnee, einige kleine Kinder, in dicke Pelze gekleidet, spielten mit ihnen, in den Jurten brannten Feuer, und der Rauch stieg in den Himmel. Holzgerüste standen vor den Jurten, und an denen hingen Zobel, Hermeline, Luchse, Wölfe, Füchse. Wir sahen keinen Erwachsenen im Dorf, nur die spielenden Kinder. Kaum waren wir angekommen, rannten die Jäger in alle Richtungen davon, und ich stand ein bißchen unschlüssig inmitten des Dorfes. Niemand ließ sich sehen. Ein paar kleine Korjaken-Kinder guckten mich neugierig an. Endlich kam einer der Jäger, denen ich ins Dorf gefolgt war, und gab mir ein Zeichen, ihm in eine Jurte zu folgen. In der Jurte waren viele Männer, die um eine fellbezogene Liege herumstanden und sich gedämpft in ihrer Sprache unterhielten. Auf der Liege befand sich ein Mann, dessen Alter ich schwer schätzen konnte. Er war ohnmächtig und sein Gesicht schweißgebadet, obwohl es in der Jurte nicht gerade warm war. Anstelle seines linken Armes hatten ihm die Korjaken Polarfuchsfelle mit Gurten an der Schulter verschnürt. Wo hatte der Unglückliche nur seinen Arm verloren? Sofort dachte ich an die Infektionsgefahr. Es ging zu Ende mit dem Jäger. Er starb, als ich in seiner Jurte war. Der Blutverlust war zu hoch gewesen. Die Männer murmelten, dann ging einer nach draußen und schrie etwas in seiner Sprache. Wenig später waren alle Frauen des Dorfes vor der Jurte versammelt und stimmten in einen monotonen Klagegesang ein.

Die Geschichte dieses Mannes hörte sich an wie ein Schauermärchen. Vor zwei Tagen hatte ein Rudel Wölfe den Unglücklichen, der ein paar hundert Meter vom Dorf entfernt seine Fallen kontrollierte, überfallen, ihm den linken Arm zerfleischt und an der Schulter abgerissen. Mit letzter Kraft noch konnte er sich ins Dorf schleppen. Sein Blutverlust war so hoch, daß sein Tod feststand. Es war nur noch eine Frage der Zeit, seine Widerstandsfähigkeit, seine Robustheit und sein starker Wille hatten verhindert, daß ein schneller, gnädiger Tod ihn von seinen Qualen erlöste. Stundenlang war er trotz seiner schweren Verletzungen bei vollem Bewußtsein, bevor die schmerzstillende Ohnmacht ihn übermannte.

Das Beerdigungszeremoniell sah vor, den Leichnam der Natur zu übergeben. Sie luden die Leiche auf einen Schlitten und brachten ihn in die Wälder. Noch am gleichen Nachmittag waren die Männer zurück.

Der Unfall des Korjaken war schuld daran, daß man sich nicht um mich kümmerte. Am Abend des gleichen Tages aber, an dem die Leiche bestattet worden war, saß ich in der Runde der Stammesältesten in der Jurte des Häuptlings. Wir wurden schnell handelseinig. Hermeline und Nerze tauschte ich gegen Nadeln und Stahl ein. Für zwei gußeiserne Töpfe bekam ich einige Luchse und Wölfe, fünf Bärenfelle, prächtige Exemplare; gegen einen Ballen Tuch und für ein halbes Dutzend Stahlmesser ein Dutzend wunderschöner Vielfraßfelle. Dann fragte ich sie nach Blau- und Silberfüchsen.

»Vielleicht«, antwortete einer meiner Handelspartner.

»Was heißt vielleicht«, wollte ich wissen, »habt ihr nun Füchse oder habt ihr keine?«

Mein Gesprächspartner sagte auf korjakisch etwas zu seinem Nachbarn. Der stand auf und ging hinaus. Nach einer Weile war er wieder zurück, hatte ein Bündel der prächtigsten Fuchsfelle über dem Arm, die ich jemals gesehen hatte.

Er drückte mir den Ballen Felle in die Hand.

»Wieviel?« fragte ich.

»Zehn Felle, ein Gewehr«, antwortete der Häuptling mit blitzenden Augen.

»Gewehre, ich handele nicht mit Gewehren«, sagte ich und war entschlossen, meinen Prinzipien nicht untreu zu werden.

»Gut«, meinte der Häuptling. »Keine Gewehre, keine Füchse!« Damit war dieses Thema für ihn erledigt.

Man nahm mir die Felle wieder ab. Ich ärgerte mich, denn ein kleines Vermögen hätte ich in Alaska dafür bekommen. Dann fragte ich nach Zobeln. Der Häuptling schickte den neben ihm Sitzenden wieder nach draußen, und der kam wenig später mit einigen wunderschönen, seidenweichen, fast schwarzen Zobeln wieder. »Wieviel?« fragte ich wieder.

»Wodka«, sagte er diesmal. »Eine Flasche Wodka, fünf Zobel. Hast du Wodka?«

»Nein, ich habe keinen Wodka, und wenn ich Wodka hätte, würde ich ihn nicht tauschen«, sagte ich bestimmt.

Der Häuptling und seine Freunde sahen enttäuscht aus. »Du wirklich keinen Wodka? Gut, dann Whisky.«

»Ich habe auch keinen Whisky. Ich habe überhaupt keinen Alkohol.«

Abrupt beendete der Häuptling das Gespräch. »Nächstes Mal, wenn du kommst, bring Wodka und Gewehre, wenn du Füchse und Zobel willst. Aber komm schnell wieder mit Gewehren und Wodka. Sonst kommen andere Weiße, und Korjaken haben keine Zobel und Füchse mehr.«

Schneller als er selbst geglaubt hatte, waren die anderen weißen Händler da. Zwei waren es, die lärmend ins Dorf einfielen. Anscheinend alte Bekannte der Korjaken, denn mit großem Hallo wurden sie empfangen.

Ich stand vor der Jurte, die mir der Häuptling zur Verfügung gestellt hatte, und beobachtete das Treiben. War das eine Begrüßung. Aus allen Jurten kamen die Korjaken, und jeder brachte seine schönsten Pelze mit. Innerhalb weniger Minuten war das Geschäft abgewickelt, Alkohol und Pelze hatten den Besitzer gewechselt, die beiden Händler verstauten ihre Zobel und Füchse und Nerze unter Decken in ihren Schlitten, und die Korjaken konnten es kaum abwarten, die Flaschen zu öffnen und den Inhalt gierig in ihre Kehlen zu schütten.

Fassungslos schaute ich mir das Treiben an, und eine ohnmächtige Wut über das, was die beiden hier unter den Korjaken anrichteten, ergriff mich. Es waren häßliche Gestalten, in dicke, dreckige Pelze waren sie gehüllt und hatten struppige Bärte und wirre lange Haare. Ihre Augen waren glasig, was wahrscheinlich daher kam, daß sie ihre Handelsware selbst übermäßig genossen. Sie gehörten wohl zu den Menschen, die nicht die geringsten Skrupel hatten und über Leichen gingen, wenn sie einen Vorteil davon hatten. Ich stand immer noch vor der Jurte, als die beiden Gestalten zu mir herüberkamen. Ich würde wohl meinen Schlafraum mit ihnen teilen müssen.

129

Bei dem Gedanken war mir nicht wohl. Sie musterten mich von Kopf bis Fuß. Dann stieß der eine den anderen an und sagte, ohne seinen Blick von mir zu wenden:

»Du, Igor, sag mal, wie lange handeln wir hier eigentlich schon mit den korjakischen Hundesöhnen?«

»Über ein Jahr, Oleg.«

»So, so, Igor, über ein Jahr. Sag mal, Igor, wenn wir schon über ein Jahr mit den Trunkenbolden handeln, dann sind das doch sozusagen unsere Korjaken.«

»Da hast du natürlich recht, Oleg«, sagte Igor und griff in die Tasche seiner Pelzjacke, holte eine Wodka-Flasche hervor und entkorkte sie mit den Zähnen. Gierig nahm er einen tiefen Zug und gab dann die Flasche an den anderen weiter.

»Oleg, wenn du meinst, das sind unsere Korjaken, dann frag' ich dich, was der hier macht – bei unseren Korjaken.«

»Igor, das wollt' ich dich auch gerade fragen. Ich glaube, es wird das beste für ihn sein, wenn er jetzt seinen Schlitten packt und aus dem Dorf verschwindet und sich nie wieder hier sehen läßt. Was meinst du, Igor, sollen wir ihm zehn Minuten Zeit geben oder nur fünf?« Sie waren beide noch einen Schritt näher an mich herangekommen, und ich roch ihren nach Alkohol stinkenden Atem. Plötzlich änderte Igor seinen Ton, seine Augen funkelten bösartig, er kniff die Augen zu Schlitzen zusammen.

»Bürschchen, zehn Minuten geben wir dir, wenn du dann nicht verschwunden bist, machen wir dich kalt. Merk dir eins. In keinem Dorf Sibiriens, das uns gehört, dulden wir einen Pelzhändler neben uns. Das hier sind unsere Korjaken. Verstehst du, die gehören uns, die schlitzäugigen Hunde. Alles hier gehört uns. Wenn du uns noch einmal in die Quere kommst, bist du erledigt.«

Ich hatte kein Wort erwidert. Ich fühlte mich den beiden miesen Kerlen überlegen, auch wenn ich alleine war.

Plötzlich hatten zwei Korjaken-Mädchen, die zufällig an der Jurte vorbeigingen, die Aufmerksamkeit der Kerle erregt.

»Los, Igor, die holen wir uns«, kommandierte Oleg. Sie torkelten den

Mädchen hinterher, die schreiend davonliefen. Kaum waren die beiden Kerle weg, ging ich zu ihren Schlitten und nahm ihre Waffen heraus. So war ich sicher, daß die zwei Trunkenbolde nicht noch mehr Unheil anrichten konnten. Ich mußte auf alles gefaßt sein. Von den Korjaken durfte ich nicht viel Hilfe erwarten, erstens waren mittlerweile fast alle betrunken und unberechenbar, und zweitens standen sie mit Sicherheit auf der Seite der beiden Händler, die ihnen Alkohol lieferten. Vorsichtshalber belud ich meinen Schlitten und verschnürte vor allem die eingetauschten Felle. Meine Hunde lagen bereits an den Zugleinen im Schnee. Wahrscheinlich war es, um Schwierigkeiten aus dem Wege zu gehen, wirklich das beste für mich weiterzuziehen.

Ich war gerade dabei, einen Riesenbrocken gefrorenen Bärenfleisches auf meinem Schlitten festzubinden, als ich Lärm hörte. Die beiden Betrunkenen hatten eines der Mädchen gefangen, Igor hatte es sich über die Schulter geworfen und wollte es in die Jurte schleppen. Zwei Korjaken, die so betrunken waren, daß sie sich kaum noch auf den Beinen halten konnten, torkelten hinterher.

Von denen konnte das Mädchen keine Hilfe erwarten.

Ich griff mein Gewehr und rannte, so schnell ich nur konnte, in die Jurte. Dort stießen die beiden widerlichen Kerle das Mädchen zwischen sich hin und her. Mit angstvoll geweiteten Augen starrte mich die junge Korjakin an, als ich, das Gewehr im Anschlag, in die Jurte stürzte. Ich brüllte die beiden an, und zwar so, daß sie vor Schreck nüchtern wurden.

»Laßt das Mädchen los, sofort!«

Das befreite Mädchen rannte davon, so schnell es nur konnte.

»Und nun zu euch. Jetzt gebe ich euch fünf Minuten, um das Dorf zu verlassen. Habt ihr mich verstanden. Fünf Minuten.« Sie stürzten aus der Jurte – zu ihren Schlitten. Vor Wut heulten sie auf, als sie bemerkten, daß ich ihre Gewehre hatte. Aber sie legten keinen besonderen Wert darauf, sich auf weitere Streitereien mit mir einzulassen. Sie brüllten die bösesten Flüche, als sie das Dorf verließen. Ich konnte ihre Verwünschungen noch hören, als die beiden Schlitten fast schon außer Sichtweite waren. Ich wußte, daß das Wegnehmen von Waffen für einen Menschen im sibirischen Winter einem

Todesurteil gleichkam. Aber diese beiden widerlichen Gestalten würden wohl überall überleben.

So müde ich auch war, ich beschloß, nicht zu schlafen. Man konnte nie wissen. Ich wollte mich nicht von den beiden im Schlaf überraschen lassen. Ich schlief trotzdem ein. Der Häuptling war ausgesprochen höflich zu mir am nächsten Morgen. Längst hatte es sich im Dorf herumgesprochen, daß ich es war, der das Korjakenmädchen aus den Händen der beiden Trunkenbolde befreit hatte. Als ich erzählte, daß ich die beiden aus dem Dorf gejagt hatte, stieß ich auf Unverständnis. Für die Korjaken war es unglaublich, daß ich die zwei laufen ließ. In ihren Augen hatten sie einen grausamen Tod verdient.

Dem Häuptling und den anderen Jägern machte ich den Vorschlag, regelmäßig in dieses Dorf zu kommen. Von mir würden sie das bekommen, was sie brauchten, und ich würde von ihnen die Felle bekommen, die ich haben wollte.

»Und was ist mit Wodka?« fragte der Häuptling listig.

»Das habe ich euch gestern schon erzählt. Alkohol, Wodka oder Whisky bekommt ihr nicht von mir«, sagte ich bestimmt.

»Wieso nicht?« wollte er wissen.

»Weil das Zeug euch verzaubert. Es lähmt eure Zungen, eure Arme und Beine. Und euren Geist lähmt es auch. Alkohol ist ein böses Gift. Es vergiftet euch alle, ohne daß ihr es merkt.«

»Aber Wodka macht warm«, bemerkte der Häuptling entschuldigend.

»Das täuscht. Das ist die Tücke des Giftes. Eines Tages, wenn ihr genug davon getrunken habt, werdet ihr merken, daß ihr alle nicht mehr ohne Alkohol leben könnt. Dann hat der Zauber über euch gesiegt. Dann werdet ihr krank und zu schwach sein zum Jagen. Ihr werdet eure Frauen und Kinder nicht mehr ernähren können, und dann müßt ihr sterben. Das alles macht der böse Zauber Wodka.«

Der Häuptling und die anderen hatten mir zugehört, aber ich weiß nicht, ob sie verstanden, was ich sagte.

»Woher weißt du das?« wollte der Häuptling wissen.

»Weil ich viele Menschen gesehen habe, mit denen genau das geschehen ist, was ich euch erzählt habe«, erklärte ich.

»Warum haben uns dann die anderen weißen Männer Wodka gebracht?« fragte der Häuptling.

»Weil sie eure besten Felle wollten, eure Otter und blauen Füchse. Die weißen Männer, die hier bei euch waren, sind schlechte Menschen. Sie wissen genau, Wodka macht euch willenlos. Und ihr gebt dann euren besten Besitz für Wodka heraus.«

»Du willst also sagen, die weißen Männer haben uns betrogen«, sagte der Häuptling, der jetzt verstanden hatte.

»Ja«, behauptete ich, »ich sage sogar, daß alle weißen Männer, die Wodka für Pelze geben, Betrüger sind. Sie betrügen nicht nur dich und deinen Stamm, sondern alle Völker in diesem Land.«

»Dann müssen die weißen Männer sterben, die uns betrügen«, sagte der Häuptling, und damit war das Gespräch für ihn beendet.

Meine Idee war es, hier bei den Korjaken einen Handelsposten zu errichten. Es war besser, ein paar Sammelstellen für die Felle zu haben, als immer alle Pelze und Handelswaren mit sich herumzuschleppen. Ich hatte das Vertrauen dieses Stammes gewonnen und konnte ihnen getrost meine Waren überlassen. Im ganzen Land sollte sich herumsprechen, daß hier ein Handelsposten war, ich stellte mir vor, daß auch die anderen Stämme dann hierher kamen, um ihre Felle zu tauschen. Das würde mir lange Wege ersparen. Nur ein paarmal im Jahr würde ich hierher kommen müssen, um die Felle abzutransportieren und den Handelsposten mit neuen Tauschwaren aufzustocken. Die Idee war gut, nur brauchte ich einen Gehilfen, der den Handelsposten für mich betrieb. Ich wollte den Häuptling dazu bringen, mein Vertreter in seinem eigenen Dorf zu werden. Die Schwierigkeit bestand nur darin, ihm klarzumachen, wieviel von welcher Ware er für welche Art Fell geben durfte. Als ich dem Häuptling meinen Vorschlag machte, fühlte er sich sehr geschmeichelt. Als ich ihm noch die Gewehre der beiden Alkoholhändler schenkte, war er Feuer und Flamme. Er versprach, jeden Weißen, außer mir natürlich, zu erschießen, und ich hatte große Mühe, ihm das auszureden.

Einen Großteil meiner Tauschware ließ ich bei den Karjaken zurück: 2000 Nadeln, zehn Ballen Tuch, 25 Töpfe, 300 Bleistifte, die besonders begehrt waren, obwohl keiner meiner Handelspartner schreiben konnte, 40 Stahl-messer, einige Würfel, 300 Schachteln Zündhölzer und 20 kg Salz.

Ich trennte mich mit gemischten Gefühlen von meiner Ware. Zwei Mög-lichkeiten gab es: Entweder der Häuptling nahm seine Aufgabe ernst, dann würde er die schönsten Felle für mich eintauschen, oder er haute mich übers Ohr, dann waren die Tauschwaren verloren. Ich erklärte dem Häuptling, daß ich ganz besonders an Zobeln, Füchsen und Ottern interessiert war. Das, was ich bereits hier bei den Korjaken eingetauscht hatte, ließ ich bei ihnen und wollte es auf der Rückreise nach Norden zusammen mit allen anderen Fellen abholen. Dann packte ich meinen Proviant auf den Schlitten, schirrte die Hunde ein und machte mich auf den Weg weiter nach Süden.

Später hörte ich, daß der Häuptling, mein Handelspartner, kurz nachdem ich das Dorf verlassen hatte, Boten in alle Dörfer befreundeter Korjaken-stämme schickte. Jeder sollte erfahren, daß er ein mächtiger Mann geworden war, der über ungeheure Reichtümer wie Nadeln aus Stahl und flammende Hölzer verfügte und diese gegen etwas so Selbstverständliches wie Felle eintauschte. Das Geschäft florierte. Als ich nach zwei Monaten meine eigene Handelsware eingetauscht und den Schlitten voller Felle hatte, kehrte ich ins Dorf der Korjaken zurück. Der Häuptling hatte bis auf den letzten Gegen-stand alles eingetauscht: Ganze Berge von Zobeln, Fuchsfellen, Nerzen, Ottern nahm ich in Empfang, und zur Belohnung schenkte ich dem Häupt-ling zwei weitere Gewehre.

Inzwischen war es fast Frühling geworden, ich mußte zurück ins Anadyr-Gebiet, solange noch Schnee lag, denn ich hatte nur den Schlitten als Transportmittel.

So viele Felle, wie ich jetzt besaß, konnte ich unmöglich auf meinem Schlitten unterbringen. Deshalb gab mir der Häuptling zwei weitere Schlitten mit jeweils zehn Hunden, einen leichteren Proviantschlitten, den vier Hunde zogen, und drei korjakische Hundeführer mit auf die Rückreise zu meinem Schiff.

Ohne Zwischenfälle kamen wir dort an. Die Korjaken, die Schlitten und alle Hunde ließ ich zurück, und einige Tage später landete ich wieder in Nome. 8000 Dollar hatte ich derzeit auf meinem Konto. Ich kaufte neue

Handelswaren – mehr als je zuvor – und erreichte nach einer etwas stürmischen Überfahrt wieder die Küste Sibiriens. Die drei Korjaken warteten mit drei Schlitten und über 20 Hunden auf mich. Es war schon ein komischer Anblick, Schlitten ohne Schnee, Hunde ohne Arbeit und die Korjaken, die geduldig auf mich warteten. Die gesamte Handelsware nach Süden zu transportieren würde problematisch werden. Aber ich hatte eine Idee. Ich nähte aus Tuch Taschen verschiedener Größen, und die Korjaken schauten mir dabei zu. Dann machten sie es nach. Ein paar Tage später wurden die 25 Hunde zu Lasttieren, die die Taschen aus Tuch auf dem Rücken trugen. Und in diesen Taschen war das kleine Vermögen des Max Gottschalk aufbewahrt. Wir hatten uns Tragegestelle aus Birkenholz gebaut und trugen einen Teil der Ware. Doppelt so lange wie im Winter dauerte die Reise im Sommer. Das ganze Land schien erblüht, es war eine einzige Farbenpracht, Ostsibirien von neuem Leben erfüllt. Nach genau 45 Tagen zu Fuß durch Sibirien erreichten wir das Dorf.

Wir waren nicht etwa erschöpft, sondern ausgeruht, denn wir hatten uns nicht beeilt, waren gut genährt durch die Früchte des Waldes, die Fische aus den Flüssen und das frische Wildbret, das ich für unsere Hunde und uns selber schoß. Wenn wir einmal einen Tag keine Lust verspürt hatten zu marschieren, dann waren wir dort geblieben, wo wir es besonders schön fanden, und hatten das Leben genossen. Die Füße im Wasser eines plätschernden Baches, eine Pfeife im Mund und in der Hand eine Angelrute, so ließ sich das Leben aushalten! Auch die Hunde schienen sich wohlzufühlen, dösten in der Sonne und standen nur von Zeit zu Zeit auf, um vom frischen Wasser zu trinken. Die Korjaken vertrieben sich an solchen Tagen der Ruhe ihre Zeit damit, daß sie auf einem Stück Fleisch herumkauten oder sich darin übten, Fische mit der Hand zu fangen. Es war schwer vorstellbar, daß diese Natur im Sommer ein solches Leben zuläßt, im Winter aber zu einer tödlichen Gefahr wird.

Das Korjakendorf an der Biegung des Flusses sah jetzt im kurzen sibirischen Sommer so ganz anders aus. Der Häuptling war froh, mich wiederzusehen, und nicht wenig erstaunt, als er meine merkwürdige Hundekarawane sah. Der Handelsposten wurde aufgestockt, und sofort schickte der Häuptling wieder Boten in die anderen Korjakendörfer, um die Nachricht zu verbreiten, daß neue Reichtümer beim Häuptling eingetroffen waren. Nach zwei Wochen kamen die ersten Korjaken aus den anderen Dörfern. Vollbepackt mit herrlichen Pelzen waren sie, und ich befürchtete schon bei dem Andrang, daß meine Tauschware zur Neige gehen würde, bevor der Winter einbrach. Im Dorf hielt ich mich auf, bis der erste Schnee fiel. Danach hatte ich vor, mit einem Korjakenschlitten nach Norden zu fahren, um Juri in Anadyr zu suchen. Noch war genug Tauschware im Dorf, und die Pelze ließ ich der Einfachheit halber dort. Es war mein Plan, auf der Rückreise von Anadyr nach Alaska zu segeln, dort Geld von meinem Konto abzuholen, neue Handelsware zu kaufen, zurück nach Sibirien zu kommen und bei der nächsten Rückreise nach Alaska die Felle mitzunehmen, die ich jetzt zurückgelassen hatte. Wenn ich Glück hatte und auf meiner Schlittenfahrt nach Anadyr kleine Umwege fuhr, indem ich mich ein wenig von der Küste wegbewegte, konnte ich vielleicht in einem weiteren Dorf einen Handelsposten errichten.

Neben viel Proviant für die Reise, von der ich nicht wußte, wie lange sie dauern würde, hatte ich dann auch einige Geschenke bei mir, um mir die Einheimischen wohlgesonnen zu machen. Hatte ich erst einmal ein dichtes Handelsnetz über das Land gezogen, würden auch meine Wege kürzer werden. Einmal im Jahr müßte ich dann nur jeden Handelsposten besuchen, die Felle abholen, um sie nach Alaska zu bringen und neue Tauschware beim jeweiligen Handelspartner zu hinterlegen.

Um schneller voranzukommen, reiste ich diesmal mit elf Hunden vor meinem Schlitten, den ich von den Korjaken gekauft hatte. Die Hunde waren frisch und ausgeruht und konnten es gar nicht abwarten, sich endlich ins Zeug zu legen. Es war ihre erste große Aufgabe in diesem Winter. Ich verabschiedete mich von den Korjaken, und so schnell die Hunde den Schlitten ziehen konnten, verließen wir das Dorf und stoben durch den frischen Schnee davon. Nach zwei Tagen fing es wieder stark zu schneien an. Und zwar so, daß unsere Fahrt zwangsläufig langsamer werden mußte, weil Hunde und Schlitten tiefer in den Schnee einsanken. Der Sibirische Winter begann. Als endlich der Himmel sich lichtete und weniger Schnee fiel, sanken die Temperaturen um 25° C. Es wurde bitterkalt, und ich bedeckte mein Gesicht mit einer Fellmaske, in die nur Schlitze für Augen und Mund hineingeschnitten waren.

Ich schlug unser Nachtlager in einem lichten Birkenwald auf. Als erstes brachte ich ein gewaltiges Feuer zum Brennen und schmolz Schnee in zwei Kesseln. Im heißen Wasser kochte ich tiefgefrorenes Fleisch weich, das die Hunde gierig verschlangen. Nachdem ich auch gegessen hatte, zündete ich mir eine Pfeife an und dachte nach.

Mein Leben zog vor meinen Augen vorbei: meine Kindheit, das Goldgraben in Alaska, mein Schiff, Juri und die Tschuktschen, mein korjakischer Handelsposten und das, was mich wohl noch alles erwartete. Dabei lagen die Hunde friedlich im Schnee und ruhten aus. Zu fressen hatten sie reichlich bekommen, also war die Welt für sie in Ordnung. Sie hatten sich in den losen Schnee eingegraben. Einige Hunde lagen für sich alleine, andere hatten sich eng zusammengekauert. Friedlich war es. Fast windstill. Der Mond schien durch die Birken, und ich nahm mir vor, am nächsten Morgen früh aufzubrechen.

Gerade hatte ich mich fest in die Decken und Felle in meinem Schlitten geschlagen, als meine Hunde unruhig wurden, sich aus ihren Schneebetten erhoben und laut winselten. Ich wühlte mich wieder aus meinen Decken heraus, wollte gerade aufstehen und nachsehen, was der Grund für die Unruhe der Hunde war, da hörte ich hinter mir knirschende Schritte im Schnee. Ich wollte mich umdrehen und instinktiv nach meinem Gewehr greifen, da herrschte mich eine rauhe, bösartige Stimme an.

»Finger weg da, keine Bewegung. Los, steh auf. Aber langsam!« Ich folgte dem Befehl, es blieb mir auch nichts anderes übrig. Ich kannte meine beiden nächtlichen Besucher. Es waren Igor und Oleg. Sie waren beide bewaffnet und rochen stark nach Alkohol.

»So trifft man sich also wieder«, Igor lachte höhnisch und gab mir einen kräftigen Schlag vor die Brust, so daß ich das Gleichgewicht verlor und hinterrücks in den Schnee fiel. Bedrohlich hatten die beiden ihre Gewehre auf mich gerichtet.

»Weißt du noch, Oleg, wie uns der hier damals davongejagt hat aus unserem

Dorf. Wir hätten sterben können ohne Gewehre. Was meinst du, Oleg, sollen wir dem Hund gleich die Kehle durchschneiden oder macht es ihm vielleicht mehr Spaß, im Feuer gebraten zu werden?«

»Igor, nein, warum willst du menschlich mit ihm umgehen. Hat er uns denn so menschlich behandelt? Nein, wir werden ihm seine Waffen wegnehmen, seinen Schlitten und seine Hunde auch. Und dann kann er ganz alleine gegen den Winter kämpfen. Er wird nicht so schnell verrecken. Ganz langsam wird es gehen, richtig genießen soll er seinen Tod. Na, du Korjakenfreund, wie gefällt dir das?«

Trotzig schaute ich ihn an, ohne ein Wort zu sagen. Ich dachte fieberhaft nach, aber mir fiel nichts ein.

»Mach Essen!« schrie mich Igor an und stieß mir den Lauf seines Gewehres in den Bauch. Mein dicker Pelz milderte den Stoß glücklicherweise. Igor paßte argwöhnisch auf, wie ich Holz ins Feuer nachlegte und dann Schnee taute. Oleg trieb den Schlitten der beiden und die Hunde zu meinem Lager. Ich nahm gefrorene Fleischstücke und legte sie in das mittlerweile kochende Wasser. Heißhungrig schlangen sie das Fleisch herunter.

»Mach mehr!« kommandierte nun Oleg.

Zwar war ich wütend darüber, daß meine Fleischvorräte aufgebraucht wurden, andererseits, so lange ich etwas tat, ließen sie mich in Ruhe, und das wiederum gab mir Zeit zum Denken und Handeln. Ich versuchte, sie in ein Gespräch zu verwickeln und fragte: »Was wollt ihr eigentlich von mir? Wollt ihr Pelze? Ich habe keine. Wollt ihr meine Handelsware? Bitte, überzeugt euch, ich habe kaum etwas dabei.«

»Halt's Maul!« schrie mich Igor an. »Was wir wollen, haben wir dir gesagt. Deinen Schlitten wollen wir, deine Hunde, deine Vorräte. Und dann wollen wir noch, daß du verreckst. Verrecken sollst du, hörst du!« Wenn die beiden ihr Vorhaben wahrmachten, war ich verloren, hilflos der Wildnis ausgesetzt. Hier gab es kein Überleben. Andererseits konnte ich noch von Glück sagen, wenn sie mir nicht eine Kugel durch den Kopf schossen oder sich noch Schlimmeres einfallen ließen.

Zum zweitenmal war das Essen fertig. Wieder stopften die beiden Halunken hinein, was das Zeug hielt. Dann machten sie ihre Drohung war. »Los,

138

spann die Hunde ein«, kommandierte Oleg. Wenig später mußte ich zusehen, wie Igor meinen Schlitten in Bewegung setzte und Oleg mit dem anderen Schlitten folgte. »Viel Spaß, du Hund«, brüllten sie mir zu, »und grüß die Korjaken von uns.«

Dann jagten sie davon, und ich blieb wütend zurück. Die Verfolgung aufzunehmen, war zwecklos. Was ich hatte, war, was ich am Leibe trug, und natürlich hatte ich noch das Feuer, das schwach brannte. Als erstes legte ich Holz nach, zumindest erfrieren würde ich in der Nähe dieses Feuers nicht.

Gott sei Dank hatten mich die Halunken nicht durchsucht. An meinem Gürtel trug ich ein Messer und ein kurzes Beil, in einer der Taschen steckte eine Pfeife und ein Beutel mit Tabak, und in der anderen Tasche meiner Pelzjacke, die ich unter meinem dicken Pelzmantel trug, befanden sich vier Schachteln Zündhölzer. Das war jetzt ein Vermögen wert. Das schönste war aber, daß die beiden Halunken in der Eile die beiden Töpfe neben dem Feuer vergessen hatten, in denen ich Schnee schmolz und kochte. Noch einmal legte ich Holz nach, das Feuer prasselte und krachte, dann machte ich mich daran, mir ein Lager für die Nacht zu bauen. Dazu sammelte ich Mengen von Ästen und Zweigen und, was ich nicht auf dem Boden fand, schlug ich von den Birken ab. Dicht an dicht legte ich Äste und Zweige in die Nähe des Feuers. Dabei ging ich mit meinem Lager so nah an das Feuer heran, daß mich zwar nicht die Flammen, wohl aber die Wärme erreichen konnte. Ich legte mich auf mein Holzbett und deckte mich mit Ästen und Zweigen zu. Schlafen konnte ich in dieser Situation nicht, wohl vier- oder fünfmal in der Nacht stand ich auf und legte neue Äste ins Feuer. Gebannt beobachtete ich, wie die Flammen jedes einzelne Holzstück umschlangen und gierig auffraßen. Gegen Morgen fing es zu schneien an, ich war mittlerweile hellwach und befürchtete, das Feuer könne ausgehen. Stundenlang war ich damit beschäftigt, es am Brennen zu halten, schlug neues Holz und legte Vorrat an. Vor lauter Arbeit kam ich gar nicht dazu, mir darüber Gedanken zu machen, wie ich dieser weißen Hölle entkommen konnte. Doch ich hatte Glück im Unglück, denn Menschen hatten den Rauch meines Feuers entdeckt. Leider waren es ausgerechnet Kosaken Seiner Majestät des Zaren, die sich meinem Lager näherten. Aus acht Männern bestand diese Patrouille, dem kommandierenden Leutnant Iwan Iwanowitsch Serjokin und sieben Soldaten. Fünf von diesen ritten struppige Kosakenpferde, die beiden anderen begleiteten die Hundeschlitten, von denen einer als Proviantschlitten diente.

Der Leutnant begrüßte mich mit den Worten: »Weiß der Teufel, wer du bist. Im Namen Seiner Majestät, du bist verhaftet.«

»Nun hört mir doch erst einmal zu, Euer Gnaden«, versuchte ich zu erklären. »Ich bin doch nur ein einfacher Pelzhändler. Ausgeraubt hat man mich. Ich kann von Glück reden, daß Ihr mich getroffen habt. Jetzt nehmt Vernunft an und verhaftet mich um Gottes willen nicht.« Die Antwort des Leutnants traf mich wie ein Faustschlag.

»Halt's Maul, Bauer, und antworte nur, wenn du gefragt wirst! So, wie heißt du?«

»Ich heiße Max Gottschalk.«

»Deutscher . . .?«

»Deutscher oder Amerikaner. Ganz wie man will.«

»Was heißt, ganz wie man will, Bursche. Ich rate dir gut, belüge mich nicht, wenn du nicht schneller als du denken kannst am nächsten Baum hängen willst.«

»Nun laßt mich doch erklären«, stammelte ich und merkte, daß meine Lage nicht gerade hoffnungsvoll war. »Ich bin Deutscher, und ich bin als Goldsucher nach Alaska gegangen und von dort nach Sibirien gekommen, wegen der Pelze.«

»Lüg nicht!« schrie mich der Leutnant an. »Ich warne dich jetzt zum letztenmal! Wenn du Pelze handelst, wo sind dann deine Pelze? Wo ist dein Schlitten, wo sind deine Hunde? Los, raus mit der Sprache!« Seine Stimme überschlug sich.

»Ich hab's Euch doch schon erklärt, daß ich überfallen wurde. Alles, was ich besitze, ist mir von zwei Halunken gestohlen worden.«

»Du bist der Halunke. Los, gestehe. Warst du Soldat? Bist du desertiert? Wo stand deine Einheit? Gib deinen Verrat an der großen russischen Armee zu!«

»Aber ich schwöre Euch, bei allem, was mir heilig ist. Ich war nie Soldat.

140

Weder in Preußen, noch in Amerika, noch in der Russischen Armee. Noch nie in meinem Leben habe ich eine Uniform getragen.«

»Das wird sich ja rausstellen. Wir nehmen dich mit in die Garnison. Da wirst du schon reden. Oder bist du vielleicht aus einem Lager geflohen?«

»Nein, ich bin weder aus einem Lager geflohen, noch war ich Soldat. Ich hab's Euch schon gesagt. Ich bin Pelzhändler.« Der Offizier beendete das Gespräch, spuckte vor mir aus und schaute mich spöttisch an. Dann rief er seinen Soldaten zu: »Fesseln!« Meine Hände und Füße wurden in Ketten gelegt, und zwar so, daß ich nur kleine Schritte machen und auch meine Arme nur mühsam bewegen konnte. So wurde ich auf einen der Schlitten geworfen. Inzwischen hatten die Soldaten Holz ins Feuer nachgeworfen, die Tiere gefüttert und das Abendessen zubereitet. Der Offizier machte Eintragungen in sein Notizbuch, und einige Soldaten gingen Wache.

Für die Pferde hatten die Kosaken gepreßtes Stroh auf dem Transportschlitten mitgebracht. Für alles war gesorgt. Ich bekam einen Teller heißer, wässriger Suppe zu essen und dazu ein kleines Stück hartes, trockenes Brot.

Später am Abend befahl mir der Leutnant, vom Schlitten herunterzukommen und mich auch ans Feuer zu legen. »Wir wollen dich ja nicht erfroren nach Anadyr bringen, nur für lebende Deserteure gibt's eine Prämie.« Wie ein zusammengeschnürtes Bündel lag ich vor dem Feuer, einer der Soldaten hatte meine Fesseln noch enger gebunden, ich konnte mich kaum rühren. Aber wenigstens fror ich nicht mehr in der Nähe des Feuers.

Ich schloß meine Augen und hörte das Gespräch des Leutnants mit seinen Soldaten.

»Grischkow!«

»Ja, Herr Leutnant?«

»Sind die Nachtwachen aufgestellt?«

»Jawohl, Herr Leutnant.«

»Wer hat Wache?«

»Ludlagin, Opowski und Kremlin, Herr Leutnant!«

»Gut, Grischkow«, hörte ich den Leutnant zu seinem Unteroffizier Grischkow sagen, »kommen Sie her zu mir, und trinken Sie einen Wodka mit mir.«

»Jawohl, Herr Leutnant.«

Der Unteroffizier setzte sich zu seinem Leutnant, und nacheinander nahmen sie jeder einen tiefen Zug aus der Flasche.

»Na, Grischkow, was meinst du, was uns da für ein Fisch ins Netz gegangen ist?«

»Ich weiß nicht, Herr Leutnant.«

»Was heißt, ich weiß nicht. Der ist desertiert. Das ist doch klar. Den brauch' ich nur anzusehen, und ich weiß, was das für einer ist. Ein Schweinehund ist das, einer, der den Zaren, unsere Majestät, verraten hat.«

»Ja, Herr Leutnant.«

»Grischkow, du Idiot, sag nicht immer ›ja, Herr Leutnant‹. Ich will mich mit dir unterhalten. Und verdammt noch mal, ich will jetzt deine Meinung hören, ob das ein Deserteur ist oder nicht.«

»Herr Leutnant, und was ist, wenn es stimmt, wenn er wirklich von Wegelagerern überfallen und ausgeraubt wurde?«

»Sind Sie wahnsinnig, Grischkow! Was Sie da sagen, ist Hochverrat. Wir fangen einen gefährlichen Deserteur, und Sie besitzen die Unverfrorenheit, mir ins Gesicht zu sagen, das wäre gar keiner.«

»Aber Herr Leutnant, ich habe doch nur . . .«

»Ach, sei ruhig, Grischkow. Du sagst ›ich habe nur, ich habe nur‹. Du hast vergessen, daß wir Kosaken unseres Lebens nicht mehr sicher sind. Wie viele von uns wurden hinterrücks erschlagen, erschossen und erstochen! Und von wem? Von wem denn, Grischkow? Von Verbrechern wie diesem hier. Von gemeinen, hinterhältigen Deserteuren. Wenn's nach mir ginge, gäbe es keine lebenden Gefangenen mehr. Kurzen Prozeß würde ich mit den gefangenen Deserteuren machen. Der hier würde längst hängen. So aber müssen wir ihn zurück in die Garnison schleppen. Aber immerhin, 50 Rubel gibt's für ihn. Und fünf Rubel für dich, Grischkow.«

»Jawohl, Herr Leutnant.«

»Weißt du, Grischkow, selbst wenn der Halunke recht hat und die Wahrheit sagt. Was kommt's drauf an. Rußland ist so groß. Jeder Mensch ist ersetzbar, und dieser Halunke allemal. Der Kommandeur will Erfolge sehen. Gefangene Deserteure, entlaufene Sträflinge, das sind Erfolge. Hast du mich verstanden, Grischkow?«

»Ja, Herr Leutnant.«

»Merk dir eins, Grischkow. Das Militär muß stark sein. Das Volk muß uns fürchten. Und wenn die Bäume voller Verräter hängen, wird es bald keine mehr davon geben.«

Ich hatte zugehört und mußte an das denken, was mir Juri über die Zustände in Rußland erzählt hatte. Es war schon eine gefährliche Situation, ich als Gefangener so inmitten russischer Soldaten. Und wie russische Offiziere über Männer dachten, die keine Uniform trugen, das hatte ich nun mit eigenen Ohren gehört.

Am nächsten Morgen ließ der Leutnant das Lager abbrechen, und wir begannen den langen Rückmarsch nach Anadyr. Das Tempo war langsam, trotzdem hatte ich von allen am meisten zu leiden und zu kämpfen. Man hatte mich an einen der Schlitten gekettet, und ich mußte Schritt halten. Rücksichtslos ließ mich der Leutnant durch den Schnee schleifen. Aber immer nur einige hundert Meter, denn ich durfte ja, wollte er fünfzig Rubel bekommen, keinen größeren Schaden erleiden. Zu essen bekam ich auch genug. Trotzdem war der Marsch als Gefangener durch die weiße Wildnis das Härteste, was ich jemals mitgemacht hatte, und manchmal zweifelte ich daran, diese Strapazen zu überleben. Während die Soldaten mir gegenüber gleichgültig waren, behandelte ihr Leutnant mich haßerfüllt. Ein Tag verging wie der andere: 14 Stunden mußte ich durch den Schnee marschieren, bald spürte ich meine Beine nicht mehr. Schon lange waren wir im Tschuktschen- gebiet und vielleicht noch drei Tagesmärsche von Anadyr entfernt. Wir überquerten gerade eine weite Ebene und näherten uns einer Anhöhe mit einem Birkenwald. Seit Tagen hatten wir weder Mensch noch Tier gesehen, und noch immer war es weit bis Anadyr. Was würde mich dort erwarten?

Die Hunde legten sich ins Zeug, um die Steigung zu schaffen, und auch die Pferde beschleunigten ihre Schritte. Plötzlich knallte ein Schuß, sofort ergriff Panik unsere Karawane, und die Soldaten griffen zu ihren Waffen. Wieder hallten Schüsse durch die Stille, und ich erkannte eine Horde berittener, in Pelze gekleideter Tschuktschen, die aus dem Wald heraus direkt auf uns zu galoppierten. Es krachte wieder, und zwei Soldaten und der Leutnant fielen getroffen aus dem Sattel in den Schnee. Der erste der ankommenden fremden Reiter preschte direkt auf mich zu. Ich erkannte – Juri. Plötzlich ging alles sehr schnell. Die Soldaten ergaben sich. Juri befreite mich von den Fesseln.

»Wir haben euch seit Tagen beobachtet«, sagte er ruhig. »Wir mußten mit der Befreiungsaktion warten, weil es nur hier geschehen konnte.« Die Soldaten saßen mit hinter dem Kopf verschränkten Händen auf dem Boden. Der Leutnant hatte einen Schuß durch die Schulter bekommen. Juri entwaffnete die Soldaten. Vor dem Leutnant blieb er stehen, schaute ihn kurz an und schoß ihm, ohne ein Wort zu sagen, eine Kugel durch den Kopf. »Juri!« schrie ich ihn entsetzt an.

»Er war ein Kosakenoffizier«, murmelte er dumpf. Als wir weiterfuhren, nahmen wir Pferde, Hunde und Schlitten, Waffen und Ausrüstung der Soldaten mit. Den Leichnam des Leutnants und die Soldaten ließen wir im Schnee zurück. Ich saß auf einem der Soldatenpferde und ritt neben Juri her.

»Die werden bis nach Anadyr durchkommen und können dann von uns berichten. Wir geben nicht eher Ruhe, bis der letzte Kosak verschwunden und Sibirien frei ist.«

Das Zeltlager der Tschuktschen lag gut versteckt tief in den Wäldern. Die Tschuktschen waren ein zusammengewürfelter Haufen von Männern, die sich unter der Führung meines Freundes Juri gegen die Obrigkeit erhoben hatten. Von den Kosaken erbeutete Zelte hatten sie kaum sichtbar und gut verteilt im Wald aufgestellt. Sie besaßen auch eine ansehnliche Anzahl von Waffen, Pferden und Hunden. Wohl dreißig oder vierzig Mann lebten hier, und auch ein paar Frauen waren im Lager. Wir ließen uns an einer der Feuerstellen nieder, und eine Frau reichte jedem von uns einen Becher mit dampfendem Tee. Juri wollte hören, wie es mir ergangen war, nachdem wir uns getrennt hatten. Und mich interessierte natürlich, wie es ihm ergangen war. Zuerst aber fragte ich ihn: »Juri, mußtest du wirklich den Leutnant erschießen? Das war Mord!«

»Nein, Max«, antwortete Juri ruhig, »das war kein Mord. Der Leutnant war eine Ratte. Alle Offiziere des Zaren sind Ratten. Wir werden dieses Land von der Rattenplage befreien.«

»Und die einfachen Soldaten, die laßt ihr laufen?«

»Ja, das sind arme Schweine, die ihr ganzes Leben nur Not und Elend kennengelernt haben. Fast jeder meiner Männer war einmal einer von ihnen. Die Garnison wird einsehen müssen, daß wir von Monat zu Monat stärker werden. Bald wird keine Patrouille der Garnison mehr unbeschadet durch die Wälder hier streifen!«

»Aber führt das nicht dazu, daß in Zukunft die Kosaken Verstärkung bekommen?«

»Sollen sie doch Verstärkung holen, Max. Es wird der Tag kommen, an dem ihre Soldaten zu uns überlaufen. Wir kennen Sibirien besser als die. Auf unserer Seite kämpfen das Land, der Winter und die Völker hier. Wir sind alle Sibirjaken, wir wollen ein freies, unabhängiges Sibirien, Petersburg – damit haben wir nichts zu tun. Rußland endet am Ural!«

»Juri, was für ein Leben ist das? Gegenseitig bringt ihr euch um, der eine will dem anderen seinen Willen aufdrängen. Warum ist es nicht möglich, friedlich nebeneinander zu leben?«

»Weil man uns nicht friedlich leben läßt. Auch dich hätten sie ohne Prozeß kurzentschlossen gehängt.«

»Aber, wie soll es weitergehen mit dir, Juri? Willst du immer dieses Leben führen? Ausgestoßen aus der Gesellschaft und ständig auf der Flucht?«

»Die Antwort ist ganz einfach, Max. Wenn Sibirien frei ist, werde auch ich, genau wie alle anderen hier, frei sein. Dann werde ich mir Boden kaufen, fischen und jagen und der sibirische Bauer Juri sein.«

Aber noch bist du nicht frei. Wenn du nach Anadyr gehst, mußt du ständig damit rechnen, daß man dich in die Festung wirft oder erschießt.«

»Wir alle müssen damit rechnen.«

»Juri, warum gehst du nicht weg von hier. Geh doch nach Süden, nach Kamtschatka. Bei den Korjaken herrscht Frieden. So weit dringt keine Patrouille vor. Dort kannst du schon heute ein freies Leben führen.«

Ungläubig schaute mich Juri an. »Max, du weißt nicht, was du redest. Glaubst du, ich lasse meine Freunde hier im Stich. Glaubst du, ich gebe jetzt auf. Nein, Max, das würde ich niemals tun. Eher würde ich sterben!«

Die junge Frau schenkte uns wieder Tee ein. Schweigend nippte jeder von uns an seinem Becher.

»Juri, ich mache dir noch einmal einen Vorschlag: Komm mit mir. Laß uns das Geschäft, das ich mache, zu zweit machen. Beim Pelzhandel ist genug Geld für jeden von uns beiden drin. Und wenn es hier in Sibirien nicht mehr geht, dann komm mit mir rüber nach Alaska. Alaska ist riesig groß. Du wirst Ruhe und Frieden finden.«

Juri dachte nach. Dann antwortete er: »Nein, Max, was ich dir damals schon gesagt habe, das gilt auch heute. Selbst wenn ich es will, ich kann nicht mit dir arbeiten. Ich werde hier gebraucht, müßte meine Kampfgefährten und unsere Idee, für die Freiheit Sibiriens zu kämpfen, im Stich lassen. Nein, Max, ich komme nicht mit dir. Aber warum bleibst du nicht bei uns? Wir haben einen Platz für dich!«

Ich blieb zunächst für einige Tage bei den Rebellen. Die meiste Zeit saßen Juri und ich zusammen und redeten. Jeder von uns beiden hatte seine eigenen Ideen. Ich konnte mir nicht vorstellen, daß eine Verständigung mit den Kosaken nicht auf eine friedliche Art und Weise möglich sein würde und hielt das ganze Töten für sinnlos. Juri dagegen vertrat die Meinung, daß nur so, wie er kämpfte, das sibirische Volk zu Freiheit kommen würde.

Juri schenkte mir einen Schlitten und Hunde, und ich besuchte einige Tschuktschendörfer, mit denen ich, sobald ich das nächste Mal mit neuer Handelsware aus Alaska zurückkam, tauschen wollte.

Als der Winter vorüber war, segelte ich zurück nach Alaska.

Ich pendelte bald nur mehr zwischen Alaska und Sibirien hin und her, nirgendwo hielt ich mich lange auf, und in Alaska hatte ich bald ein stattliches Vermögen auf der Bank. Zu meinem Handelsposten bei den Korjaken kam ein zweiter, der etwas weiter südlich gelegen war. Mit dem Militär machte ich in der nächsten Zeit keine schlechten Erfahrungen. Ich traf nirgends auf Kosaken und konnte meine Geschäfte ruhig fortsetzen.

Juri hatte ich aus den Augen verloren. Wo er seine Träume von einem unabhängigen Sibirien träumte, weiß ich nicht. Er war wie vom Erdboden verschwunden.

Ich beherrschte inzwischen die Dialekte einiger Stämme recht gut und war mit meinem Leben rundum zufrieden. Dann hörte ich von einigen kleineren Inseln in der Mitte der Beringstraße, die ausschließlich von Eskimos bewohnt waren. Diese Inseln wollte ich besuchen. Ich war davon überzeugt, daß dort auch eine große Anzahl Seeotter zu finden sein würden. Einmal, auf einer Rückreise von Sibirien, nahm ich dann Kurs auf diese Inseln. Mein Schiff hatte ich inzwischen in ein größeres, motorgetriebenes getauscht, die »Moon«.

Ein Winter auf Big Diomede

Drei Tage nach der Abreise von der sibirischen Küste kam endlich die Insel Big Diomede in Sicht. Die »Moon« tuckerte in eine kleine Bucht, ich verankerte mein kleines Schiff und ließ das Beiboot ins Wasser. Dann ruderte ich an Land.

Es war neblig und naßkalt an diesem Septembertag. Der Herbst hatte begonnen. Hier, mitten in der Beringstraße, kann der Herbst stündlich in arktischen Winter umschlagen. Für mich war es der erste Besuch auf der Insel. Von den hier lebenden Eskimos hatte sich noch keiner gezeigt, aber ich wußte, daß die Insel bewohnt war.

Big Diomede ist eine kleine Insel in der Mitte der Beringstraße. Ihre Länge beträgt etwa 65 Kilometer, und an der breitesten Stelle mißt sie etwa 25 Kilometer. Nur in den kurzen Sommermonaten ist die Insel vom Festland abgeschnitten, neun oder zehn Monate lang verbindet Packeis Big Diomede mit der Küste Alaskas. Auf der Insel selbst gibt es keinen Wald, noch nicht einmal einen einzigen Baum, nur Moosflechten, niedriges Farnkraut und verholztes Weidengestrüpp.

Ich machte mich auf die Suche nach den Eskimos, als sich mir plötzlich ein paar alte, völlig heruntergekommen und verängstigt aussehende Frauen näherten. Sie gaben mir zu verstehen, daß ich ihnen in ihr Dorf folgen sollte.

Ihr Häuptling hieß Akazuk. Sein Gesicht war mit gräßlichen Mustern über und über tätowiert. Er trug einen weiten Umhang aus Blaufüchsen, Stiefel aus Seehundfell und eine aus Eisbärenpelz genähte Kopfbedeckung. Er führte mich in seine Erdhütte. Das war eine Höhle mit einem ganz schmalen Eingang, in deren Innenraum viele Felle hingen. In der Mitte des Raumes brannte ein Feuer. Und ein junges Mädchen saß da, Akazuks Tochter.

Kaum 16 Jahre mochte sie alt gewesen sein. Sie hatte ein schmales, wunderschönes Gesicht, aber das Allerschönste an ihr waren ihre dunklen

Augen. Ihre schwarzen Haare reichten ihr bis an die Hüfte, und sie trug ein Kleid aus schneeweißem, weichgegerbtem Karibuleder. Ich traute meinen Augen nicht. Niemals auf meinen ganzen Handelsreisen zu den Stämmen auf beiden Seiten der Beringstraße hatte ich ein Mädchen von solcher Schönheit getroffen.

Kajaktaks Anwesenheit und meine ständigen Gedanken an sie waren wohl daran schuld, daß ich mich nicht zur Abreise von Big Diomede entschließen konnte. So verging Woche um Woche. Es wurde kälter und kälter, und bald war mein Schiff eingefroren, ich saß bis zum Ende des Winters fest. Doch das machte mir nichts aus. Ich nahm an dem Leben der Eskimos teil und lernte ihre Sprache. Ein paar alte Frauen des Dorfes hatten mich mit warmer Pelzkleidung versorgt, Häuptling Akazuk selbst stellte mir eine schöne große Barabara, eine Erdhöhle, zur Verfügung. So ließ es sich aushalten.

Dann kam ein Tag, den ich so schnell nicht vergessen sollte: Die feierliche Bestattung eines Eskimojägers. Für mich war dieses Ereignis erschütternd, grausam und faszinierend zugleich.

Ein alter Jäger, an dem die Jahre im ewigen Eis gezehrt haben, für den der Tod nur noch eine Frage der Zeit ist, der wird sich dazu entschließen, dem Tod selbst entgegenzugehen. Er wird seinen Familienrat einberufen und zusammen mit seinen Söhnen und Schwiegersöhnen das Datum seines eigenen Todes festlegen. Die gesamte Sippe bereitet sich dann sorgsam auf den Tag der Tötung vor. Für die Eskimos ist dieser Tag ein Tag des Sieges und des Triumphes über das Alter, denn der alte Eskimo wird wiedergeboren werden als tapferer, junger und erfolgreicher Jäger.

Am Todestag zieht die Sippe dem alten Eskimo seine schönsten Kleider an, Hosen aus Eisbärenfell, bestickte Jacken aus Karibufell, Robbenfellhandschuhe und die Jagdmütze aus Walroßhaut. In die Hand gibt man dem Alten seine beste Waffe. Dann wird er, wie auf einen Thron, auf den Beckenknochen eines Wales in seine Barabara gesetzt.

Als großer Jäger hat er gelebt, und als solcher will er auch sterben. Deshalb wird der Lieblingssohn auserkoren, seinem Vater das schönste Geschenk, den Tod, zu bringen, und zwar mit dem besten Jagdmesser des Alten. Gefaßt und voller Erwartung der großen Reise, die nun bevorsteht, sieht der Eskimo dem Tod ins Auge und stirbt aufrecht durch einen blitzschnellen Messerstich ins Herz, ausgeführt vom eigenen Sohn.

Auch was danach kommt, ist seit Jahrhunderten und Jahrtausenden überlieferte Tradition bei den Völkern an der Beringstraße. Der Körper des Toten wird mit Robbensehnen umwickelt und durch den Schornstein der Barabara hinaufgeseilt. Dort steht bereits der Rennschlitten des großen Jägers bereit, ein Dutzend Schlittenhunde kauern im Schnee, auf das Kommando wartend, den Schlitten hinter sich herzuziehen und in Richtung der weißen Wüste davonzustieben. Der Tote wird in dicke Felle eingeschlagen und auf dem Schlitten festgebunden. Alle seine Waffen begleiten ihn auf seine Reise hinaus aufs Eis.

Dann beginnt seine letzte Fahrt, die aus dem Dorf hinaus und viele Stunden ins ewige Eis führt. Dorthin leitet die Sippe den toten Jäger auf seinem Hundeschlitten. Und wieder ist es der Lieblingssohn, der für seinen Vater den Platz der ewigen Ruhe bestimmt, das endgültige Ziel einer langen Reise durch die Arktis. Und dort, wo die Leiche der Natur überlassen wird, müssen auch die Hunde sterben, denn, wo der Tote hinfährt, braucht er seinen Schlitten, seine Hunde, seine Waffen.

Je berühmter ein Jäger zu Lebzeiten war, desto mehr Frauen hatte er. Daran konnten auch christliche Missionare nichts ändern. An der Anzahl seiner Frauen konnte man seine jagdlichen Qualitäten erkennen, denn nur ein guter Jäger kann viele Frauen ernähren.

An der ältesten Frau des Toten hängt nun eine schwere, fast unmenschliche Entscheidung: Will sie ihrem Mann in den Tod folgen, müssen auch die anderen, die jüngeren Ehefrauen sterben. Entscheidet sie sich dagegen für das Leben, müssen sich alle Witwen fortan selbst versorgen, was ebenfalls einem Todesurteil gleichkommt. Denn in den Eskimokulturen ist die Rolle der Frau überdeutlich festgelegt. Ihr Leben liegt in der Barabara, im Verarbeiten des Fleisches und der Felle, die Jagd selbst liegt in der Hand des Mannes.

Auf Big Diomede töteten sich nach dem alten Jäger seine drei Frauen. Die jüngste war erst 19 Jahre alt. Ich konnte nicht verstehen, warum das Dorf feierte. Mir war schlecht. Ich glaubte, die Eskimos gut zu kennen und hatte doch plötzlich das Gefühl, daß sie mir so fremd waren. Ich wollte fort. Häuptling Akazuk wünschte mich zu sprechen. Ich traf ihn in seiner Barabara. Neben ihm stand Kajaktak. Sie war schöner als je zuvor.

So standen wir uns also gegenüber, der Häuptling und seine wunderschöne Tochter auf der einen Seite und ich auf der anderen Seite. Ich konnte meinen Blick von Kajaktak nicht mehr abwenden, magisch zogen mich ihre Augen an. Sie aber streifte meinen Blick nur kurz und blickte auf den Boden. Der Häuptling sagte etwas, was sich in meinen Ohren anhörte wie ein Schnalzen, aber ein Befehl für seine Tochter war; ohne mich noch einmal anzusehen, verließ Kajaktak die Barabara ihres Vaters. Kaum war sie draußen, nannte der Häuptling seinen Preis.

Abends schrieb ich in mein Tagebuch: »Ich habe beschlossen, Kajaktak ›Julie‹ zu nennen. Sie ist das schönste Mädchen der ganzen Welt. Wenn sie mich erst etwas näher kennt, wird sie bestimmt auch mal lachen. Ihr Vater wollte 100 Nadeln, 20 Messer, 500 Schachteln Streichhölzer und, ich weiß nicht, was er damit will, eine Mundharmonika für sie. Ich habe gezahlt. Ich hätte alles, was ich besitze, für sie gegeben. Nun bin ich der glücklichste Mensch der Welt. Ich habe ›Julie‹.«

Der Häuptling hatte uns eine Barabara geschenkt. Wann immer ich Zeit hatte, brachte ich Julie Englisch bei. Sie lernte schnell, und bald konnte sie die ersten Sätze sprechen. Ich genoß jede Minute mit ihr.

Die Jagd

Ich verbrachte eine herrliche Zeit bei den Eskimos in der Beringstraße, bei Julie und ihrem Stamm. Die Eskimos ließen mich an ihrem Leben teilhaben und brachten mir alles bei, was einen Jäger ausmacht. Jeden Tag lernte ich Neues dazu. Ganz besonders interessant war für mich das Verhältnis zwischen den Eskimos und ihren Hunden. Eine eigenartige Beziehung haben sie zueinander. Nirgendwo auf der Welt sind Mensch und Tier so sehr aufeinander angewiesen wie im hohen Norden. Der Hund bedeutet für den Menschen sehr viel. Es ist schön zu beobachten, mit welcher Liebe die Welpen in den ersten Wochen aufgezogen werden, und wie selbstverständlich dürfen die Kleinen mit in die Barabara, sie werden gehätschelt. Danach aber, wenn sie größer geworden sind, leben die Hunde ausschließlich im Freien und müssen vor dem Schlitten hart arbeiten. Bei unseren kürzeren Ausflügen hinaus aufs Eis ließen wir immer Junghunde neben dem von erfahrenen Hunden gezogenen Schlitten herlaufen. Mit der Zeit lernen die Hunde das Gehorchen, beherrschen bald jedes Kommando, und das Wichtigste, sie finden wie selbstverständlich ihren Platz in der Rangordnung. Wenn die Hunde sieben Monate alt sind, wird ihnen für den Rest ihres Lebens das Geschirr umgelegt. Allerdings nur den starken Hunden, die schwach sind und das Tempo vor dem Schlitten nicht halten können, werden von den Eskimos getötet. Ein schwacher Hund wäre den Strapazen des Lebens in der Arktis nicht gewachsen. Trotzdem werden selbst die stärksten kaum älter als zehn Jahre. In dieser Zeit legen sie im Geschirr vor dem Schlitten Tausende von Kilometern als treue Diener ihrer Herren zurück. Manchmal laufen sie zwei oder drei Tage, ohne sich ausruhen zu dürfen und ohne zu fressen. Ich beobachtete, wie sich manche Eskimos und ihre Hunde fast blind verstanden. Geradezu erstaunlich aber war es für mich zu beobachten, wie die Hunde an ihren Herren hingen, obwohl die teilweise roh mit ihnen umgingen.

Natürlich hatte in Julies Heimatdorf der beste Jäger die besten und meisten Hunde. Ein schönes Gespann mit 15 Hunden vor dem Schlitten, das zeugt von Wohlstand und schafft Anerkennung bei den anderen Jägern und bei den jungen Mädchen. Wer gute Hunde hat und einen guten Schlitten, der wird erfolgreich sein, heißt es bei den Eskimos.

Die Hunde haben eine enorme Kraft und Willensstärke. Manchmal müssen sie Lasten von 200 kg oder mehr durch tiefen Schnee ziehen. Die Hunde scheinen wie geschaffen zu sein für diese widrige Natur. Wir ließen eine unserer Hündinnen, die gerade geworfen hatte, drei Wochen bei ihrem Nachwuchs, danach mußte sie wieder vor den Schlitten, und die Welpen nahmen wir mit in unsere Barabara. Bei Ausflügen hinaus aufs Eis brachten Julie und ich es nicht übers Herz, die winselnden Kleinen zu Hause zu lassen, also steckten wir sie in einen Sack und nahmen sie auf dem Schlitten mit. Die Welpen genossen es, in der Nähe ihrer Mutter zu sein, und die Mutter witterte ihre Jungen und legte sich in die Riemen.

Das Geschirr für den einzelnen Schlittenhund soll bequem sein und sitzt wie angegossen. Eine Unsitte bei den Eskimos war es, den Hunden die Zähne stumpf zu feilen, damit sie ihr Geschirr nicht durchkauen konnten. Wann immer ich das sah, versuchte ich es zu verhindern, aber die Eskimos verstanden nicht, daß ich etwas gegen das hatte, was sie schon immer gemacht hatten.

Im Frühsommer ist das Eis scharf und hat viele spitze Kanten. Die Eiskristalle können sehr leicht die empfindlichen Pfoten der Hunde zerschneiden. Deshalb bekommen die Hunde Schuhe. Das sind Stiefel aus Fell, die mit Sehnen um die Beine gebunden werden. Unten in den Stiefel schneidet man zwei kleine Löcher, damit die Krallen hindurchgreifen können und auf dem Eis Halt finden. Ohne Hunde war ein Leben in der Arktis nicht denkbar, denn bis auf den heutigen Tag gibt es kein Tier, das einer widrigen Natur so sehr gewachsen ist. Wenn sie nicht arbeiten müssen, liegen die Hunde vor den Barabaras und verschlafen den Tag. Aber nur solange, bis sie merken, daß es losgeht. Bei Temperaturen tief unter dem Gefrierpunkt fühlen sich diese Huskies am wohlsten. Jeder einzelne Hund kann sein Glück kaum fassen, wenn er dann vor den Schlitten gespannt wird. Und vor allem mag er nicht warten. Er möchte losstürmen und beweisen, daß er der beste und schnellste der Meute ist. Kaum gibt der Schlittenführer das Kommando, donnern die Hunde los. Die Krallen stoßen sich vom gefrorenen Boden ab, und die Hunde fliegen nur so dahin. Sie reißen den Schlitten hinter sich her. So lernte ich Julies Land kennen und lieben.

Der ganze Stamm war in Aufruhr, und alle liefen geschäftig durcheinander. Eines der großen Ereignisse stand unmittelbar bevor. Ein Ereignis, das vor allem Nahrung bedeutete – die Walroßjagd. Es war in den letzten Wochen der langen Polarnacht. Ein Schlittenzug folgte dem Häuptling hinaus aufs Eis zu der Stelle, wo er die Atemlöcher der Walrösser vermutete. Die Hunde waren frisch und ausgeruht und flogen nur so übers Eis. Die Männer waren fröhlich und stolz, ihren Mut wieder beweisen zu können. Es war bitterkalt, und die Hunde stießen Atemnebel aus, zwölf Stunden waren wir unterwegs, dann schlugen wir unser Nachtlager auf. Am nächsten Morgen brachen wir schon sehr früh auf. Wir näherten uns einem Gebiet, in dem die Eisdecke von riesengroßen Atemlöchern durchbrochen war. Das war das erste Mal, daß ich so etwas sah, und ich wollte gerade den Häuptling fragen, als kaum fünf Meter von mir entfernt der riesige Kopf eines Walroßbullen durch die Eisdecke brach. Die Stoßzähne waren gigantisch, ich schätze, das Tier wog mindestens eineinhalb Tonnen. Was ich da sah, bedeutete Fleisch für viele Wochen.

Der ganze Spuk dauerte nur wenige Sekunden, dann tauchte der Koloß wieder unter. Neben diesem Riesen kam ich mir ziemlich klein vor, das war ein unvergeßliches Naturschauspiel, was ich soeben gesehen hatte. Erstaunlich, noch zweimal kurz hintereinander tauchte das Walroß auf, und jedesmal kam es etwas näher dabei. Inzwischen hatten der Häuptling und die anderen Eskimos bemerkt, was geschehen war. Sie zeigten auf mein Gewehr und winkten mir zu, ich sollte mich nicht bewegen. Da war es wieder, das Walroß. Zum vierten Mal tauchte es auf. Nun war es höchstens noch vier Meter von mir entfernt. Da sprang der Häuptling mit der Geschmeidigkeit einer Katze vorwärts und rammte seine Harpune mit aller Kraft tief in den Hals des Tieres. Das verwundete Walroß sank ins Wasser zurück. So schnell er konnte, schlug der Häuptling seinen Eispickel in das Eis und schlang die

Leine der Harpune darum. Schnell wickelte sich die Leine ab. Das Walroß unter dem Eis versuchte, mit der Harpune im Hals, zu fliehen. Ein anderer Eskimo hatte etwa einen Meter neben dem im Eis steckenden Pickel zwei kleine Löcher gestoßen. Die verband er durch einen Tunnel, indem er das Eis zwischen den Löchern untergrub. Durch den Tunnel zog er nun zur Sicherung das Ende der Harpunenleine.

Zentimeter um Zentimeter zogen die Eskimos das schwerverwundete Walroß zum Atemloch zurück. Dann tauchte es wieder auf. Es erhob seinen Riesenkopf mit den gewaltigen Stoßzähnen über das Eis und stieß mit lautem Schnauben die Luft aus. Das war der Moment, auf den die Eskimos gewartet hatten. Einer stemmte sich mit aller Kraft gegen die Harpunenleine, um dem Walroß so viel Spielraum wie möglich zu nehmen, der Häuptling zielte und stieß seine Harpune direkt in das Herz des Tieres.

Nun kam der schwerste Teil der Arbeit. Wie das schwere tote Tier auf das Eis bringen? Dazu benutzten wir vier Hundegespanne, und alle Männer zogen mit. Es war eine große Fleischmenge, die gleich an Ort und Stelle verteilt wurde. Auch ich bekam meinen Anteil, und der Häuptling schenkte mir die Stoßzähne des Tieres. Nachdem das Walroß zerlegt und das Fleisch verteilt war, machten wir uns auf den Heimweg.

Am gleichen Abend noch gab es ein Festessen im Dorf, Häuptling Akazuk und seine Jäger waren in bester Laune. Julie war froh, daß sie mich wiederhatte, und ich war froh, wieder bei ihr zu sein. Selbstverständlich gab es auch für die Hunde ein Festessen, sie balgten sich um die Brocken Walroßfleisch. Das war ein Tag so ganz nach dem Geschmack der Eskimos von Big Diomede. Das Jagen ist der wichtigste Teil ihres Lebens, und während der Zeit, die ich mit Julie auf Big Diomede verbrachte, blieb die Walroßjagd nicht die einzige Jagd, an der ich teilnehmen durfte.

Anfang März sind die Tage und Nächte etwa gleich lang, der Winter wird milder, und die Eskimostämme rüsten zur Eisbärenjagd. Es ist die Zeit, in der die Eisbären das Festland verlassen, wo sie in Schneehöhlen ihre Jungen zur Welt gebracht haben. Nun ziehen sie hinaus und jagen am Rand der festen Eisdecke und auf dem Packeis Robben. Es ist ohnehin die Zeit, in der die Natur zu neuem Leben erwacht. Die Ringelrobben bekommen ihre

Jungen im Packeis, eine Gelegenheit für die Eisbären, reiche Beute zu machen. Wie jedes Jahr wurden in unserem Dorf die Fleischvorräte plötzlich knapp, die Zeit des Schlittenreparierens und des Schwätzens war nun vorbei. Keinen Eskimojäger hält es in dieser Jahreszeit noch in seinem Dorf: Alle wollen sie auf Eisbärenjagd. So eine Jagd dauert manchmal viele Wochen, und ich wollte unbedingt daran teilnehmen; da ich aber Julie nicht solange allein im Dorf mit den anderen Frauen lassen wollte, nahm ich sie mit. Da staunten die anderen Jäger, so etwas kannten sie nun überhaupt nicht – eine Frau bei der Eisbärenjagd. Frauen gehörten in ihren Augen ins Dorf und nicht auf das Eis. Aber schließlich akzeptierten sie doch, daß ich nicht ohne Julie gehen wollte. Julie war glücklich, die anderen jungen Frauen waren ein bißchen neidisch.

Man weiß nie, wie lange so eine Reise dauert, wenn man Eisbären sucht. Wir nahmen nur sehr wenig Ausrüstung mit, um unsere Schlitten so leicht wie möglich zu halten. Fleischvorräte konnten unterwegs gejagt werden, in dieser Zeit gab es Robben in Hülle und Fülle.

Für jeden Eskimo ist so ein Eisbärenfell äußerst kostbar. Aus den Fellen lassen sich Hosen machen, und das lange Oberhaar benutzt man, um damit die Fuchspelzhosen einzufassen. Aber das Wichtigste bei so einer Eisbärenjagd ist, daß sie dem Jäger Ruhm einbringt. So bedeutet die Jagd auf den Bären seit uralten Zeiten eine Mut- und Geschicklichkeitsprobe.

Ist der Bär entdeckt, signalisieren Flüstern und bestimmte Fingerzeichen der Jäger den Beginn der Jagd. Blitzschnell werden dann die Seile gekappt, mit denen das Gepäck auf den Schlitten festgeschnürt ist. Die Ladung wird auf das Eis geworfen. Sekunden später fegt nun jeder der Schlitten, von einem Jäger gesteuert und mit 15 Hunden davor über das Eis. Direkt auf den Bären geht es los, und die Fahrer brüllen sich gegenseitig Mut zu. Ihre Hunde treiben sie mit einem ganz besonderen Ruf an, den sie nur bei der Eisbärenjagd verwenden. Wenn sie dicht an den Bären herangekommen sind, werden die Führungsleinen der stärksten und schnellsten Hunde gekappt, und die Hunde hetzen hinter dem Bären her, der in den meisten Fällen die Flucht ergreift und zum nächsten offenen Wasserloch flieht, um so seinen Verfolgern zu entkommen. Weitere Hunde werden zur Verstärkung hinterhergeschickt. Haben die Hunde den Bären vor dem rettenden Wasserloch gestellt, umkreisen sie ihn, schnappen nach seinen Flanken und versuchen, ihm auf den Rücken zu springen. Viele Hunde müssen bei dieser Art der Jagd ihr Leben lassen. Sie werden durch die Luft geschleudert, von den messerscharfen Klauen des Bären regelrecht aufgeschlitzt; anderen zerschlägt der Bär mit einem einzigen Prankenschlag den Schädel. Nun kommt der Höhepunkt der Eisbärenjagd. Inzwischen sind nämlich die Jäger herangekommen, die Hunde sind mittlerweile alle frei und kreisen den Bären ein. Mit gezielten Harpunenstößen ins Herz wird der Bär niedergestreckt. Dann ist der Augenblick des großen Triumphes für den Eskimo gekommen. Er hat sich als hervorragender Jäger bestätigt.

Wir reisten mit leichtem Gepäck nach Norden in die Tschuktschen-See. Einige Vorräte, unsere Jagdausrüstung und leichte Zelte hatten wir dabei. Zwei Wochen lang ging es immer nach Norden, ohne daß wir auch nur die Fährte eines Bären zu Gesicht bekamen. Außerdem war das Wetter nicht gerade sehr freundlich. Endlich, nachdem wir wohl 500 km unterwegs waren, entdeckten wir eine frische Spur. Die typische Eisbärentatze mit den fünf Krallen.

Plötzlich war all unsere Müdigkeit verflogen, und mit neuem Eifer verfolgten wir den Bären. Keine Minute Rast gönnten wir unseren Hunden und uns. Julie schlief in unserem Schlitten, gut zugedeckt mit dicken Fellen. Als Frau durfte sie das, bei einem Mann wäre Müdigkeit in einem solchen Moment ein Zeichen von unrühmlicher Schwäche gewesen. Die nächsten sieben Tage rasteten wir kaum, wir schliefen wenig und aßen nur das Notwendigste.

Die Verfolgung des Bären wurde von Tag zu Tag schwieriger. Stürme hatten das Eis zusammengeschoben. Haushohe Barrieren türmten sich auf und machten ein Durchkommen fast unmöglich. Jeder von uns hatte, ohne es offen auszusprechen, den Bären bereits aufgegeben. Und dann brach auf einmal die Hölle los. Der Wind wurde stärker und stärker, Schneeschauer peitschten in unsere vermummten Gesichter, und die Hunde hatten es immer schwerer, gegen den Sturm anzukämpfen. Plötzlich brach das Eis auf, wir trieben hilflos auf einer Scholle. Wir mußten eine Reihe kleiner, wackeliger Eisschollen überqueren, um wieder sicheres Festeis zu erreichen.

Der Bär war natürlich über alle Berge.

Tagelang ging die Reise nun weiter, ohne daß etwas passiert wäre. Wir hielten weiter nach Bärenspuren Ausschau. Neuschnee war gefallen, und wir trieben die Hunde an. Dann plötzlich, wir waren mittlerweile 20 Tage unterwegs, stießen wir auf eine frische Bärenfährte. Sie führte zurück nach Süden. Unsere Chancen, dem Bären näherzukommen, schienen sehr gering, denn im tiefen Neuschnee kamen die Hunde nur langsam voran. Zwei Stunden lang folgten wir der Spur. Einen Teil der Ausrüstung hatten wir abgeworfen, um schneller fahren zu können.

Dann sahen wir den Bären. Er schlief am Fuß eines riesigen Eisberges und bemerkte zunächst die drohende Gefahr nicht. Das aufgeregte Bellen der Hunde schreckte ihn dann hoch, er ergriff die Flucht, rannte in wilden Sätzen davon. Jeder Hundeführer schnitt die Führungsleinen seiner besten Schlittenhunde durch, und die freigelassenen Hunde nahmen die Verfolgung des Bären auf. Kurz bevor er ein rettendes Wasserloch erreichte, stellten ihn die Hunde. Sie hinderten ihn daran, sich ins Wasser zu stürzen, schnappten aufgeregt nach ihm. Der Bär, ein prächtiges Tier, wehrte sich nach besten Kräften. Er drehte sich auf der Stelle und biß und schlug nach den angreifenden Hunden. Wenig später waren wir Jäger zur Stelle. Sofort warfen zwei Eskimos ihre Harpunen. Der Bär stürzte getroffen ins Wasser, konnte aber, weil er schwer verletzt war und von den Harpunen gehalten wurde, nicht mehr wegtauchen. Ich war es, der den Bären mit einem Schuß tötete und damit seinen Qualen ein Ende bereitete. Sofort zogen wir das tote Tier an den Harpunenleinen auf das feste Eis. Dort wurde der Bär gehäutet und zerlegt. Ein Festmahl beendete den erfolgreichen Tag. Ich war sehr still und sprach wenig an diesem Abend. Ohne es damals zuzugeben, war mir der Tod des Bären doch sehr in die Knochen gegangen. Julie konnte mein Verhalten gar nicht verstehen. Für sie war es völlig normal, daß Tiere gejagt werden, die den Eskimos Fleisch und Pelze liefern. Ich denke, Julie hatte recht.

Die Reise war ein voller Erfolg gewesen, und wir machten uns auf den Heimweg. Es war nun Mitte April, und die Zeit des viermonatigen Polarsommers stand bevor. Es begann zu tauen. Nur noch sieben oder acht Wochen würde die Eisdecke die Schlitten tragen. Wenn nämlich der Schnee, der auf dem Eis liegt, schneller schmilzt als das Eis darunter, kann das Schmelzwasser nicht abfließen, und es entsteht knietiefer Schneematsch. Dann öffnen sich die ersten Löcher im Eis. Überall in den Eskimodörfern ist das die Zeit des großen Umbruchs.

Auf Big Diomede, in Julies Dorf, zeigten die Kinder zum Himmel: Die ersten Zugvögel aus dem Süden waren da. Sie sind es, die es schaffen, das schweigende Land innerhalb weniger Tage zu verändern. Die schlafende Natur ringsum erwacht, und der arktische Sommer erlaubt den Eskimos ein schönes, abwechslungsreiches Leben im Freien. Es ist eine Zeit der Hochstimmung. Krabbentaucher bevölkern zu Millionen die Inseln der Beringstraße und bringen eine Abwechslung auf den Speiseplan. Auch Julie und ich genossen die warme Sommersonne, immerhin war es fünf Grad warm. Sobald die See frei war, würden die Kajaks ausfahren können.

Mit diesen Kajaks eröffnen sich neue Jagdmöglichkeiten, denn die Jäger fahren mit ihnen auf das Meer hinaus, um Jagd auf Belugas und Narwale zu machen. Julies Vater fragte mich, ob ich mit ihm zusammen hinausfahren wolle. Natürlich sagte ich sofort »ja«, da ich noch nie an einer Jagd vom Kajak aus teilgenommen hatte.

Wir saßen regungslos im Kajak, und einige Minuten lang zogen die Narwale in Harpunenschußweite an uns vorbei. Der Häuptling rührte sich nicht, was ich nicht verstehen konnte. Endlich nahm er sein Paddel in die Hand und wendete behutsam das Kajak. Vorsichtig nahm er die Verfolgung der Meerestiere auf. Jetzt verstand ich. Er hatte so lange gewartet, bis die Narwale vor ihm waren, um ihnen unbemerkt folgen zu können. Dann griff er ganz langsam nach seiner Harpune. Hinter ihm lag die aufgewickelte Leine, die mit der Harpune verbunden war. Diese Leine war an einem mit Seehundfell bespannten Holzrahmen befestigt, der im Wasser als Schleppanker dienen sollte. Am anderen Ende der Leine war eine Markierungsboje aus aufgeblasener Seehundhaut befestigt. Für einige Sekunden hielt Akazuk seine Waffe hoch und starrte gebannt auf das Wasser. Dann schleuderte er die Harpune auf den Narwal, der aufgetaucht war. Fast gleichzeitig stieß er die Schwimmblase und den Schwimmrahmen über Bord und ergriff mit beiden Händen sein Paddel. So schnell wir nur konnten, entfernten wir uns aus der Reichweite des getroffenen Tieres. Doch es blieb nicht genug Zeit, der Narwal tauchte, und seine Schwanzflosse klatschte so heftig auf das Wasser, daß unser Kajak ins Schwanken kam. Jetzt hieß es warten. Es konnte passieren, daß ein harpunierter Narwal bis zu einer halben Stunde unter Wasser blieb. Wir hatten bei unserer Jagd Glück, denn schon nach zwei Minuten erschien die Schwimmblase wieder an der Oberfläche. Akazuk paddelte auf den Schwimmkörper zu, um so nahe wie möglich an der Stelle zu sein, an der der verwundete Narwal auftauchen würde. Sekunden später erschien das Tier an der Oberfläche. Schwer atmend tauchte der Narwal im blutrot gefärbten Wasser auf. Einige Male stieß der Häuptling mit einem Speer zu, dann war das schwere Tier tot. Wir nahmen es ins Schlepptau und paddelten mit der Beute an Land.

So vergingen die Monate auf Big Diomede wie im Flug. Ich fühlte mich rundum wohl, Julie verwöhnte mich, und ich hatte die Sprache meiner Gastgeber gelernt. Ich beherrschte ihre Jagdtechniken und lernte ihre Kultur verstehen. Ich wußte, welche Bedeutung die Jahreszeiten für sie hatten, wie sie Felle verarbeiteten und vieles andere mehr.

Kein Eskimo mahnte mich zum Aufbruch. Und trotzdem war da etwas, das mir sagte, daß ich aufbrechen mußte. Es zog mich zurück in die Zivilisation. Für Julie würde das ein Schritt in eine neue und fremde Welt sein. Als der Schwiegersohn des Häuptlings konnte ich so lange ich wollte bei den Eskimos in der Beringstraße bleiben. Aber eine Sehnsucht packte mich, ich hatte das Bedürfnis, wieder selbst etwas zu unternehmen. Ich mußte fortsetzen, was ich begonnen hatte, meine Pelzhandelsgeschäfte wieder aufnehmen. Ich wollte nach Nome und dann wieder nach Sibirien. Ich sprach mit Julie und ihrem Vater, der uns nicht gerne gehen ließ.

Mit Julie in Nome

Ich war wohl der stolzeste Mann auf der ganzen Welt, als ich mit meiner Eskimoprinzessin nach Nome zurückkehrte. Ich wollte ihr die Zivilisation zeigen und beweisen, daß es auch hier auszuhalten war. Für Julie, meine Frau, war es das erste Mal, daß sie ihr Dorf und die von ihrem Vater geleitete und bestimmte Lebensgemeinschaft auf Big Diomede verließ. Herrliche Felle hatte Julie mitgebracht, einige prächtige Hunde und handgearbeitete Waffen als Mitgift und für ihr neues Leben mit mir. Wir wohnten in einer windschiefen Holzhütte, die ich stolz unser Schloß nannte, es war zumindest unser eigenes Zuhause, von dem aus man auf das gefrorene Meer sehen konnte. Von der ersten Minute an, die ich mit Julie zusammenlebte, versuchte sie, mir alles recht zu machen, mich zu verwöhnen und mir die Arbeit zu erleichtern. Ich erklärte ihr oft, daß es nicht ihre Aufgabe war, mich zu verwöhnen. Aber ich genoß es natürlich doch ein wenig, wenn man sich so um mich kümmerte.

Morgens früh zündete Julie immer, zitternd vor Kälte, den Primuskocher an und stellte einen Topf Wasser darauf, um Kaffee für uns zu machen, Kaffee gab es im Handelsposten von Nome, mehr und besseren Kaffee, als ich ihn jemals vorher zu trinken bekommen hatte. Unsere Hütte wurde von einem alten gußeisernen Yukon-Ofen geheizt, aber der Vorrat an Brennstoff wurde schnell knapp, deshalb ließen wir den Ofen nachts nur schwach brennen. Er strahlte kaum Wärme aus, um die 27° C Kälte am Eindringen zu hindern. Unser Bett war eine mit Fellen bedeckte Holzplattform, die die ganze Breite des engen Wohnraumes einnahm. Ich genoß es sehr, morgens mit Julie meinen Kaffee zu schlürfen. Ihr Englisch wurde von Tag zu Tag besser, sie lernte schnell und wollte diese Sprache unbedingt beherrschen.

Eine gute Stunde verbrachten wir um diese Jahreszeit morgens mit Kaffee und ich mit meiner Pfeife. An diesem Tag würde es Julies Beschäftigung sein, das Fell einer Ringelrobbe zu bearbeiten, die ich am Vortag erlegt hatte. Die Behandlung von Robbenfell erforderte Geschicklichkeit und Geduld. Der Jäger muß das getötete Tier innerhalb weniger Stunden häuten, damit sich das Fell nicht verfärbt und die schöne Zeichnung klar erhalten bleibt. Dann wird es im Freien aufbewahrt, wo es sich bei Temperaturen unter null in makellosem Zustand hält, bis die Frau des Jägers es sorgfältig reinigt.

Bevor sie mit ihrer Arbeit anfing, schärfte Julie ihr Arbeitsgerät, ein Haushaltsmesser, das aus einer scharfen, halbmondförmigen Klinge mit einem kurzen Elfenbeingriff besteht, an einem Stein. Julie setzte sich auf die Bettkante und zog einen Teil des Seehundfelles über ein rechteckiges Holzbrett, dessen Oberkante sie an ihr Knie lehnte. Die Unterkante stellte sie in einen Holzkasten vor sich auf den Fußboden und begann, mit dem Messer von oben nach unten das Fell abzuschaben, das in die Kiste fiel. Julie war geübt, sie arbeitete schnell, ohne in das Fell hineinzuschneiden. Als das Stück Haut von allen Geweberesten befreit war, schob sie es hinter das Brett und breitete ein neues Stück darüber aus.

Dann ließ sie in einem großen Topf etwas Schnee schmelzen, tauchte das Fell in das Wasser, hängte es zum Abtropfen eine Weile an einen Haken in der Decke und drückte die restliche Nässe aus. Schließlich legte sie das Fell auf ein hölzernes Gestell, das mit einer Folie bespannt war, damit die feuchte Haut nicht festfror. Am nächsten Tag würde Julie am Rand des Felles in Abständen kleine Löcher einschneiden, dann Sehnen durch die Löcher ziehen und das Fell auf einen einfachen Holzrahmen spannen. So aufgespannt würde es ganz trocknen, ohne daß es sich verzog oder knitterte.

Bei meiner Handelsniederlassung in Nome wurde das Fell dann nach seiner Qualität beurteilt, und man erhielt eine Zahlung in bar. Der Verkauf behandelter Felle ist normalerweise die Haupteinnahmequelle für alle Eskimojäger.

Am frühen Nachmittag begann Julie mit der Arbeit an einem Paar Seehundfellstiefel, die sie für sich anfertigen wollte. Sie war wirklich eine geschickte Näherin, die sich das ganze Jahr über mit der Herstellung von Kleidungsstücken beschäftigen konnte. Wenn es reiche Beute gab, war sie

Kajatak-Julie, Gottschalks erste Frau

besonders in der Zeit vor Weihnachten damit beschäftigt, Oberbekleidung wie Pelzjacken und Hosen aus Eisbärenfellen zu nähen, die eine wärmende wasserdichte Ausrüstung für mich sein würde.

Wir hatten eine schöne Zeit in Nome. Manchmal nahmen wir die Hunde ins Geschirr und fuhren hinaus aufs Eis, oder wir saßen in unserer Hütte, und ich mußte Julie aus meiner Kindheit und Jugend erzählen. Es mußte sich sehr fremd anhören, was ich ihr da berichtete. Deutschland war so weit weg. Ich hatte oft eine vereinfachte Weltkarte mit dem Messer in den Schnee gemalt und ihr gezeigt, wo Alaska und wo Deutschland liegt. Für Julie war Deutschland furchtbar weit entfernt, außerhalb ihres Vorstellungsvermögens. Sogar für mich verblaßte die Erinnerung an Deutschland immer mehr. Ich hatte hier meine neue Heimat gefunden. Der Tag des Aufbruchs zu einer neuen Handelsreise nach Sibirien rückte näher. Julie und ich wußten, daß jede Reise eine Reise ohne Wiederkehr sein konnte, denn wir kannten die Gefahren der Arktis. Aber ich mußte wieder los, hinüber nach Sibirien, zu meinen Handelsposten.

Obwohl sie Eskimo war und von klein auf gelernt hatte, daß die Männer zur Jagd gingen und die Frauen zu Hause blieben, merkte ich ihr an, daß sie von meinen Plänen, wieder zurück nach Sibirien zu gehen, überhaupt nichts hielt. Aber was sollte ich tun? Meine Handelsposten lagen auf der anderen Seite der Beringstraße und nicht vor der Haustür. Julie war leicht zu durchschauen. Am liebsten war ihr, wenn ich bei ihr war und mit ihr redete. Dann ging sie aus sich heraus, fragte mir Löcher in den Bauch. Alles wollte sie wissen, ich muße ihr alles erklären.

In Nome mochte jedermann Julie. Immer war sie freundlich und hilfsbereit. Sie war ganz anders, nicht mehr verschlossen wie damals unter der strengen Herrschaft ihres Vaters auf Big Diomede. Sie interessierte sich für alles, was in unsere Hütte paßte und entwickelte da einen ausgesprochen guten Geschmack. Mit viel Geschick und Gespür schaffte sie es, unser Haus von Woche zu Woche gemütlicher zu gestalten, auch wenn sie keine wertvollen Gegenstände dafür verwendete; denn die bedeuteten ihr nicht sonderlich viel. Bald hatten wir ein richtiges Zuhause.

Einige der schönsten Felle, auch einige Zobel und Otter, die auf der

Handelsstation nicht eingetauscht wurden, verwendeten wir für die Ausstattung unserer Hütte. Der Boden war mit Bärenfellen belegt, zwei Gewehre und einige uralte Fallen, die ich billig erstanden hatte, befestigte ich dekorativ an den Wänden, und so wurde die bescheidene Hütte mehr und mehr zu unserem »Schloß«. Ich mußte Julie natürlich erklären, was ein Schloß ist.

Manchmal fuhren wir mit dem Schlitten weit hinaus aufs Eis, nicht um zu jagen, sondern einfach nur um das Leben und unsere Freiheit zu genießen. Auch unsere Hunde freuten sich unbändig, wenn es zu einem Ausflug hinaus aufs Eis ging. Für sie war das Vergnügen, denn sie mußten keinen schweren Schlitten ziehen. Ich fragte Julie, ob sie nicht manchmal ein bißchen Heimweh hätte nach Big Diomede und ihrer Familie, aber sie antwortete mir nicht. So war ich restlos glücklich mit ihr. Und stolz machte es mich auch, denn in Nome drehte sich jeder nach meiner Julie um. Sie war wirklich hübsch, etwas wie sie gab es in Nome nicht alle Tage.

Ich brachte Julie auch das Kochen bei. Zuerst war sie sehr verwundert über die Küche von uns Weißen, aber mit der Zeit kam sie auf den Geschmack, und dann machte es ihr sogar viel Spaß, neue Gerichte auszuprobieren. Sanft und ausgeglichen war sie, nur die Sache mit meiner bevorstehenden Abreise, die behagte ihr nicht. Und auch mir stellten sich Probleme: Einerseits war ich glücklich und zufrieden und wollte niemals weggehen von meiner Julie, andererseits waren da meine Handelsposten in Sibirien. Was ich mir mühevoll aufgebaut hatte, durfte ich nicht aufs Spiel setzen. Viele Pelzhändler wären glücklich gewesen, so gute Kontakte zu den Stämmen zu haben, wie ich sie hatte. Blieb ich für längere Zeit weg, würden sich meine Handelspartner neue Händler suchen, und ich mußte wieder von vorne anfangen. Ich war aber verantwortlich für Julie, ich mußte sie ernähren, und sie sollte es gut haben. Darum mußte ich Geld verdienen, und da der Pelzhandel sehr gutes Geld einbrachte, entschloß ich mich, meine Abreise vorzubereiten.

Eines Tages kam ich aus der Handelsstation nach Hause. Ich war dort gewesen, um eine größere Bestellung an Tauschwaren aufzugeben. Es war ein erfolgreicher Tag gewesen, ich war rundum zufrieden, hatte einen guten Preis festgemacht und schlenderte guter Dinge und fröhlich pfeifend nach

Hause. Julie wartete schon auf mich, sie war sehr aufgeregt und besonders schön an diesem Abend. Es war der Abend, an dem sie mir eröffnete, daß wir einen Sohn bekommen würden. Noch heute erinnere ich mich gut daran, daß ich zuerst ziemlich sprachlos war, ich wußte gar nicht so richtig, wie ich meine Freude ausdrücken sollte. Später fragte ich Julie, woher sie denn wußte, daß es ein Junge werden würde. Eine richtige Antwort konnte sie mir auf meine Frage nicht geben, für sie war es selbstverständlich, daß es ein Junge werden würde, und von ihrer Meinung ließ sie sich auch nicht abbringen. Meine Reisepläne gab ich vorerst auf, ich wollte Julie jetzt auf keinen Fall alleine lassen. Für sie bedeutete das natürlich doppeltes Glück: zum einen das Kind, auf das sie sich sehr freute, und dann die Sicherheit, daß ich nicht nach Sibirien fahren würde. Jedenfalls lag die Abreise nun in weiter Ferne.

So vergingen nun Monate. Julie wurde immer runder und schöner, und ich wurde immer stolzer.

Wir lebten von den Erträgen, die ich auf meinen ersten Reisen erzielt hatte. Ein kleiner Geldbetrag lag noch auf der Bank, der für unser bescheidenes Leben reichte. Julie beschäftigte sich mit dem Nähen von Kinderkleidung, und es war eine wahre Freude, ihr dabei zuzusehen. Ich hatte etwas Holz aufgetrieben, was in Nome gar nicht so einfach war. Aus diesem Holz zauberte ich eine wunderschöne Wiege. Julie hatte so etwas natürlich noch nie gesehen, und ich mußte ihr den Zweck, den so eine Wiege erfüllt, erst einmal erklären. Ich nehme an, unsere Wiege war die erste und einzige, die Nome jemals gesehen hat.

Es dauerte gar nicht lange, bis wir alles vorbereitet hatten. Julie erklärte mir, das Kind solle keinen Eskimonamen bekommen, sondern George heißen, weil sie diesen Namen so schön fand. Ich war einverstanden mit ihrer Wahl. Als ich aber meinte, es sei vielleicht angebracht, auch einen Mädchennamen auszuwählen, wollte Julie davon nichts wissen. Für sie gab es keinen Zweifel. Das Kind konnte nur ein Junge werden.

Ein wenig gedämpft wurde meine Vorfreude dadurch, daß ich mir ernsthafte Sorgen um unsere Zukunft machte. Was mochte in der Zwischenzeit mit meinen Handelsstationen passiert sein? Immer häufiger ging ich zum

Hafen oder in die Stadt, immer in der Hoffnung, vielleicht jemanden zu treffen, der gerade aus Sibirien kam. Aber da war niemand.

Eine Zeitlang arbeitete ich auch am Schiff, machte es klar für die nächste Reise. Die Segel nahm ich mit nach Hause, um zu flicken, wo es etwas zu flicken gab. Julie half mir dabei, und ich bewunderte erneut ihre Fingerfertigkeit. Ihr ging diese Art von Arbeit viel schneller von der Hand als mir.

Die Hebamme war eine alte Eskimofrau. Als die Geburt sich ankündigte, vertrieb mich die Alte aus meiner Hütte mit den Worten: »In einer Stunde können Sie Ihren Sohn sehen!«

Der Sohn war eine Tochter, die ich Elisabeth nannte. Sie war das süßeste Kind der ganzen Welt, und das schönste selbstverständlich auch. Und ich war der glücklichste Vater, den Nome gesehen hatte. Nie werde ich vergessen, wie Julie erschöpft, in Decken eingehüllt in unserer Hütte lag und flüsterte: »Nun hast du doch keinen Sohn.« Aber obwohl sie schwach war, klang ihre Stimme stolz und glücklich.

Jeden Tag war von nun an Besuch in unserer Hütte, jede Eskimofrau in Nome wollte natürlich das Kind bewundern, und von allen wurde Betty in höchsten Tönen gelobt.

Und dann kam der Tag, an dem ich beschloß, mit Julie zu reden: Ich konnte meine Abreise nicht mehr länger hinauszögern, wenn ich überhaupt meine sibirischen Posten noch retten wollte. Julie nahm meine Entscheidung gefaßt hin, viel gefaßter als sie vor der Geburt gewesen war.

Zu Fuß über die Beringstraße

Tag um Tag zögerte ich meine Abreise hinaus. Ich wollte meine Frau und meine Tochter nicht alleine lassen, ich war stolz auf meine Familie. Mittlerweile war der Sommer vorbei, und der Herbst war gekommen. So nahm ich schweren Herzens Abschied von meiner Familie und verließ Nome. Früher hatte es mir nie etwas ausgemacht, das zu verlassen, was man Heimat nennt. Meine Heimat konnte überall sein, wo ich mich gerade zu Hause fühlte. Jetzt war es anders. Jetzt war meine Heimat dort, wo Julie und Elisabeth waren, und die waren in Nome.

Während der Überfahrt nach Sibirien dachte ich immerfort an meine Familie, und nichts wünschte ich mir mehr, als daß ich bereits auf der Heimreise wäre. Aber ich hatte noch einen sehr langen Weg vor mir und einen Winter in Sibirien; wenn ich nach Nome zurückkam, würde Elisabeth schon mehr als ein Jahr alt sein.

Die Überfahrt dauerte länger als ich gedacht hatte. Dann wurde es plötzlich sehr kalt, ein Temperatursturz, wie ich ihn vorher nirgendwo erlebt hatte. Binnen weniger Stunden war die gesamte See von einer dünnen Eisschicht überzogen, die stetig dicker wurde. Mit Schrecken beobachtete ich die See. Noch pflügte mein Schiff durch das dünne Eis und zerteilte es mit seinem Bug, aber wie lange würde das noch gehen. Wenn die Temperaturen so anhielten, saß ich unweigerlich fest. Immer langsamer wurde die Fahrt, immer schwerfälliger wurden mein Schiff und seine Bewegungen, manchmal hatte ich das Gefühl, als arbeitete es auf der Stelle. Dann kam wirklich der Moment, an dem nichts mehr ging. Ich saß fest, konnte weder vor noch zurück. So sehr sich die Maschine auch anstrengte, sie konnte die Eisdecke nicht durchbrechen – und das nur wenige Meilen von der sibirischen Küste entfernt. Ich konnte beobachten, wie das Meer zufror. Wenn ich nur einen Tag früher in Nome gestartet wäre, hätte ich es geschafft. Nur einen einzigen

Tag! Nun war es zu spät. Jetzt blieb mir nichts mehr übrig als zu warten, bis die Eisdecke dick genug war, um mich zu tragen. Und das war eine Frage von ein paar Tagen. Vielleicht konnte ich mich retten, das Notwendigste auf den Schlitten laden, den ich an Bord hatte und ans Ufer gelangen. Das Schiff aber war verloren, das Eis würde es zerdrücken und zermalmen, zusammenpressen wie eine Streichholzschachtel. Ich verbrachte ruhelos Tage und Nächte an Bord.

Am fünften Tag beschloß ich, das Schiff zu verlassen. Das Notwendigste an Ausrüstung, meine Waffen, etwas an Tauschware, einen Kanister Petroleum, eine Petroleumlampe und ein paar Decken verstaute ich auf dem Schlitten und ließ ihn vorsichtig auf das Eis herunter. Ich wollte diese Gegenstände ans Ufer bringen und dann zum Schiff zurückkommen, um den Rest zu bergen. Auch meinen Proviant hatte ich dabei, als ich, den Schlitten hinter mir herziehend, in Richtung Küste lief. Einige Male drehte ich mich um. Bald war das Schiff nur noch ein kleiner, kaum sichtbarer Punkt im ewigen Eis. Dann war auch er verschwunden. Nach Stunden erreichte ich das rettende Ufer. Es war spät und kalt, ich war erschöpft. Nie werde ich die Nacht vergessen, diese erste Nacht nach meinem Schiffbruch. Wo ich genau war, wußte ich nicht, ich hatte völlig die Orientierung verloren. Ich wußte nur, daß ich das rettende Ufer erreicht hatte.

Ich spürte den Wind nicht, denn ich war im Buschdickicht gut geschützt, aber ich hörte sein Heulen, und es schneite, schneite, schneite. Das war der Beginn des sibirischen Winters. Als Lager für die Nacht wählte ich eine kleine offene Fläche aus, die von Fichten umgeben war. Ich ging um mein Camp herum und schlug ein paarmal mit dem Rücken meines Beiles an die Bäume, damit der Schnee herunterfiel. Dann hieb ich von zwei Fichten die unteren Zweige bis zu einer Höhe von zwei Metern ab, das war mein Holz zum Feueranmachen. Mit einem Topf schaufelte ich Schnee zur Seite, der als Wand die Wärme des Feuers reflektieren sollte. Unter das Holz schob ich Birkenrinde und zündete sie an. Sorgfältig baute ich die Flamme auf, nahm dickere Äste und schließlich Holzklötze – alles, was mir an Brennbarem in die Hände fiel, bis ich ein richtig großes Feuer hatte. Dann füllte ich den Topf mit Schnee und setzte ihn auf die Glut. Ich schlug eine schlanke, trockene Fichte, schlug die Äste ab und warf von Zeit zu Zeit einen Armvoll des Kleinzeugs ins Feuer. Ich unterteilte den Fichtenstamm in zwei lange Klötze, die ich über das Feuer schob, so daß sie auf dem Schneewall auf beiden Seiten auflagen. Prompt züngelten die Flammen drumherum, und bald hatte sich eine glühende Holzkohlenschicht daran gebildet, die die ganze Nacht Hitze spenden würde und morgens wieder entfacht werden konnte. Mit dem Stiel des Beiles holte ich den Topf aus dem Feuer, füllte ihn erneut mit Schnee und setzte ihn wieder auf das Feuer. Dann lief ich durch den Busch und kehrte mit Armen voll weicher, grüner Fichtenzweige zurück. Diese Fichtenzweige steckte ich, die Unterseite nach unten, zu einer Matte zusammen und schichtete sie, die Enden ineinander versteckt, zu einem Bett, auf dem ich weich schlafen würde. An einem Ende wurde die Schicht verstärkt, das war das Kopfkissen.

Der Topf war halb voll Wasser, das fast kochte. In meiner kleinen Bratpfanne befanden sich Würfel getrockneten Fleisches, das ich von Alaska mit herübergebracht hatte. Das sollte mein Abendessen werden. Ich aß und legte mich danach in mein Fichtenbett.

Meine Vermutung war, daß ich mich sehr weit im Norden befand. Wenn das zutraf, mußte das hier das Küstengrenzgebiet zwischen Taiga und Tundra sein.

Bei den Menschen hier, falls es überhaupt welche gab, konnte es sich nur um Eskimos handeln.

Ich lag stundenlang auf meinem Fichtenbett wach. Wo ich wohl sein mochte und wie weit ich abgetrieben war? Ich dachte an mein Schiff und daran, wie lange es wohl dauern mochte, bis es der Kraft des Eises nicht mehr standhalten würde. Voller Wut mußte ich daran denken, wie das Eis mein Schiff unter sich begraben würde, und mit ihm die ganze Ausrüstung, die ich an Bord gelassen hatte. Ich hatte keine Angst davor, daß ich nicht durchkommen würde, nein, schließlich hatte ich Waffen und Proviant dabei; ich dachte vielmehr an meine Handelsposten. Die warteten dringend auf Nachschub, und ich saß fest.

Am nächsten Morgen entfachte ich das Feuer erneut und machte mir etwas zu essen. Ich belud meinen Schlitten und stapfte durch den tiefen Schnee in eine Richtung, von der ich vermutete, daß es Norden war. Hier, irgendwo entlang der Küste, hoffte ich am ehesten auf Menschen zu treffen.

Endlich, am 17. Tag, sah ich eine Gruppe von Jägern. Längst hatte ich die Baumgrenze hinter mir gelassen, zweimal sogar einen Schneehasen geschossen. Die Eskimos waren ziemlich erstaunt, hier oben einen Menschen zu treffen, der kein Eskimo war. Ich verständigte mich mit ihnen, so gut es ging, und sie forderten mich auf, sie in ihr Dorf zu begleiten, das zwei Tagesreisen weiter nördlich lag. Im Dorf stellte ich mich dem Häuptling vor und verteilte Geschenke, das wenige, was ich an Tauschgegenständen von meinem Schiff gerettet hatte. Im Eskimodorf blieb ich erst einmal. Wo sollte ich auch anders hin?

Monat um Monat verging im kleinen Dorf der Eskimos an der Küste der Tschuktschensee im nördlichen Ostsibirien. Ich hatte mich schweren Herzens damit abgefunden, daß dieses Jahr für mich ein verlorenes Jahr sein würde. Mein Schiff war verloren, meine Handelsposten konnte ich nicht aufsuchen, meine Tauschware war dahin, von den Pelzen ganz zu schweigen, und meine korjakischen Freunde mußten mich für tot halten. Julie mußte der Meinung sein, daß ich irgendwo auf Kamtschatka meinen Geschäften nachging, bestimmt dachte sie nicht im Traum daran, daß mir etwas zugestoßen war.

Eines Tages stand mein Entschluß fest, ich mußte zurück nach Nome, um so schnell wie möglich ein neues Schiff zu kaufen. Das Geld dazu hatte ich. Es lag auf der Bank, und es würde mir sogar noch genug übrig bleiben, um mich mit Handelsware auszurüsten. Eines meiner beiden Gewehre tauschte ich gegen einen Schlitten und sechs prächtige, ausgeruhte Hunde ein, für ein paar Messer kaufte ich Proviant, und dann nahm ich Abschied von den Eskimos, bei denen ich fast den ganzen Winter verbracht hatte.

Eine Tagesreise ging es an der Küste entlang nach Süden, dann dirigierte ich das Hundegespann hinaus aufs offene Eis. Es war eine wahre Höllenfahrt mit mörderischen Temperaturen, der Wind machte meinen Hunden und mir zu schaffen, nur schwer kamen wir voran. Ich bemühte mich, so gut es ging, die Richtung zu halten, immer wieder fuhren wir Umwege von vielen Kilometern um aufgetürmte, nicht überwindbare Eisbarrieren. Manchmal hatte ich das Gefühl, wir drehten uns im Kreis. Nur an den wenigsten Stellen bildete das Eis ein glatte Fläche, auf der man dahingleiten konnte. Meistens war die Eisschicht uneben und rauh. Kaum hatte ich eines der riesigen Eismassive hinter mir gelassen, türmte sich das nächste auf. Ich mußte ständig auf der Hut sein, Eisbären konnten überall lauern, und die Gefahr, von ihnen überfallen zu werden, war besonders groß, da das Nahrungsangebot auch für die Bären nicht gerade reichhaltig war.

Dann begann es zu schneien; so stark, daß ich die Hand vor Augen nicht sah. Immer wieder befürchtete ich, in die falsche Richtung zu fahren; schwer arbeiteten die Hunde, und ich hatte kaum noch Vorräte, um ihnen ihre Fleischration geben zu können. Da entschloß ich mich schweren Herzens, einen der Hunde zu opfern. Ich erschoß den Schwächsten aus dem Gespann, und seine Artgenossen stürzten sich auf ihn. Das erste Mal seit vielen Tagen, daß sie wieder satt wurden.

Drei Tage später mußte ich den nächsten Hund erschießen. Das Eis hatte ihm die Pfoten zerschnitten, und er quälte sich fürchterlich. Vier Hunde hatte ich noch, nicht genug, um meinen Schlitten zu ziehen, es wurde kritisch. Schon vorher befand ich mich in schlimmen Situationen, aber jetzt hatte ich Angst, der weißen Hölle nicht mehr entrinnen zu können. Ich quälte mich voran. Die armen Hunde legten sich in die Seile und taten, was sie nur konnten. Ein schrecklicher Wind blies von vorne. Die Hunde waren am Ende. Immer häufiger mußten sie sich hinlegen und ausruhen. Ich konnte es nicht länger mit ansehen und befreite sie aus dem Geschirr. Es blieb mir keine andere Wahl: Ich mußte den Schlitten aufgeben und zurücklassen. Nur meine Waffen nahm ich mit, eine Plane schnürte ich auf meinem Rücken fest, und ein Seil band ich mir um die Hüften. Im Gürtel steckten ein langes Messer und ein Beil, ein Gewehr hatte ich auf dem Rücken, ein anderes in der Hand, die Taschen steckten voller Munition. Schritt für Schritt kämpfte ich mich vorwärts, gefolgt von vier müden Eskimohunden, die ebenso wie ich am Ende waren.

Bald spürte ich nicht einmal mehr die Kälte. Angst überfiel mich. Wenn einer in der Arktis die Kälte nicht mehr merkt, dann wird er bald erfrieren, sagen die Eskimos. Wer viel im ewigen Eis unterwegs ist, hat immer ein wenig Holz bei sich, um ein Feuer zu machen. Auch wenn die Flamme noch so klein ist, reicht sie in den meisten Fällen doch aus, um Hände und Gesicht zu wärmen. Auch hatte ich einige Holzstückchen bei mir, genug, um ein bescheidenes Feuer zu machen, an dem ich mich, wenn auch nur für ein paar Minuten, wärmen konnte. Sehr sparsam ging ich mit dem wenigen Holz um, das ich besaß. Es konnte mein Leben retten, wenn ich überhaupt noch eine Chance hatte, der weißen Hölle zu entrinnen. So kann Holz den Wert von Gold bekommen.

Ich hatte völlig die Orientierung verloren, alles sah gleich aus, ein bizarres Eisgebilde reihte sich an das andere, Totenstille überall, nur meinen keuchenden Atem und das Hecheln der Hunde hörte ich. Ob ich jemals die Küste Alaskas erreichen sollte? Immer weiter vorwärts. Nur nicht ausruhen und einschlafen, das wäre das sichere Ende.

Auf einmal sah ich etwas vor mir, einige hundert Meter entfernt. Was es war, konnte ich nicht sagen, so schnell wie möglich ging ich auf den dunklen Punkt zu, und dann erkannte ich es. Es war mein Schlitten, den ich zurückgelassen hatte. Ich war im Kreis gelaufen. Zehn Stunden im Kreis gelaufen. Erschöpft legte ich mich auf den Schlitten, und die Hunde ließen sich in den Schnee fallen.

Ich wollte ausruhen, mich wärmen, und dabei konnte mir der Schlitten einen guten Dienst erweisen. Zuerst entlud ich den Schlitten, und dann machte ich mit dem Beil Kleinholz aus ihm. Bald brannte ein anständiges Feuer, das mich zumindest für die nächsten Stunden wärmen würde. So dicht es ging, kroch ich an das Feuer heran, unter mir hatte ich eine Plane ausgebreitet und mich mit einem Fell zugedeckt. Irgendwie war ich plötzlich sehr froh darüber, im Kreis gelaufen zu sein und meinen Schlitten gefunden zu haben. Hunger hatte ich keinen, nur Durst. Über dem Feuer taute ich etwas Schnee und trank das heiße Wasser in gierigen Zügen. Wie gelähmt vor Erschöpfung legte ich mich dann hin. Schlafen konnte ich nicht. Ich überlegte verzweifelt, wie es passiert sein konnte, daß ich im Kreis gelaufen war. Dann hatte ich die Antwort: Ich war vermutlich auf driftendem Packeis. Noch einmal legte ich Feuerholz nach und versuchte dann zu schlafen.

Als ich aufwachte, ging es mir besser. Sorgfältig band ich so viel Schlittenholz, wie ich tragen konnte, auf meinen Rücken und machte mich erneut auf den Weg. Einer der Hunde blieb zurück, er konnte nicht mehr mithalten, mir blieb nichts anderes übrig, als ihn zu erschießen. So hatten meine drei übrigen Hunde wieder etwas zu fressen und kamen einigermaßen zu Kräften. Automatisch setzte ich einen Fuß vor den anderen, und schreckliche Gedanken zogen durch meinen Kopf. Ich versuchte mich damit abzufinden, daß ich in dieser Eiswüste mein Ende finden würde. Einsam und verlassen würde ich sterben, keine Menschenseele konnte mich finden, ich war verloren. Das Holz auf meinem Rücken wurde schwer, immer häufiger mußte ich Rast machen.

Insgesamt acht Stunden mochte ich seit dem Aufbruch am Morgen unterwegs gewesen sein. Wieder machte ich Feuer, hockte mich aufs Eis und beobachtete, wie die Flammen das Holz auffraßen. Ich war mir darüber im klaren, daß das meine letzte Nacht sein würde. Wenn ich am nächsten Tag nicht mein Ziel erreichte oder Hilfe bekam, war ich verloren. Eigenartig, wie sich der Mensch in solchen Situationen an die kleinen Dinge klammert. Ich jedenfalls tröstete mich mit der letzten warmen Nacht. Und außerdem: der Tod des Erfrierens soll ja angeblich ein humaner Tod sein. Am nächsten Morgen brannte das letzte Stück Holz.

Als ich mit den drei Hunden aufbrach, fiel mir das Gehen leichter, da ich keine schwere Last mehr auf meinem Rücken hatte. Und dann wurden die Hunde unruhig, wollten keinen Schritt mehr vorwärts gehen und kauerten sich ängstlich auf den Boden. Als ich den Eisbären vor mir sah, riß ich mein Gewehr von der Schulter.

Es war eine riesige Bärin mit zwei kaum vier Monate alten Jungen. Böse äugte das Muttertier in unsere Richtung und warf unruhig ihren Kopf hin und her. Dann verschwanden die Bären hinter einem Eishügel, waren außer Sicht und damit auch außer Schußweite. Wenn die Bärin wieder auftauchte, mußte ich schießen und treffen. Tödlich treffen, denn ein angeschossener Eisbär wird zur Bestie und würde mich zerfleischen.

Schritt für Schritt, ganz langsam, ging ich weiter. Die Hunde waren nicht dazu zu bewegen, mir zu folgen. Von den Bären war weit und breit nichts mehr zu sehen. Ich hatte Glück, sie hatten sich aus dem Staub gemacht. Ich gab einen Schuß in die Luft ab und hoffte, damit die Bären gänzlich zu vertreiben. Dann marschierte ich weiter, und auch die Hunde kamen wieder mit.

Ich beschloß, noch so lange weiterzulaufen, bis ich nicht mehr konnte. Ohne Holz sah alles hoffnungslos aus, und trotzdem wollte ich nicht sterben. Ich würde am späten Nachmittag damit beginnen, eine Schneehöhle zu bauen, vielleicht auch einen Iglu, je nachdem, ob es mir gelang, mit dem Beil Eisblöcke zurechtzuschlagen. Ich hatte einige Male gesehen, wie die Eskimos das machen. In einem Iglu war es zwar nicht warm, aber frieren ist besser als erfrieren, sagte ich mir.

So weit kam es glücklicherweise nicht mehr, denn ich war näher an der Küste, als ich es geglaubt hatte, am Nachmittag sah ich die ersten Häuser von Nome. Was ich nicht wissen konnte, war, daß ich als erster Weißer die Beringstraße im Winter mit Schlittenhunden überquert hatte.

Ich konnte mein Glück kaum fassen, als ich die Küste vor mir sah. Nome war zum Greifen nahe, und ich spürte, wie in mir die Kräfte wieder wuchsen. Ein unwahrscheinliches Glück hatte ich gehabt, der weißen Hölle zu entrinnen und das Land direkt bei Nome zu erreichen. Auch meine Hunde schienen die menschliche Nähe, die Nähe der Zivilisation zu wittern und wurden schneller.

Ich vergaß die Strapazen der vergangenen Tage, ich dachte nur noch an Julie. Was mochte sie wohl sagen, wenn sie mich sah? Und ich freute mich auf Betty, meine kleine Tochter. Bestimmt war sie um zehn Zentimeter gewachsen, seit ich sie das letzte Mal gesehen hatte!

So schnell ich in meinem Zustand konnte, eilte ich durch die Stadt in Richtung unserer Hütte. Ich hatte es geschafft. Ich hatte überlebt.

Julie war nicht zu Hause, und Betty war auch nicht da. So aufgeräumt sah unsere Hütte aus. Vielleicht besuchte Julie Freunde, vielleicht war sie auch in der Handelsstation, um etwas einzukaufen. Und dann hörte ich die bittere Wahrheit: Julie war tot. Am Kindbettfieber gestorben bei der Geburt unseres zweiten Kindes. Auch das Kind war tot. Ich konnte nicht einmal mehr weinen, so groß waren der Schmerz und die Trauer. Das Leben hatte keinen Sinn mehr. Ich verfluchte mich selbst, ich verfluchte den Tag, an dem ich Nome verlassen hatte. Ich fühlte mich mitschuldig an Julies Tod. Immer wieder fragte ich mich, warum ausgerechnet meine Frau sterben mußte.

Meine kleine Tochter Elisabeth war von Schwestern mit nach Anchorage genommen worden. Ich hörte, ihr ginge es gut, sie würde umsorgt und behütet. Natürlich war das ein Trost. Wenigstens ging es Elisabeth gut! Als es Frühling wurde, wollte ich weg von Nome, ich wollte alles hinter mir lassen, vor allem die Erinnerungen. Kurzentschlossen holte ich das, was ich noch an Geld auf der Bank hatte, und als ich hörte, daß ein kleinerer Dreimaster nach Wladiwostok auslief, buchte ich eine Passage und ging an Bord.

Die Flucht vor der Pracht

Beeindruckt lief ich durch die Straßen von Wladiwostok. Ich bestaunte die prächtigen Gebäude, die Kirchen mit den Zwiebeltürmen, die vielen Kutschen und vornehmen Menschen. Ich war sicher, daß Petersburg oder Paris auch nicht prächtiger sein konnten. Im Pelzhandelshaus Rogazejew bewunderte ich die herrlichen Zobel in den Auslagen, plötzlich hatte ich eine Idee, ging in das Geschäft hinein und verlangte den Besitzer des Ladens und der Pelze zu sprechen.

Nikolai Nikolajewitsch Rogazejew war ein feiner, sehr elegant gekleideter Herr in den besten Jahren, der sehr vornehm aussah mit seiner goldenen Uhrkette, dem sorgsam gescheitelten grauen Haar und dem Monokel. Mit den Worten: »Was wollt Ihr von mir?« begrüßte mich Herr Rogazejew eher kühl als freundlich. Und dabei guckte er mich von oben bis unten neugierig an.

»Ich bin Pelzhändler und möchte von Euch wissen, von wem Ihr Eure Pelze kauft und ob Ihr nicht mit einem wie mir zusammenarbeiten wollt. Ich bin neu hier in Wladiwostok und suche nach jemandem, den ich beliefern kann.«

»So, so«, sagte er, »Ihr wollt Pelze liefern. Wo habt Ihr denn Eure Pelze?« Ich erklärte ihm, daß ich momentan keine Pelze bei mir habe, weil ich gerade aus Nome gekommen sei. Als ich ihm aber erzählte, daß ich zwei Handelsposten auf Kamtschatka besaß, da fing ich an, ihn zu interessieren. Kurzerhand lud er mich zu sich nach Hause ein.

Das Haus von Herrn Rogazejew war ein einziger Traum, so schön, wie ich nie vorher ein Haus gesehen hatte. Es mußten sehr reiche Leute sein, die Rogazejews. Kristallene Leuchter hingen von der Decke herunter. An den Wänden waren kostbare Gemälde, die zaristische Offiziere darstellten, und über dem Kamin hing, riesengroß und in einem goldenen Rahmen, das Bild der Zarenfamilie. Der Boden war mit dicken Teppichen belegt, daß man seine eigenen Schritte nicht hörte. Als ich von Herrn Rogazejew aufgefordert wurde, mich in einen der schweren Sessel zu setzen, da hatte ich fast das Gefühl, ich würde versinken, immer tiefer und tiefer. Den französischen Cognac trank ich aus einem Glas, das so dünn war, daß ich Angst hatte, ich könnte es zerbrechen. Ich sah überall, wohin ich auch schaute, nur Schönes und Kostbares.

Herr Rogazejew erzählte mir, daß er mit seiner Familie im Auftrag des Zaren nach Wladiwostok gekommen war, um hier die kostbarsten Felle Sibiriens aufzukaufen und von hier in die westlichen Provinzen des Reiches zu bringen. Dann erzählte ich Rogazejew meine ganze Geschichte, und er sagte mir, nachdem er mir zugehört hatte: »Herr Gottschalk, ich glaube, Sie sind ein deutscher Abenteurer, was Sie mir von sich und Ihrem Leben erzählt haben, das hat mich beeindruckt. Ich denke, wir passen zusammen. In Zukunft bringen Sie mir die Pelze, ich zahle exzellente Preise. Und nun sagen Sie mir, wann ich mit den ersten Fellen rechnen kann, Herr Gottschalk.«

Nun hatte ich das erreicht, was ich wollte. Ich sagte: »Geben Sie mir zwei Monate Zeit, Herr Rogazejew, und ich bringe Ihnen Pelze, so schön, wie Sie sie noch nie vorher gesehen haben. Das einzige, was ich mir von Ihnen erbitten möchte, ist eine Garantie, daß Sie mir die Felle auch abnehmen.«

Er reichte mir seine Hand, und ich schlug ein. Ein Vertragspapier würde ich auch noch bekommen, versprach er.

Dann gingen wir in den Speisesaal, das Essen war bereits angerichtet, und ich war geblendet von all dem Reichtum. Vor jedem Teller standen mehrere Gläser, neben den Tellern lagen verschiedene goldene Messer, Gabeln und Löffel, als ob der Mensch mit mehr als einem einzigen Besteck essen könnte. Ich wußte nicht, wo ich anfangen sollte. Wachteln gab es, Fasane, Enten, Fisch, herrliche Saucen, verschiedene Gemüse und köstliche Weine. Der Tisch war so beladen, als wartete Herr Rogazejew auf weitere 20 Gäste. Dabei waren wir nur vier Personen. Herr Rogazejew stellte mich seiner Familie vor. Seiner Frau Katharina, die, wie er, aus Moskau stammte und seinem Töchterchen Anna, einem netten blonden Geschöpf von vielleicht

16 Jahren. Mich nannte Herr Rogazejew nur kurz den Pelzhändler Max Gottschalk.

Das Tischgespräch bestimmte eigentlich Herr Rogazejew ganz allein. Um zwei Dinge drehte sich alles, um Pelze und um Politik. Um den russisch-japanischen Krieg, der nun schon einige Jahre zurücklag, und warum der Zar die beschämende Niederlage hinnehmen mußte und welche großen strategischen Fehler das russische Militär gemacht hatte, was dann zur Niederlage führen mußte. Dann wiederum erhob Herr Rogazejew plötzlich sein Glas zu einem Trinkspruch auf seine Majestät, Zar Nikolaus und die ganze kaiserliche Familie. Dann rätselte Herr Rogazejew, ob sich die Zarenfamilie wohl im Palast in Petersburg, im Kreml in Moskau oder auf den Besitzungen von Zarskoje Selo aufhielt. Für Herrn Rogazejew schien das wichtig zu sein, mir war es ziemlich egal, weil mich der Zar und seine ganze Familie nicht interessierte. Frau Rogazejew hörte ihrem Mann schweigend und voller Bewunderung zu. Tochter Anna schien sich für die große Tischpolitik ebensowenig zu interessieren wie ich es tat.

»Herr Gottschalk«, sprach mich Rogazejew plötzlich an. »Sie kennen sich doch aus oben im Norden, auf Kamtschatka und im Anadyr-Gebiet. Dann müßten Sie doch die Unruhen dort am eigenen Leibe gespürt oder doch zumindest davon gehört haben?«

»Welche Unruhen?« fragte ich nichtsahnend.

»Sie müssen davon gehört haben, Gottschalk. Überall wird Militär zusammengezogen. Verstärkungen aus dem Westen sind seit Monaten unterwegs. Das Volk dort oben rebelliert gegen Seine Majestät. Gottschalk, ich sage Ihnen, das sind alles Phantasten, die glauben ohne Seine Majestät leben zu können. Gottschalk, Sie sind noch jung. Aber das will ich Ihnen sagen. Ein Volk braucht einen Herrscher. Und ein starkes Volk braucht einen starken Herrscher. Ohne Herrscher geht das Volk zugrunde. So ist das. Man erzählt sich von Deserteuren, die sich dort oben in den Wäldern versteckt halten. So zahlreich sollen sie angeblich schon sein, daß sie eigene Regimenter haben. Und wissen Sie, was die wollen, Gottschalk? Die reden von einem freien Sibirien, das muß man sich einmal vorstellen, von einem freien Sibirien. Das ist Meuterei, das ist Hochverrat. Ich jedenfalls, mein lieber Gottschalk, wünsche mir, meiner Familie und jedem anderen anständigen Russen, und Ihnen natürlich auch, obwohl Sie gar kein Russe sind, daß Semjonow aufräumt unter den Rebellen.«

»Wer ist Semjonow?« fragte ich.

»Sie kennen Semjonow nicht?«

»Nein.«

»Jeder Russe kennt Semjonow.«

»Ich nicht.«

»Gut, Gottschalk, Ihnen kann man verzeihen, weil Sie kein Russe sind. Der Kosaken-Ataman Semjonow ist einer der glühendsten Anhänger Seiner Majestät des Zaren und gleichzeitig einer der mächtigsten Vertrauten. Der Zar selbst war es, der Semjonow damit beauftragt hat, in Nordost-Sibirien wieder für Ruhe und Ordnung zu sorgen. Wenn Semjonow nur ein Wort sagt, wird ihm Seine Majestät 250 000 Kosaken zur Seite geben. Bald ist der Norden wieder frei von dem ganzen Gesindel, und jeder kann dort unbehelligt seiner Arbeit nachgehen, ohne Gefahr laufen zu müssen, von desertierendem Pöbel um sein Hab und Gut und womöglich sein Leben gebracht zu werden. Auf Semjonow!« sagte Rogazejew und hob sein Glas. Er nahm einen tiefen Schluck, denn offenbar war ihm vom vielen Reden die Kehle trocken geworden.

Rogazejew redete von Deserteuren, Rebellion und Hochverrat. Ich dachte an Juri.

Jetzt sprach man sogar schon hier unten im Süden, in Wladiwostok, von ihm und seinen Männern. Wenn das stimmte, was Rogazejew gesagt hatte, und die Rebellen unter Juris Führung bereits Regiments-Stärke hatten, dann bedeutete das Krieg. Ich war überzeugt davon, daß sich Juri von keinem Semjonow der ganzen Welt unterkriegen lassen würde. Meine Gedanken behielt ich für mich.

»Wissen Sie, Gottschalk«, plötzlich nahm Rogazejews Stimme einen fast malancholischen Klang an, »was sind das bloß für Zeiten! Hier in Sibirien will das Pack unabhängig werden. Man stelle sich diesen Unsinn bloß einmal vor! Und im Westen? Beschämend, was dort passiert ist. Verfassung. So ein Unsinn. Was will das Volk mit einer Verfassung? Als ob es dem Volk nicht gut gegangen ist, als der Adel, das Offizierskorps und die Händler Rußlands Geschichte machten. Mal ehrlich, Gottschalk. Würden Sie einen Bauern um seine Meinung fragen? Was stellen sich diese Revolutionäre bloß vor? Mein Schwager in Moskau, Gottschalk, der erzählte mir sogar, als ich mit ihm über die Zukunft und die furchtbaren Zustände in unserem Lande sprach, es gäbe da Menschen, die der Meinung sind, Rußland brauche keinen Zaren. Stellen Sie sich das nur einmal vor! Rußland ohne Zaren!«

Als das Abendessen zu Ende war, gingen wir zurück in den Salon, und wir ließen uns zu türkischem Mokka im Sessel nieder.

Anna betrachtete mich zwischen zwei Schluck Mokka verstohlen. Sie war ein schönes Mädchen mit wasserblauen Augen, die besonders gut zu den blonden Haaren paßten. In den zwei Stunden, die ich nun im Haus der Rogazejews war, hatte ich noch kein Wort mit ihr gewechselt, ich war selbst kaum zu Wort gekommen, was ja auch kein Wunder war bei dem Wortschwall Rogazejews.

Glück hatte ich, als Frau Rogazejew mit ihren Dienstboten etwas zu besprechen hatte und Herr Rogazejew sich für einige Minuten in sein Arbeitszimmer zurückzog. Anna und ich waren auf einmal allein im großen Salon. Nur um etwas zu sagen, sprach ich sie an: »Wir werden uns wohl jetzt häufiger sehen. Ich bin der neue Handelspartner Ihres Vaters. Ich bin Pelzhändler.«

»Wo? In Sibirien? Mein Vater sagte, Sie seien aus Alaska?«

»Ja und nein. Ich reise schon lange durch Sibirien, aber früher bin ich immer wieder nach Alaska zurückgekehrt. Aber das ist jetzt vorbei. Jetzt werde ich wohl hier in Sibirien bleiben.«

»Sie gehen nicht mehr nach Alaska zurück?«

»Nein, Anna.«

»Warum nicht?«

»Ich möchte nicht darüber sprechen.«

»Warum denn nicht?«

»Weil es etwas ganz Persönliches ist, Anna.«

»Das verstehe ich, Herr Gottschalk, ich werde nicht weiter fragen. Bitte entschuldigen Sie meine Aufdringlichkeit.«

181

Ich wollte ein bißchen mehr über sie wissen. »Und Sie, Anna, was machen Sie? Ich meine, außer sich mit mir zu unterhalten?«

Sie lachte. »Ich? Ich lebe hier mit meinen Eltern. Meine Schulausbildung habe ich beendet. Der Hauslehrer kommt nicht mehr. Oft spiele ich Klavier. Manchmal mache ich Einkäufe mit meiner Mutter in der Stadt, ich nähe und lese.«

Sie machte eine Pause, dann fuhr sie fort. »Nicht besonders aufregend, oder?« fragte sie.

»Was ist schon aufregend?« antwortete ich.

»Zum Beispiel, was Sie tun. Pelzhändler. Das stelle ich mir sehr aufregend vor.«

»Wieso?« fragte ich.

»Weil Sie viel sehen, viel erleben. Im Sommer und im Winter draußen im Lande unterwegs sein. Die Tiere erleben. Das Knirschen des Schnees hören. Und das Plätschern des Wassers. Jeden Tag etwas anderes erleben . . .«

»Und nie wissen, ob man den nächsten Tag erlebt«, fiel ich ihr ins Wort.

»Aber wenigstens besteht Ihr Leben aus etwas. Und das ist eben der Unterschied zwischen Ihrem Leben und meinem.«

Noch nie hatte ich mich mit einer Frau über so etwas unterhalten. Das war völlig neu für mich. Und während ich in Wladiwostok im Hause der Rogazejews Anna anschaute, mußte ich plötzlich an meine Julie denken. Was war an Anna so anders als an Julie? Da war die Umgebung, aus der die beiden kamen. Kajaktak – das Eskimomädchen – die Häuptlingstochter von der Beringstraße. Und hier Anna, die behütete Tochter eines wohlhabenden russischen Kaufmannes. Zwei Welten waren das. Und diese Frau, die sehnte sich nach der Wildnis.

»Anna, wissen Sie eigentlich, was das bedeutet, Sibirien im Winter? Da ist es so kalt, daß du Angst vor dem Atmen hast. Du weißt nie, ob dich nicht schon seit Tagen ein Rudel Wölfe beobachtet und verfolgt, um in der nächsten Nacht zuzuschlagen. Und du weißt nie, ob du am nächsten Tag etwas zu essen hast. Ständig mußt du in Sorge sein, daß dein Feuer ausgeht.«

Anna wurde sehr nachdenklich.

»Anna, bei Ihnen ist es so wie bei jedem anderen Menschen. Das, was der

Mensch nicht hat, das will er unbedingt haben. Bekommt er dann das, wovon er geträumt hat, dann will er wieder etwas ganz anderes.«

»Sie verstehen mich nicht, Herr Gottschalk, Sie kennen mich überhaupt nicht, Sie wissen nicht, was ich denke, und noch viel weniger wissen Sie, wovon ich träume.«

»Dann sagen Sie es mir doch, wenn ich es nicht weiß!«

»Warum sollte ich?«

»Weil es mich interessiert, Anna. Weil ich mich gerne mit Menschen unterhalte, die etwas zu sagen haben.«

»Und Sie meinen, ich habe etwas zu sagen?«

»Ich glaube schon.«

»Herr Gottschalk, wenn Sie ein Leben führen müßten, ein so langweiliges Leben wie ich, dann könnten Sie mich bestimmt verstehen. Mein Vater ist ein Träumer. Der lebt in einer Zeit, die lange vorbei ist. Und meine Mutter, die interessiert sich nur für das Haus und die Bediensteten.«

»Anna, ich bin sicher, Ihre Eltern wollen nur das Allerbeste für Sie. Wohl die Mehrzahl aller anderen Mädchen in Rußland würde Sie um Ihr Leben beneiden.«

»Ja, beneiden, Herr Gottschalk. Das nennen Sie beneiden, aber das sagen Sie ja auch bloß, weil Sie dieses Leben nicht führen müssen. Jetzt bin ich 17. In ein oder zwei Jahren werde ich heiraten. Jetzt schon bringt mein Vater einen Leutnant nach dem anderen zu uns nach Haus, und eines Tages werde ich als Offiziersfrau hier in der Garnison versauern. Ich weiß genau, das will ich nicht.«

Unser Gespräch wurde unterbrochen, weil Herr Rogazejew wieder in den Salon zurückkam. »Na, Gottschalk, ich hoffe, meine Tochter hat Sie gut unterhalten. Es hat etwas länger gedauert. Anna, du kannst gehen. Ich habe mit Herrn Gottschalk noch etwas zu besprechen.«

Anna ging, ohne ein Wort zu sagen und ohne ihren Vater oder mich noch eines Blickes zu würdigen. Rogazejew wollte mit mir über Preise reden. Über Preise von Fellen, die ich noch gar nicht hatte. Viel wichtiger und interessanter aber war für mich, daß Rogazejew mir anbot, in seinem Haus zu bleiben, so lange ich in Wladiwostok war. Und da ich mich in der Stadt nicht auskannte, nannte er mir auch Adressen von Händlern, bei denen ich günstig Tauschware erstehen konnte. Dann allerdings begann, was ich schon befürchtet hatte, sein nächster politischer Vortrag über die Zukunft Rußlands.

»Wissen Sie, Gottschalk, glauben Sie mir«, hob er an, »Rußland braucht Männer wie Sie. Männer, die sich treu und ergeben in den Dienst Seiner Majestät stellen und den Osten unseres großartigen Landes erschließen. Gottschalk, ich kenne Sie, ich kenne Sie sogar besser als Sie glauben. Sie sind einer von denen, die aus einem ganz besonderen Holz geschnitzt sind. Gut und Geld und Frauen, mal ehrlich, Gottschalk, das alles bedeutet Ihnen doch nichts, Sie brauchen das Abenteuer. Außerdem, um Offizier zu sein, dafür fehlt Ihnen die Bildung, um Kaufmann wie ich zu werden, dazu fehlt Ihnen das Geld, und adelig sind Sie wohl auch nicht. Aber, Gottschalk, machen Sie sich nichts draus, auch in Ihrer Klasse läßt es sich leben.«

Hätte ich widersprochen, was hätte das für einen Sinn gehabt? In Rogazejews Augen war ich der ungebildete Rohling und er der Herr. Ich ließ ihn in seinem Glauben. Einer der Bediensteten zeigte mir das Zimmer, in dem ich schlafen konnte, und ich war müde von Rogazejews Reden und dem französischen Cognac.

Am nächsten Tag war ich früh auf den Beinen, ich lief durch Wladiwostok, blieb staunend vor diesem und jenem Schaufenster stehen, ging dann in den Hafen und schaute mir die dicken Pötte an. Schon lange nicht mehr hatte ich so große Schiffe gesehen, das letzte Mal in San Francisco und Seattle. Nur sah man damals, es war ja mittlerweile ein paar Jahre her, noch viel mehr Masten und Segel. Die Zeit der großen Segelschiffe war mittlerweile vorüber, Ruß und Schornsteine und Berge von Kohlen beherrschten den Hafen von Wladiwostok. Schiffe aller Nationalitäten lagen im Hafen. Mit Besatzungen aus aller Herren Länder. Ein riesiger Kran hob Langholz auf einen griechischen Frachter. Alles war so geschäftig. Mir schien, als seien sogar die Schritte der Seeleute schneller hier im Hafen von Wladiwostok als damals, als ich noch zur See fuhr. Mittags kam ich unverrichteter Dinge ins Haus der Rogazejews zurück. Sergej, einer der Bediensteten, nahm mich in Empfang.

»Du ißt mit uns, mit dem Personal«, sagte er.

Mir sollte es recht sein. Auf die Gesellschaft der Rogazejews legte ich ohnehin keinen großen Wert. Und sie wohl auf meine auch nicht. Nur Anna, das gebe ich zu, die hätte ich gerne getroffen und mich mit ihr unterhalten. Ich traf sie auf einem der langen Flure.

»Hatten Sie einen angenehmen Tag?« fragte sie mich ohne Umschweife.

»Ich danke der Nachfrage«, sagte ich, »ja, sehr schön, ich war unten im Hafen und habe mir ein wenig die Schiffe angesehen.«

»Fernweh?« fragte sie.

»Nein, Heimweh, nach dem Norden. Ich mag keine Städte.«

»Wann brechen Sie auf?«

»In zwei Tagen.«

»In zwei Tagen«, wiederholte sie. Einen Augenblick schaute sie mich an. Dann holte sie kurz Luft und nahm ihren ganzen Mut zusammen. »Ich komme mit Ihnen.«

»Was tun Sie?« Ich hatte wohl nicht richtig gehört.

»Ich komme mit Ihnen. Sie haben richtig verstanden.«

»Sie werden den Teufel tun. Sie werden hierbleiben.«

»Nein, Herr Gottschalk, das werde ich nicht. Ich komme mit Ihnen. Erstens, weil ich Sie liebe. Und zweitens, weil Sie der einzige sind, bei dem ich meinen Traum von der Freiheit und einem neuen Leben verwirklichen kann.«

»Anna, Sie sind verrückt geworden. Was werden Ihre Eltern zu Ihrem Plan sagen?«

»Was meine Eltern sagen, das weiß ich nicht, weil ich nicht daran denke, mich mit ihnen über meine Pläne zu unterhalten. Einen Brief werde ich ihnen schreiben, in dem ich ihnen erklären werde, daß ich aus freien Stücken gehe und Sie mich nicht dazu gezwungen haben.«

Anna war wild entschlossen, ihr Vorhaben wahrzumachen. »Herr Gottschalk, Max«, sagte sie, um ihren Worten Nachdruck zu verleihen. »Ich erwarte gar nicht, daß Sie mich auch lieben. Das darf ich nicht erwarten. Nur bitte ich Sie: Nehmen Sie mich mit.«

»Anna, überlegen Sie doch, was Sie da sagen. Mit ihrem Vorhaben bringen Sie sich und auch mich in Gefahr. Man wird uns jagen. Nirgendwo werden wir sicher sein. Ihr Vater wird alle Welt veranlassen, Sie wieder zurückzuholen. Und mich wird man wegen Entführung hängen.«

Anna hatte auch darauf eine Antwort. »Nein, Max, man wird uns nicht bekommen. Nicht uns beide. Ich weiß ganz genau, daß Ihnen keiner gewachsen ist. Vielleicht werden Sie mich eines Tages auch ein ganz klein wenig lieben, wenn wir weit weg von hier leben. Max, bitte, versuchen Sie nicht, mich umzustimmen. Niemand kann mich zurückhalten.«

Damit ging sie. Und ich stand dort auf dem langen Korridor, und ihre Worte klangen mir in den Ohren. Eine verrückte Idee, das Elternhaus zu verlassen und sich einem wie mir anzuschließen. Aber war es bei mir denn anders gewesen? Und vor meinen Augen lief noch einmal mein Abschied von Husum, von meinem Elternhaus ab. Ob wohl meine Eltern noch lebten? Was mochte inzwischen in Husum passiert sein? Was mochte aus Jan geworden sein? Aus meinen Geschwistern? Wahrscheinlich hatten sie alle mich längst vergessen. Mein Schicksal war es eben, allein zu sein. Ich hatte mich daran gewöhnt. Doch plötzlich war da Anna. Kein Mädchen, das ich vor ihr kennengelernt hatte, hatte einen stärkeren Willen als sie. Anna würde ihr Vorhaben in die Tat umsetzen. Und dann? Dann würde ich mich damit abfinden müssen, daß mir der Rückweg nach Wladiwostok versperrt blieb. Rogazejew würde unerbittlich und ich der Schuldige sein. Daran würde selbst Annas Brief nichts ändern. Mich würde man vors Gericht bringen und zweifelsohne wegen Entführung zum Tode verurteilen. Was tun? Mit Rogazejew reden. Das bedeutete Schwierigkeiten und womöglich strengen Hausarrest für Anna. Heimlich verschwinden? Auch das ging nicht. Anna würde hinterherkommen und versuchen, mich zu finden. Allein aber war sie in der Wildnis verloren.

Aber Anna war alt genug, selbst zu entscheiden, was sie tat. Sie war eine kluge und intelligente Frau, und wenn sie es nun satt hatte, dieses Leben in ihrem goldenen Käfig, irgendwie konnte ich sie verstehen. Und daß sie nun ausgerechnet mich liebte, das war ein Kompliment für mich. Eine so schöne Frau wie Anna. Ich wollte ihr helfen. Wenn Anna erst einmal eine Zeitlang mit mir in der Wildnis verbracht hätte, dann würde sie eine tapfere Frau werden. Vielleicht bekäme ich einen Partner.

Ich ging in meine Kammer und setzte mich auf mein Bett. Irgendwie hatte ich das Leben in der Stadt satt. Ich mußte weg. Und die vielen Menschen, die Rogazejews, die vielen Soldaten in der Garnison, sie alle gingen mir auf die Nerven. Ich sehnte mich nach dem Frieden der Wildnis. Noch war es Spätsommer, und es konnte noch sechs bis acht Wochen dauern, bis der Winter einbrach. Jetzt mit Schlittenhunden aufzubrechen war ein zweckloses Unternehmen. Es klopfte an der Tür, und Anna kam herein.

»Sind Sie verrückt geworden, hierher in meine Kammer zu kommen?«

»Es hat mich keiner gesehen. Niemand weiß, daß ich hier bin. Du brauchst dir keine Sorgen zu machen, Max.«

Insgeheim bewunderte ich Annas Mut und ihre Entschlossenheit. Wenn Herr Rogazejew herausbekam, daß Anna hier bei mir in der Kammer war, er würde mich aus dem Hause prügeln oder noch schlimmere Dinge tun. Jedenfalls befand ich mich in einer nicht gerade ungefährlichen Situation.

»Nun, was sagst du?« fragte sie.

»Wir werden Pferde nehmen«, antwortete ich knapp.

»Ich kann reiten«, sagte sie.

»Das hoffe ich. Wir werden Tag und Nacht im Sattel sein, bis wir Wladiwostok weit genug hinter uns haben. Du kennst dich aus in Wladiwostok. Wo bekommen wir Pferde her?«

»Es gibt hier einen alten Mann, der heißt Petrowitsch, er betreibt Pferdehandel. Du bist Händler, Max, warum solltest du nicht ein Reitpferd und zwei Packpferde kaufen. Das fällt nicht auf. Geh morgen los und kaufe, was wir an Ausrüstung brauchen, um den zweiten Reitsattel kümmere ich mich.«

An alles hatte sie anscheinend gedacht. Anna griff in ihre Schürzentasche und holte einen Lederbeutel hervor: »Da sind 2000 Rubel drin«, sie warf mir den Beutel herüber.

»Anna, bist du verrückt? Woher stammt das Geld? Hast du das deinem Vater gestohlen?«

Anna lächelte. »Mach dir keine Sorgen, Max. Andere Mädchen bekommen doch auch eine Aussteuer, oder nicht?«

Darauf konnte ich natürlich nichts erwidern. Aber ein ungutes Gefühl hatte ich doch, als ich das Geld einsteckte.

»Wann brechen wir auf, Max?«

»Morgen nacht um drei Uhr, wenn hier im Haus alles schläft.«

Am nächsten Tag besorgte ich alles, was wir brauchten, die Pferde, Waffen und Proviant, Ausrüstung und Munition. Ich tat so, als bereite ich meinen Aufbruch vor.

Nachts um zwei Uhr war alles bereit: Anna war ganz in Leder gekleidet. Woher sie ihre Reitkleidung und den Sattel hatte, verriet sie mir nicht. Wir saßen auf und ritten aus der Stadt nach Norden. Wohl sechs Stunden Vorsprung würden wir haben, bis man bemerkte, daß Anna fort war. Vielleicht zwei oder drei weitere Stunden konnte es dauern, bis Rogazejew einen Zusammenhang zwischen dem Verschwinden seiner Tochter und meinem Aufbruch entdecken würde. Dann würde eine erbarmungslose Verfolgungsjagd beginnen. Einige Stunden ritten wir, so schnell es nur ging, nach Norden, und dann ging es in einem großen Umweg nach Westen, um die Verfolger zu verwirren. Gott sei Dank lag kein Schnee, und so waren unsere Spuren schwer zu sehen. Immer wieder drehten wir uns um, aber weit und breit war kein Verfolger zu sehen.

Ohne Rast saßen wir 32 Stunden im Sattel, die Pferde waren am Ende, und ich befürchtete, sie würden unter uns zusammenbrechen. Anna war am Ende ihrer Kräfte. Aber sie klagte nicht.

»Nur noch bis zu dem Wald da vorn. Die Pferde brauchen eine Rast. Sie können nicht mehr.«

Wir versorgten die Pferde, machten ein kleines Feuer. Zum Essen waren wir viel zu müde. Wir schliefen wie erschlagen. Bei Tagesanbruch brachen wir auf. Auch den Pferden hatte die Ruhe gut getan, und wir kamen gut voran. Im schnellen Schritt ritten wir nebeneinander.

»60 Tage werden wir im Sattel sein, wenn die Pferde es durchhalten.«

»Wohin reiten wir, Max?«

»Wir müssen ankommen, bevor der Winter anbricht.«

»Wo ankommen?«

»Bei Freunden.«

Ich meinte nicht meine korjakischen Freunde. Wenn mir einer helfen konnte, irgendwo von der sibirischen Küste aus nach Alaska zu kommen, dann war es Juri. In Alaska waren wir vor unseren Verfolgern sicher. Mein Plan war es, dann von Alaska aus nach Kanada zu gehen und mich irgendwo am Yukon niederzulassen. Jagen, fischen, ein bißchen Gold suchen und ein bißchen Pelzhandel.

Anna verriet ich nichts von meinen Plänen.

»Was für ein Freund ist das, Max, zu dem wir reiten?«

»Eben ein Freund.«

»Willst du nicht darüber reden?«

»Jetzt nicht.«

Das Kopfgeld

Ganz grau war der Himmel geworden, und die Wolken schienen zum Greifen nahe. Diese Wolken bedeuteten, daß der Winter nun unmittelbar bevorstand. Stündlich konnte es anfangen, zu schneien. Wir mußten wohl oder übel unseren Plan, mit unseren Pferden ins Tschuktschen-Gebiet zu kommen, aufgeben. Aber woher nimmt man in dieser Wildnis einen Schlitten und die entsprechende Anzahl Hunde dazu? Ich erzählte Anna nichts von meinen Gedanken. Sie saß tapfer im Sattel, jede noch so große Strapaze hielt sie aus, als sei sie ein Mann. Sie half mir, wo sie nur konnte, beim Feuermachen, beim Satteln der Pferde, beim Beladen des Packpferdes, beim Auf- oder Abbauen unseres Lagers, beim Zubereiten unseres kärglichen Essens. Wenn ich einmal eine Gans oder ein Waldhuhn geschossen hatte, konnte sie es gar nicht erwarten, den Vogel zu rupfen und zuzubereiten. Kaum zu glauben, was aus der verwöhnten Tochter eines russischen Kaufmannes alles werden konnte. Ich hatte ihr beigebracht, wie man mit dem Messer umging, und als nächstes wollte sie das Schießen lernen. Sie hatte eine ruhige Hand, und bald traf sie jedes Ziel mit großer Sicherheit. Nach wie vor waren keine Verfolger zu sehen, die Ruhe machte mich nervös. Wir mußten höllisch aufpassen, nicht irgendeinem Kosakentrupp in die Hände zu fallen. Wir machten vorsichtshalber einen Umweg um alles, was nach menschlicher Siedlung aussah. Wir kamen gut voran. Eines Nachmittags fing es plötzlich an zu schneien.

Es begann ganz harmlos. Die dicken Flocken tanzten vom Himmel herunter, daß es eine wahre Pracht war. Für Anna war es das erste Mal, daß sie den Winter in der Natur erlebte. Für sie war der Winter eine schöne Jahreszeit, wie schrecklich der sibirische Winter sein konnte, davon hatte sie keine Vorstellung. Wie sollte sie auch, sie hatte ihn ja nie erlebt. Das Schneetreiben wurde stärker und dichter, und bald waren alle braunen

Flecken auf der Erde verschwunden, der Schnee hatte ein weißes Tuch über das Land gebreitet. Von Stunde zu Stunde wurde der Schnee tiefer, schon sanken die Pferde bis zu den Fesseln ein. Die weißen Mützen auf den Tannen wuchsen, die ersten Tierspuren im Schnee wurden sichtbar, und ein starker Gegenwind kam auf, der den Schnee in unsere Augen trieb. Es war bitterkalt.

»Das ist erst der Anfang«, sagte ich zu Anna, die neben mir ritt.

»Wir werden es schon schaffen«, erwiderte sie.

»Natürlich werden wir es schaffen, wir reiten noch zwei Stunden, dann schlagen wir ein Lager auf.«

Dann machten wir ein gemütliches kleines Feuer und wärmten uns daran. Auch den Pferden hatten wir wegen der grimmigen Kälte Decken übergelegt. Zufrieden stampften sie mit den Hufen und scharrten den Schnee beiseite. Wir nahmen eine warme Mahlzeit zu uns, und schon ging es uns besser.

Nach dem Essen holte ich neues Holz. Der eisige Schneesturm hatte nicht nachgelassen. Aber unser Lager lag windgeschützt zwischen den Fichten, so daß uns das Wetter nichts anhaben konnte. Außerdem hatten wir ein Dach über dem Kopf, eine mitgebrachte Plane. Anna hatte Tee gemacht, und nun saßen wir unter unserer Plane, jeder mit einem Becher heißen Tee in der Hand. Wir saßen mit dem Rücken an einen Baumstamm gelehnt und beobachteten das knisternde Feuer.

»Das habe ich mir immer gewünscht«, flüsterte Anna.

»Was, ein Flüchtling zu sein? Hat sich das behütete Mädchen Anna Katharina Rogazejewa immer gewünscht einmal auf der Flucht zu sein?«

»Max, du weißt, was ich meine, was ich mir immer gewünscht habe. Die Stille, den Geruch der Pferde, das Flackern des Feuers, den Wind, den Schnee, die Einsamkeit und das unendliche Land.«

»Du bist zu romantisch, Anna. Das hier sind Augenblicke, mehr nicht.«

»Ja, aber Augenblicke, die ich mir immer wünschte und die ich nie wieder vergessen werde. Momente wie diese wiegen für mich alle Strapazen der ganzen Welt auf. Niemals, das verspreche ich dir, werde ich Angst vor der Zukunft haben.«

»Anna, du weißt nicht, was du redest, eines Tages wirst du dieses Leben satt haben und dich nach deinem Palast zurücksehnen.«

Ich wußte selbst nicht, warum ich so hart mit ihr redete. Sie gab sich die allergrößte Mühe, mir alles recht zu machen, und vielleicht wollte ich sie mit meinem ganzen Verhalten warnen, nicht alles hinter sich abzubrechen.

Anna wußte genau, was sie wollte. Sie wollte mich und mein abenteuerliches Leben. Und dafür war sie bereit, alles aufzugeben – ihr gesamtes vorheriges Leben – ihre gesamte Vergangenheit in Wladiwostok.

Lange schaute ich Anna an.

»Max, warum magst du mich nicht?« fragte sie mich ganz direkt.

»Anna, versteh mich doch. Es ist schön mit dir. Aber es wäre für mich noch schöner, ein ruhiges Leben ohne Angst zu führen, irgendwo ein kleines Haus zu haben und nicht länger zu reisen. Irgendwann braucht jeder Mensch ein richtiges Zuhause, sonst geht er zugrunde.«

»Wir werden ein Zuhause haben, Max.«

»Aber nicht hier in Sibirien.«

»Wo immer du willst, Max. Ich werde überall mit dir hingehen.« Anna schwieg und starrte gedankenverloren in die Flammen.

Immer kürzer wurden die Strecken, die wir täglich zurücklegten. Bis zum Bauch waren die Pferde im Schnee und quälten sich voran.

Plötzlich hörte ich schwache Stimmen und dann Schüsse. Ich lauschte und versuchte herauszufinden, von wo die Schüsse kamen. Da sah ich sie auch schon aus dem Wald kommen; mehrere Reiter und Hundeschlittengespanne, die auf uns zukamen und uns in Windeseile umstellten.

»Hände hinter den Kopf und keine Bewegung!« brüllte der Anführer. Anna und ich folgten seiner Aufforderung.

»Runter von den Pferden!« kommandierte er.

Wir taten, was er verlangte.

»Wer seid Ihr?« fragte ich vorsichtig.

»Halt's Maul!« brüllte er mich da an. »Ich bin es, der die Fragen stellt.«

Das war eine unangenehme Situation, in die wir da hineingeraten waren. Die anderen schwiegen, nur der Anführer redete. »Los, rede, wo kommt ihr her?« fragte er.

Ich hielt es für besser zu schweigen. So lange ich nicht wußte, wer die Kerle waren und woher sie kamen, würde ich kein Wort sagen, das uns verraten konnte. Ich hielt die Bande für Wegelagerer, vielleicht entlaufene Gefangene, die davon lebten, daß sie Dörfer überfielen und plünderten.

»Du sollst reden, sage ich, verstehst du nicht?« schrie der Anführer der Bande wütend.

»Ich sage gar nichts«, antwortete ich trotzig.

»Du wirst singen wie ein Vögelchen, verlaß dich drauf.« Mit dem Kolben seines Gewehres schlug er mir in die Rippen, daß mir sekundenlang die Luft wegblieb. Das war nun entschieden zu viel für Anna. Mit einem Aufschrei stürzte sie sich auf den Anführer der Bande, als wolle sie ihm die Augen auskratzen. Mit aller Gewalt schleuderte er sie von sich fort, so daß sie in den Schnee fiel. Wutentbrannt ging ich nun auf den Kerl los, der so mit Anna umgegangen war. Plötzlich spürte ich einen dumpfen Schlag auf meinem Kopf.

Als ich aufwachte, lag ich auf einem Schlitten. Ich fror erbärmlich, mein Kopf dröhnte, und bewegen konnte ich mich auch nicht, Hände und Füße waren gefesselt.

»Na, Söhnchen, lebst du wieder«, lachte der Anführer höhnisch. Er hatte als erster bemerkt, daß ich aus meiner Ohnmacht erwacht war.

Ich kochte innerlich vor Wut. Ich versuchte mich so gut es ging aufzurichten und suchte Anna mit meinen Augen. Sie hockte an einer Feuerstelle. Auch ihre Handgelenke waren zusammengebunden, aber zumindest mußte sie nicht frieren. Ich hörte, wie sich zwei Wärter unterhielten.

»Wenn wir sie aufhängen, gibt's Ärger im Lager«, sagte der erste.

»Wie kann es Ärger geben, wenn wir im Lager gar nicht erzählen, daß wir Gefangene gemacht haben«, meinte der andere.

»Vielleicht sind sie wirklich harmlos«, erwiderte der erste.

»Harmlos, wer ist schon harmlos heute in Rußland. Überall lauern unsere Gegner, Anatol. Überall. Nicht nur die Kosaken, auch die da können Agenten der anderen Seite sein, die sich getarnt haben, um uns hinters Licht zu führen. Bis wir unseren Kampf nicht siegreich beendet haben, ist jeder, der nicht unser Freund ist, unser Feind.«

Mir ging plötzlich ein Licht auf. Das hier waren Leute, die zu Juri gehörten.

»He, ihr da!« brüllte ich. »Laßt uns sofort frei, wenn ihr nicht den größten Ärger mit eurem Anführer, meinem Freund Juri, haben wollt, ja, meinem Freund Juri. Sagt ihm, Max Gottschalk ist hier, nein, sagt es ihm nicht, bringt uns sofort zu ihm!«

Zuerst sagte der Anführer nichts, dann meinte er: »Du bleibst unser Gefangener, du führst uns nicht hinters Licht, du nicht!«

»Ich sage dir, ich bin Juris Freund.«

»Du bist ein verdammter Lügner, ein Verräter, Juri wird dich hängen.« Um das zu bestärken, was er eben gesagt hatte, schlug er mir mit der Faust mitten ins Gesicht. Wie sollte ich den gewalttätigen Kerl davon überzeugen, daß ich wirklich Juris Freund war. Zugegebenermaßen befand ich mich in der schlechteren Position.

»Wir nehmen euch mit ins Lager, ihr werdet schon auspacken, wessen Spione ihr seid. Wir haben unsere Methoden, wie man Leute wie euch zum Reden bringt.«

Ich nahm meinen ganzen Mut zusammen. »So, jetzt will ich dir mal etwas erzählen, du Großmaul«, schrie ich, »wenn ihr mich nicht augenblicklich losläßt, dann ist der Teufel los. Ich kenne Juri länger als ihr alle. Ich kannte ihn schon, als er noch bei den Tschuktschen war. Ich habe viele Reisen mit ihm gemacht. Er wird euch alle vierteilen, wenn er hört, was ihr mit uns gemacht habt.«

Das saß! Der Anführer der wilden Truppe dachte wohl wirklich darüber nach, was ihm blühte, wenn ich tatsächlich der Freund seines Anführers war. Seine Stimme war jetzt merklich ruhiger.

»Stimmt das wirklich?« fragte er.

»Was?«

»Daß du Juris Freund bist.«

»Ja.«

Er schaute mich ungläubig an, dann löste er wortlos meine Fesseln. Ich rieb meine Handgelenke.

Er wirkte verunsichert.

Anna und mir fiel ein Stein vom Herzen. Erleichtert nahm ich sie in meine Arme.

»Das ist gerade noch mal gutgegangen, aber jetzt mußt du mir erzählen, wer Juri ist«, bat mich Anna.

Es war nur ein Tagesritt, noch nicht einmal ein ganzer, bis ins Lager, das, obwohl es eine anständige Größe hatte, gut versteckt und getarnt tief in den Wäldern lag, verborgen für die Augen, für die es nicht bestimmt war. Juris Hauptquartier war in einem großen erbeuteten Militärzelt. Als wir uns nach der langen Zeit, die wir uns nicht gesehen hatten, gegenüberstanden, sagte Juri zuerst einmal gar nichts, so als könne er es gar nicht glauben, mich wiederzusehen. Dann faßte er sich: »Na, Max, hast du es dir anders überlegt?«

Das waren seine ersten Worte nach den Jahren, in denen so viel passiert war. Ich stellte ihm Anna vor, dann tranken wir Tee, und natürlich hatten wir uns viel zu erzählen. Es hatte sich viel getan, Juris Freiheitskämpfer hatten Regimentsstärke und waren von einem unbedeutenden Haufen heruntergekommener Abenteurer zu einem Gegner geworden, den sogar die Kosaken des Zaren fürchteten.

»Sogar bis nach Wladiwostok ist euer Ruf gedrungen, Juri. Sogar dort erzählt man sich von den sogenannten Freiheitsarmeen unter ihrem sagenumwobenen Anführer.«

»Max, was sagst du da? Bis nach Wladiwostok? Das ist zu wenig. Bis nach Petersburg, bis an den Zarenhof ist es durchgedrungen, daß hier in Sibirien Hunderte, nein Tausende von Männern den Kampf aufgenommen haben gegen die Tyrannei und die Unterdrückung. Schon verstärkt der Zar aus Angst vor uns seine Kosakenregimenter im Osten. Aber das macht uns nichts aus, denn das Land kämpft auf unserer Seite. Die Bevölkerung von Sibirien ist nicht sehr groß. Aber die wenigen, die hier leben, die sind auf unserer Seite.«

Immer wieder wurden Juri und ich in unserem Gespräch unterbrochen. Kundschafter informierten über jeden Schritt, den die Kosaken taten. Schon traute sich kein Kosak mehr allein auf die Straße; es wurden nur noch in Dreier- oder Viererstreifen Patrouillen geritten, aber auch hierbei gab es

Verluste für die Soldaten. Die Gegenmaßnahmen wurden immer stärker, Mittel und Methoden immer strenger und grausamer. Unter dem Kommando ihrer Offiziere durchsuchten die Kosaken die Quartiere der einfachen Menschen. Wer Fragen der Kosaken nicht beantworten konnte, landete kurzerhand im Gefängnis. Dort hielt es niemand lange aus, und auch wer redete, der fand den Weg zurück in die Freiheit noch lange nicht. Auf Juris Kopf standen 10 000 Rubel. 10 000 Rubel, das war Geld bis ans Lebensende. So mußte auch Juri vorsichtig sein, konnte nicht mehr so frei leben wie damals, als seine ganze Armee nur aus ihm und einer Handvoll Begleiter bestand. Aus Juri war ein General geworden – wenn auch ein Rebellengeneral. Mit kühlem Verstand und strategischer Sicherheit plante er seine Kommandos. Nachdem wir viele Stunden über die Vergangenheit und Zukunft geredet hatten, zogen sich Anna und ich in das Zelt zurück, das Juri uns zur Verfügung gestellt hatte.

Dick eingepackt in Fellen lagen wir da.

»Was ist das bloß für ein Mann?« flüsterte Anna. Das war eine mehr als verständliche Frage für jemanden, der Juri nicht kannte. Welch einen Eindruck mochte er auf sie gemacht haben?

»Er kämpft für seine Ziele und für die Verwirklichung seines Traumes von einem freien und unabhängigen Sibirien«, versuchte ich zu erklären.

»Ja, aber man kann doch nicht Unrecht mit neuem Unrecht wieder gutmachen. So kann das Land nie zur Ruhe kommen«, sagte Anna.

»Juri meinte doch«, entgegnete ich. »Wenn der Kampf erst einmal entschieden ist. Anna, aber auch ich befürchte, daß bis dahin noch eine Menge Blut fließen wird. Auch das Blut Unschuldiger.«

»Max, was ist das für eine eigenartige Welt, die aus Töten, Verletzen und Lügen besteht?«

»Was du hier findest, Anna, das gibt es auf der ganzen Welt. Das ist nirgendwo anders.«

»Aber die Welt kann doch nicht nur aus Unfrieden bestehen, aus Haß und Unglück, irgendwo muß es doch Menschen geben, die zufrieden sind und nicht einander unterdrücken. Irgendwo muß es doch dieses kleine Fleckchen Erde geben.«

»Anna, dieses Stückchen Erde, das du suchst, ist das Paradies. Die Erfahrung, die ich gemacht habe, heißt: Wenn du in diesen unruhigen Zeiten das Paradies willst, dann mußt du vor den Menschen fliehen. Und immer, wenn dich die Menschen wieder eingeholt haben, dann mußt du tiefer in die Wälder hineingehen. Seinen Frieden kann man so bekommen, man wird aber mehr und mehr zu einem Außenseiter werden.«

Ich hatte mir vorgenommen, nur ein paar Tage mit Anna bei Juri zu bleiben, dann wollte ich hinüber an die Küste und mit einem Hundeschlittengespann zum zweiten Mal den Weg über die Beringstraße nach Alaska wagen. Mit Juri wollte ich darüber sprechen, aber noch hatte sich die Gelegenheit dazu nicht ergeben.

Am nächsten Tag gingen Juri, einer seiner engsten Vertrauten, den alle Joscha nannten, Anna und ich zum Eisfischen an einen See ganz in der Nähe. Wir ritten dorthin und machten uns daran, Löcher ins Eis zu schlagen, um so dann die Fische zu speeren. Frischer Fisch mitten im Winter, das war endlich einmal lohnende Abwechslung auf dem Speisezettel, und bei jedem von uns war die Vorfreude auf den Fisch größer als die Freude, die wir beim Fischen hatten.

Plötzlich legte Juri einen Finger auf den Mund und bedeutete uns, uns flach auf das Eis zu legen. Da hatten uns die vier Kosaken, die im Begriff waren, unsere Pferde zu stehlen, aber auch schon entdeckt, und sie eröffneten das Feuer. Juri und Joscha hatten Gewehre dabei, und sie schossen sofort zurück. Einer der Kosaken stürzte aus dem Sattel, dann ein zweiter, die beiden anderen sprengten in wildem Tempo davon. Wir rannten zu den Toten. Die beiden Kosaken, die dort im Schnee lagen, hatten kreisrunde, häßliche Löcher in der Stirn. Anna wandte sich entsetzt ab. Joscha durchsuchte die Toten, nahm ihnen Munition und Waffen ab, dann ritten wir zurück ins Lager.

Anna war entsetzt, das erste Mal konfrontiert mit dem gewaltsamen Tod. Nachmittags sagte ich Juri, daß ich nach Alaska zurückwolle. Er hielt es für die beste Möglichkeit, an einer äußerst engen Stelle über die Beringstraße zu gehen.

Das bedeutete von Anadyr aus.

»Aber meinst du nicht, es ist gefährlich, wenn sich Anna und ich in Anadyr sehen lassen, Juri?« fragte ich.

»Nein, dich kennt keiner. Du bist Händler aus Alaska, du hast weder mit dem Zaren noch mit unserem Freiheitskampf und mit der Revolution etwas zu tun. Du bist sicher in Anadyr. Aber bevor du dich entschließt, uns zu verlassen, frage ich dich noch einmal, ob du nicht doch bleiben willst.«

Er wußte, wie meine Antwort ausfallen würde. Wenig später waren Anna und ich mit einem Schlitten und acht prächtigen Hunden davor auf dem Weg nach Anadyr, wo wir Proviant kaufen und von dort aus den Weg über die Beringstraße nach Alaska antreten wollten. Einige Tage waren wir unterwegs, dann kamen wir in die tiefverschneite Stadt.

Uniformen beherrschten das Bild, fast ausschließlich Kosaken: auf Pferden, auf Schlitten, zu Fuß. Eine fremde, beängstigende Welt, in die wir hineinfuhren. Unser erster Weg führte uns direkt zu einem Ausrüster, dessen Adresse mir Juri gegeben hatte. Auf Anhieb fanden wir das unauffällige Geschäft, dessen Besitzer, ein gewisser Michail, zu Juris Freunden gehörte und der Juri mit Informationen versorgte.

Wir betraten den Laden. Einige Kosaken waren auch da und kauften Tabak. Einer der Männer drehte sich zu mir um, als ich die Tür hinter mir zumachte. Ein Blitz schien ihn zu treffen, als meine Augen den seinen begegneten. Sofort griff er zur Pistole: »Du Hund warst auch dabei!«

Ich konnte Anna nur noch »lauf weg« zuflüstern, dann stürzten sich die Kosaken auf mich. Irgendwann lag ich draußen vor der Tür des Ladens im Schnee, wurde von den Kosaken mit Füßen getreten und spuckte Blut. Ich wurde als Verräter beschimpft, als Bolschewik, und man versprach mir 1000 grausame Tode. Wenig später wurde ich von zwei Soldaten, die unter dem Kommando eines Unteroffiziers standen, hochgerissen, gefesselt und in die Festung gebracht. Dort stieß man mich in einen kahlen kalten Raum. Auf der Erde lagen ein wenig Stroh und eine Decke. Ich erinnere mich noch gut an diese schreckliche Zelle. Sehr hoch war sie, und das kleine schmale Luftloch, ehemals eine Schießscharte, lag gut einen Meter über meinem Kopf. Nur ein Hauch von Licht drang in meine Zelle.

Zuerst einmal ließ ich mich auf dem Stroh nieder und versuchte, einen

klaren Kopf zu bekommen. Meine Situation war einfach: Ich war Gefange-
ner der Kosaken, und man hielt mich für einen Spion. Daß ich ein Freund
Juris war, das hatte man wohl mitbekommen. Die Hauptsache war im
Moment, daß Anna nichts passiert war. Ich durfte davon ausgehen, daß
Anna und Michail längst Juri von meiner Verhaftung verständigt hatten.

Meine Zellentür wurde aufgeschlossen, ein Wächter streckte seinen Kopf
hinein und gab mir ein Zeichen, herauszukommen. Ich folgte ihm, hinter mir
gingen zwei Soldaten. Durch endlos lange Gänge gingen wir, kreuz und quer,
alles sah gleich aus. Steintreppen hoch, Steintreppen hinunter. Man brachte
mich in einen großen Raum, der gut geheizt war. Hinter einem riesigen
Schreibtisch saß ein Mann in der Uniform eines Majors Seiner Majestät. Er
sah nicht unsympathisch aus. Mit einer kurzen Handbewegung wies er mich
an, Platz zu nehmen. Ich wußte nicht so recht, was ich davon halten sollte.
Ohne Umschweife kam er zur Sache.

»Ich bestimme die Spielregeln! Wenn hier einer Fragen stellt, dann bin ich
es. Eins gleich im voraus: Wir wissen alles über dich. Wir wissen, daß du
Spion bist. Wir wissen es schon lange. Da staunst du, was? Der Arm des
Zaren ist lang, sehr lang sogar, Gottschalk! Du bist Deutscher, ja oder
nein?«

»Ja«, antwortete ich.

»So, du gibst es also zu. Du willst also reden. Dann weißt du auch, daß wir
mit Deutschland im Krieg sind. Das alleine reicht für ein Todesurteil,
Gottschalk. Ist dir das klar?«

»Es mag sein, daß sich Deutschland und Rußland im Krieg miteinander
befinden, aber das ist nicht meine Sache. Ich bin schon seit vielen Jahren weg
aus Deutschland. Was geht mich dieser Krieg an.« Es war mir ganz willkom-
men, über den Krieg zu reden. Jedenfalls zögerte das Fragen über Juri
hinaus.

»Gottschalk, ich will offen mit dir reden. Du hast dein Leben verwirkt, das
weißt du. Du bist ein deutscher Spion und hast dich damit eines schweren
Verbrechens schuldig gemacht. Aber das ist nicht alles! Du führst ein
Doppelleben und kämpfst außerdem auf der Seite unserer Feinde. Du kannst
dein Leben retten, wenn du mit uns zusammenarbeitest. Wenn du mir hilfst,

kann ich auch dir helfen, mit dem Leben davonzukommen. Du solltest über meinen Vorschlag nachdenken!« Durchdringend schaute er mich an.

Ich stellte mich unwissend: »Ich weiß nicht, was Sie von mir wollen, Herr Major. Ich habe Ihnen schon einmal gesagt, daß ich Deutscher bin, aber ich habe mit Deutschland nicht das Allergeringste zu tun. Und was meinen Sie mit Doppelleben? Ich kann Ihnen tausendmal sagen, daß ich mich weder für die russische noch für die deutsche Seite interessiere. Zehn Jahre war ich drüben in Alaska, und wenn ich nach Sibirien kam, dann als Pelzhändler. Wenn Sie, Herr Major, alles über mein Leben wissen, dann müßten Sie das bestätigen können. Also, lassen Sie mich frei und sorgen Sie dafür, daß man mich in Ihrem Lande wie einen Gast behandelt.«

Das war nun entschieden zu viel für den Major. Wütend schrie er mich an: »Gottschalk, ich warne dich zum letzten Mal. Du bist erkannt, wir haben Zeugen. Der Soldat, dessen Kameraden du erschossen hast, hat deine widerliche Fratze erkannt. Er hat sich die 1000 Rubel Kopfgeld redlich verdient.«

»Herr Major, ich habe niemanden erschossen.«

»Sie lügen, Gottschalk!«

»Nein, ich lüge nicht. Ich war lediglich dabei, als mehrere Kosaken versuchten, unsere Pferde zu stehlen. Dabei kam es zu einem Feuergefecht, und dabei wurden zwei Ihrer Kosaken erschossen. Hätten sich diese Männer nicht an unsere Pferde herangemacht, sie würden heute noch leben.«

»Na gut, Gottschalk, wenigstens redest du. Also, du gibst zu, daß die Kosaken erschossen wurden. Von wem?«

»Das weiß ich nicht.«

»Du warst dabei!«

»Ich weiß wirklich nicht, wer die Schüsse abgab.«

Der Major war sichtlich zufrieden, mich soweit gebracht zu haben. »Wer war bei dir?« fragte er scharf.

»Zwei, die ich kennenlernte und ein Mädchen, das ich kenne.«

»Wie heißt das Mädchen?«

»Ich kenne nur ihren Vornamen: Katharina.«

»Du lügst, sie heißt Anna, und sie ist die einzige Tochter eines engen

Vertrauten Seiner Majestät. Du hast sie entführt. Darauf steht ebenfalls die Todesstrafe. Aber darüber reden wir später. Wer waren die anderen beiden?«

»Ich kenne ihre Namen nicht.«

»So, so, du kennst ihre Namen nicht, du durchtriebener Hund. Dann will ich dir sagen, wer bei dir war. Sein Name ist Juri, und auf seinen Kopf stehen 10 000 Rubel. Dieser Juri ist Rußlands größter Feind. Das ganze Reich würde feiern, wenn es gelänge, ihn zu hängen. Dieser Juri ist dein Freund!«

»Ich kenne keinen Juri.«

Ich merkte, daß mir der Major nicht glaubte. »Wir werden uns morgen weiter unterhalten.« Er rief eine der Wachen herein und ordnete an, daß ich zu essen und ein Bett bekam und nicht zu frieren brauchte. Davon versprach er sich am nächsten Tag ein Geständnis.

Der Major hatte sich geirrt, denn ich gestand gar nichts, als ich am nächsten Tag zum Verhör geführt wurde.

»Na, Gottschalk, ich hoffe, Sie haben sich wohlgefühlt als mein Gast! Nun sind Sie daran, eine gewisse Leistung zu erbringen. Sie dürfen sich sozusagen für meine Gastfreundschaft bedanken.«

»Wie meinen Sie das, Herr Major?«

»Verraten Sie mir, seit wann Sie Juri kennen, was Sie von ihm wissen, wo er sein Hauptquartier hat, wieviel Männer er bei sich hat, wie diese Männer bewaffnet sind. Sie verstehen, was ich meine?«

Zweifellos befand ich mich in einer schwierigen Situation. Der Major wußte ganz genau, was er von mir wollte. Ich sollte ihm Juri ausliefern! Ich war fest entschlossen, Juri nicht zu verraten, egal, was passierte.

»Herr Major«, sagte ich, »ich glaube, Sie irren sich in mir. Mag sein, daß der, den Sie Juri nennen, der gleiche ist, mit dem ich zusammen war, als Ihre Kosaken erschossen wurden beim Versuch, unsere Pferde zu stehlen; aber erwarten Sie nicht zu viel von mir, ich kann Ihnen über Juri nichts erzählen, weil ich ihn nicht näher kenne. Und von jetzt an sage ich kein Wort mehr.«

Ich merkte, wie der Major innerlich kochte. Und ich merkte auch, daß er mir kein Wort glaubte.

»Gottschalk«, sagte er merkwürdig leise, »meine Geduld ist fast zu Ende, du bist ein Verräter, der Freund und Helfer eines hundertfachen Mörders und ein Entführer. Ich werde dir trotzdem noch eine letzte Gelegenheit geben zu reden. Ich gebe dir 24 Stunden Zeit, die Wahrheit zu sagen. Redest du dann immer noch nicht, wirst du 10 Minuten später nicht mehr leben!«

Dann brüllte er nach den Wachen, und ich wurde in mein dunkles Verlies zurückgebracht. Ich war davon überzeugt, daß die letzten 24 Stunden meines Lebens angebrochen waren, trotzdem war ich relativ ruhig, aber fest überzeugt, daß ich aus der Höhle des Löwen niemals wieder lebend herauskommen würde. Daß es Anna, so hoffte ich jedenfalls, gut ging, war dabei nur ein schwacher Trost. Juri würde sich mit Sicherheit um Anna kümmern und ihr helfen, irgendwo hinzugelangen, wo sie das Leben führen konnte, das sie so gerne führen wollte.

Plötzlich wurde die Zellentür aufgeschlossen, und der Wächter, der mich immer zum Major brachte und zurück in meine Zelle, kam herein und brüllte mich an: »Morgen werden Sie reden, Gottschalk!«

Dann griff er in seine Uniformrocktasche und holte ein kleines Päckchen hervor, das er blitzschnell fallen ließ. Dann ging er wieder hinaus und verriegelte die Tür.

Das Päckchen, das bestand aus einigen Zündhölzern, einer Reibfläche und einem kleinen Fetzen Papier. Darauf war geschrieben: »Nach dem Lesen sofort verbrennen! Morgen bekommst du Dynamit. Deinem Wächter kannst du trauen. Im Hafen übernimmst du das Kommando an Bord der ›Ural‹. Anna wird auf dich warten. Gute Reise nach Alaska. Ein Freund!«

Wohl dreimal las ich die Nachricht, die nur von Juri stammen konnte. Dann verbrannte ich das Beweisstück. Nun schlug mein Herz aber doch. Ein anstrengender und aufregender Tag stand mir bevor. Ich schlief kaum in der Nacht. Immer wieder, wenn draußen jemand über den Gang lief und die schweren Stiefel hallten, dachte ich, daß der Träger dieser Stiefel zu mir kommen würde, um mir Dynamit zu bringen. Stunde um Stunde verging, aber nichts passierte. Endlich, es muß am frühen Morgen gewesen sein, schloß jemand meine Zellentür auf. Es war der Wächter, der aus seiner Jackentasche drei kleine Stangen Dynamit mit jeweils einer kurzen Lunte daran holte. Ich nahm ihm das gefährliche Geschenk ab und versteckte es im Stroh.

»Hast du noch Zündhölzer«, fragte der Wächter. Ich nickte. »In einer Stunde komme ich wieder, weil du gerufen hast, weil du sofort zum Major willst, um ein Geständnis abzulegen. Also: Du rufst, ich komme, und dann schlägst du mich nieder . . . verstanden? In einer Stunde. Und schlag nicht so hart zu!«

Noch nie war mir eine Stunde so lang vorgekommen. Um nicht die Zeit zu verpassen, hatte ich 60mal bis 60 gezählt. 60 Sekunden, 60 Minuten. Dann war es soweit! Ich ging an die Tür und rüttelte daran.

»He, Wache, laßt mich raus, ich will sofort zum Major, ich will reden! Hört ihr mich nicht! Ich will reden«, schrie ich und hämmerte mit meinen Fäusten gegen die Zellentür. Ich hörte die schweren Stiefel kommen. Der Wächter kam und öffnete die Tür. Ich streckte ihn mit einem Schlag nieder, denn es mußte ja echt aussehen. Dann nahm ich ihm die Pistole ab und steckte sie zu mir. Das Dynamit hatte ich in einer Hand, die Zündhölzer in der anderen. Dann lief ich los, den Gang entlang, so weit es ging, bis mich das erste schwere Tor stoppte. An der Türklinke befestigte ich die erste Sprengladung, ich zündete sie, lief einige Meter zurück und warf mich auf die Erde. Mit einem Donnern explodierte das Dynamit, die Tür war offen! Alles war voller Qualm. Ich rannte hindurch. Ich hörte Schüsse. Die Wachen kamen aus allen Richtungen.

Alles ging so schnell! Die zweite Stange Dynamit brachte ich zum Explodieren, um die hinter mir laufenden Soldaten zum Stehen zu bringen. Das war auf dem Hof der Festung. Mein Vorteil war es, daß keiner so richtig Bescheid wußte, was überhaupt passierte. Kosaken schossen wild durch die Luft. Die Menschen schrien durcheinander. Ich rannte so schnell ich konnte. Draußen sah ich Anna, die nun vorauslief. Wir sprangen beide an Bord eines kleinen Schiffs, der »Ural«, und das Boot legte ab und fuhr, so schnell es die Maschinen zuließen, hinaus aufs offene Meer.

Das Schiff hatte eine japanische Besatzung, der Kapitän begrüßte mich wie einen alten Bekannten, obwohl ich ihn noch nie vorher gesehen hatte. Juri hatte alles perfekt vorbereitet, das berichtete mir Anna später.

Sofort nachdem ich verhaftet worden war, war der Händler Michail hinaus in Juris Lager geritten, und Anna hatte ihn begleitet, um zu berichten, was passiert war. Juri hatte keinen Moment gezögert, alles zu tun, um mich so schnell wie möglich zu befreien. Als erstes mußte Michail herausfinden, wo ich mich genau befand und wer mich bewachte. Das Rebellenregiment der Freiheitskämpfer hatte viele Anhänger, auch unter dem Bewachungspersonal der Festung von Anadyr. Das Glück wollte es, daß einer meiner Bewacher zu Juris Freunden gehörte.

Ich wußte damals auch nicht, daß Juri und seine Freunde Unterstützung von den Japanern bekamen, die ihren Feiheitskampf unterstützten. Heute verstehe ich das sehr gut, denn nach dem gewonnenen Krieg 1904/05 gegen den Zaren war Japan an einem starken Zarenreich nicht interessiert. Ein freies Sibirien lag dagegen im japanischen Interesse. Eine japanische Mannschaft war von Juris Männern gebeten worden, die »Ural« zu kapern, um mich mit Anna nach Alaska zu bringen. Offensichtlich hatte diese Aufgabe den Japanern sogar großen Spaß gemacht: Da konnten sie es den Russen einmal so richtig zeigen. Als wir außer Sichtweite der sibirischen Küste waren, fiel mir ein Stein vom Herzen. Ich nahm Anna in den Arm und sagte: »Anna, ich glaube, wir haben es geschafft.«

Anna lächelte. »Weißt du noch, was du mir in Wladiwostok gesagt hast, Max?«

Ich schüttelte meinen Kopf.

»Du hast gesagt, ich sei diesem Leben nicht gewachsen!«

»Tja, Anna«, ich mußte lächeln, »ich nehme alles zurück.«

Einige Tage später kamen wir nach Alaska. Ich war wieder zu Hause. Anna und ich ließen uns in Nome nieder. Wir kauften mit dem Geld, das wir hatten, eine hübsche kleine Hütte. Wir gingen zusammen zur Jagd und hatten ein ruhiges Leben.

Aber nicht sehr lange, denn mein aufgespartes Geld begann zur Neige zu gehen – und neue Dollars waren nicht in Aussicht. Meinen Pelzhandel in Sibirien konnte ich nicht wieder aufnehmen, wenn ich nach Sibirien zurückginge, würde man mich dort jagen wie einen Hasen. Ich war traurig darüber, denn ich dachte an die schönen Zeiten mit den Tschuktschen und den

Korjaken und bei Juri. Natürlich stand es mir frei, nach Sibirien zurückzu-
kehren. Dort hätte ich mich auf Juris Seite schlagen können, nur sah ich
keinen Sinn in der Politik.

Später hörte ich von schweren Unruhen in Sibirien, und irgendwann
sprach niemand mehr von sibirischen Freiheitskämpfern, alle erzählten von
der großen russischen Revolution und von schweren Kämpfen in Sibirien, die
die Kommunisten gegen die Anhänger des Zaren führten. Wie viele Tausende dabei ihr Leben ließen, das wußte niemand. Sie schlugen sich gegenseitig
tot, sie erschossen und erstachen sich, und das alles nur, um irgendwelche
politische Ziele zu erreichen. Die Welt war im Umbruch. In Europa tobte
der Erste Weltkrieg.

In Alaska dagegen war es ruhig geworden. Die meisten Goldgräber waren
weggezogen. Die Strände waren leer, aus Nome wurde wieder die verlassene
unbedeutende Stadt, die sie einmal gewesen war. Bald bildeten wieder die
Eskimos die Mehrheit der Bevölkerung. Nur noch selten liefen den kleinen
Hafen Schiffe an. Ein Polizeiposten war geblieben. Auch den Saloon gab es
noch und ein paar Verrückte, die meinten, auch Nome würde noch einmal
bessere Tage erleben – irgendwann einmal.

Neue Nachrichten kamen aus Sibirien. Die Bolschewiken schienen die
Oberhand zu gewinnen. Ganz Rußland war angeblich schon in ihrer Hand,
und die Tage des Zaren waren gezählt. Ich erinnere mich noch gut daran, wie
wir einmal im Saloon von Nome mit Russen zusammensaßen, die sich
hierher verirrt hatten. Die erzählten von den Bolschewiki drüben auf der
anderen Seite der Beringstraße. Mit glühendem Eifer schilderten sie die
Heldentaten der »Roten«, die nun das Land endgültig vom Joch des Zaren
befreien würden. Und sie erzählten von einem sibirischen Anführer der
Roten, der brutal wie kein anderer alles ausmerzte, was an den Zaren
erinnerte. Der Name dieses Mannes war »Juri«, wie er weiter hieß, das
wußte niemand. Und nach der Revolution würde die Macht wieder vom
Volk ausgehen. Ich war davon überzeugt, daß sich nichts ändern würde.
Überhaupt nichts. Irgendwann würden diese Bolschewiken genau das tun,
was die Schergen des Zaren vorher getan hatten: Kein Ausländer würde
mehr in Sibirien geduldet.

Bisher hatte ich von Alaska nur Nome kennengelernt. Jetzt wollte ich auch andere Teile des Landes sehen und Anna ihre neue Heimat zeigen. Alaska war so groß und noch so wenig erschlossen. Vielleicht wäre es auch vernünftig, ein Boot zu kaufen und entlang der Alaskaküste zu fahren. Als Händler hatte ich Erfahrungen in Sibirien und nicht in Alaska gemacht, aber warum sollte ich das, was ich in Sibirien gehabt hatte, nicht auch in Alaska finden?

Auch Alaska war reich an Pelztieren, und es gab viele Orte, wo Aufkäufer darauf warteten, daß Männer wie ich ihnen ihre Pelze ablieferten. Ich brauchte nur wieder Pelzhändler zu werden, brauchte ein neues Schiff, neue Hunde, einen neuen Schlitten und neue Ware zum Tauschen. Ich überzeugte Anna davon, daß es das beste für uns war, ein regelmäßiges Einkommen zu haben, und nur eine regelmäßige Handelstätigkeit würde dieses regelmäßige Einkommen sichern.

Die Untätigkeit lag mir nicht, nach Monaten des Nichtstuns kam eine wirkliche Unruhe in mir auf. Und dann kauften wir unser neues Schiff, die »New York«, einen kleinen Zweimaster. Wir segelten an der ganzen Alaskaküste entlang; runter bis Nunivak, wo wir Otterfelle und Walroß-Elfenbein kauften, Füchse kauften wir auf Saint Lawrence Island, Robbenfelle und Eisbärenfelle in Teller, Shishmarek und Kotzebue. Bis hoch nach Point Hope führten uns unsere Reisen, und bald gab es keine Eskimo-Siedlung an der ganzen Küste, die nicht wußte, wer wir waren. Als unsere Tochter Matrona und dann unser Sohn Georg geboren wurden, mußte Anna zu Hause in Nome bleiben, und ich setzte die Handelsreisen alleine fort. Meine Geschäfte florierten, irgendwann handelte ich nicht mehr nur mit Fellen allein, sondern belieferte die Siedlungen mit dem, was sie brauchten, ich gründete also ein richtiges Handelsunternehmen.

Mike Hansen

In den letzten Jahren des Ersten Weltkrieges wurde es gefährlich in
Amerika, deutsch zu sein und einen deutschen Namen zu haben. Es begann
eine Zeit intensiven Deutschenhasses, von dem auch Alaska nicht frei blieb.
Schon hörte man von Verhaftungen, und das Mißtrauen allem gegenüber,
was nicht amerikanisch war oder zumindest einen amerikanischen Namen
hatte, wurde größer und größer. In Unalakleet traf ich Charlie Wormser, der
früher einmal Karl Wormsmann geheißen hatte und Deutscher war so wie
ich. Er kam gerade aus Anchorage und berichtete mir von einer deutsch-
feindlichen Hysterie, die bald das ganze Land erfassen würde. Um dieser
Hysterie zu entgehen, war aus Karl Wormsmann Charlie Wormser geworden, und aus Max Gottschalk wurde Mike Hansen. Wenn Sie heutzutage das
Glück haben, einen der vielleicht noch lebenden Oldtimer in Nome, Kotzebue, Point Hope oder Savoonga zu treffen und Sie fragen ihn, ob er etwas
von Max Gottschalk weiß, dann werden Sie vermutlich auf Unwissen stoßen,
aber fragen Sie einmal nach Mike Hansen! Auf den Namen Hansen, den ich
mir notgedrungen entliehen hatte, war ich per Zufall gestoßen. Irgendwann
und irgendwie kam mir in den Sinn, daß meine Mutter einmal von meinem
Taufpaten gesprochen hatte, der Emil Hansen hieß. Nun, der Not gehor-
chend, nahm ich seinen Namen an und setzte meine Geschäfte als Mike
Hansen fort. Hansen hießen viele in Amerika, ich hatte einen unverfängli-
chen Namen gewählt. Charlie Wormser und ich, wir blieben von dem Tag an,
als wir uns in Unalakleet trafen, über viele Jahrzehnte gute Freunde.

Eine Zeitlang schipperte er mit mir zusammen die Küste entlang. Für
jeden Außenstehenden muß das ein komisches Bild gewesen sein, zwei
Abenteurer, die, wenn sie sich unbeobachtet fühlten, deutsch miteinander
sprachen. Allmählich, ganz allmählich begannen sich die Zeiten in Alaska zu
ändern. Für die Eskimos waren wir Weißen nicht mehr die Menschen von

einem anderen Stern, immer mehr Pioniere, aber auch ganze Heerscharen skandinavischer Einwanderer kamen ins Land, um es zu besiedeln. Und immer mehr Pelzhändler erschienen auf der Bildfläche, die versuchten, mit Alkohol Einfluß bei den Eskimos zu gewinnen. Das, was ich als die schlimmste und schrecklichste Erfahrung meines Lebens in der Arktis bezeichnen möchte, das passierte in der Zeit zwischen 1915 und 1920. Mehr als sonst wurde ich gerade in diesen Jahren Zeuge der systematischen Ausrottung einer ganzen Kultur. Die Eskimos gerieten mehr und mehr in die Abhängigkeit des Alkohols. Viele verkauften alles, was sie hatten, bis hin zu ihren Waffen und ihrer weiteren Ausrüstung, gegen eine Flasche Whisky. Was hier begann, war der tragische Anfang vom Ende der Eskimos. Viele waren bald nicht mehr in der Lage, ihre Familie zu ernähren, konnten nicht mehr jagen, Menschen verhungerten oder vegetierten dahin. Andere ließen sich in der Nähe weißer Siedlungen nieder, wo sie von den Abfällen der sogenannten Zivilisation lebten. Der Untergang der Völker der Eskimos schien unaufhaltsam, und immer mehr Händler mit immer mehr Alkohol halfen dem nach.

Besonders traurig fand ich, daß für viele Weiße, wohl für die meisten der damaligen Zeit, die Eskimos keine Menschen waren. Es war also völlig egal, was mit ihnen passierte. Eskimos waren dafür da, ausgebeutet zu werden, andere gar sprachen ganz offen von Ausrottung. Obwohl es auch in Alaska Polizeieinheiten und Friedensrichter gab, hatten die Eskimos keine Chance, sich gegen ihr aufgezwungenes Schicksal zu wehren. Es war eine ganz eigenartige Situation. Die große Freiheit, die unbegrenzten Möglichkeiten, unbegrenztes Jagen und Fischen, das galt nur für die Weißen.

Die nördliche Seward-Halbinsel und die Gebiete des Kobuk und Noatak gehörten zu den wildesten und unberührtesten Gegenden, die ich jemals in Alaska kennengelernt hatte. Einige Eskimo-Stämme lebten noch im Küstengebiet, ernährten sich vom Fischfang und von der Jagd auf Robben, Eisbären und Wale, vor allem Belugas. Im Hinterland waren Karibu-Herden, die im Frühjahr hoch nach Norden zogen. Das Hinterland war auch das Land der Grizzlybären, es gab Elche und eine unglaubliche Vielfalt an Pelztieren und Vögeln. Der Reichtum an Pelztieren vor allem war es, der immer mehr weiße Händler und Abenteurer ins Land zog, Männer, die schnell reich werden wollten. Den meisten von ihnen war es viel zu mühselig, die begehrten Pelze selbst zu fangen, diese Arbeit überließen sie den Eskimos, die sie dann großzügig mit Mengen von Alkohol belohnten. Es waren aber nicht nur zwielichtige Händler, die in den Norden gekommen waren, es waren auch wirkliche Abenteurer dabei.

Diese wiederum wären für kein Geld der Welt in die Nähe der großen Städte zurückgekehrt. Diese Männer waren anders. Ihr Glück war die Einsamkeit. Sie fischten und jagten nur so viel, wie sie zum Leben brauchten, und bekamen sie Nachbarn, brachen sie wieder auf und zogen weiter und immer weiter in die Wildnis hinein. Das waren Männer mit Charakter. Jeder von ihnen hatte seinen Grund, in die Wildnis zu gehen. Oft standen persönliche Schicksale dahinter, einige wurden von der Polizei gesucht, manche aus Gründen, die zeigen, wie fragwürdig Gesetze sind. Wieder andere waren ganz einfach Menschenverächter, niemand fragte hier, warum sie zu Menschenverächtern geworden waren. Eines hatten sie alle gemeinsam: Geld und Gut interessierte sie nicht, und sie gingen anderen Menschen aus dem Weg.

Ganz anders waren da die Pelzhändler, die, um zu bekommen, was sie wollten, über Leichen gingen. Sie überfielen das Land wie eine Plage.

Durch Zufall hatten Charlie Wormser und ich das kleine Feuer hinter der Biegung des Flusses entdeckt. Wir waren den ganzen Tag mit Kanus auf dem Kobuk unterwegs gewesen.

Wir zogen unsere Boote ans Wasser und näherten uns, laut rufend, dem Lager der Fremden. Draußen im Busch empfahl es sich nicht, sich lautlos an fremde Feuer anzuschleichen. Das tat nur, wer etwas zu verbergen hatte. Als wir ins Lager kamen, warteten dort schon drei Weiße auf uns. Sie hatten ihre Gewehre im Anschlag.

Zwei Eskimos waren auch dabei. Die allerdings lagen total betrunken auf dem Boden. Einer der drei Weißen war einmal ein Freund von mir gewesen: Es war Pete! Wir hatten uns damals in Seattle kennengelernt und hatten in Nome gemeinsam nach Gold gesucht. Genauso schnell wie ich Pete erkannt hatte, hatte er mich auch erkannt. Wir standen uns gegenüber und schauten uns ungläubig an.

»Du, Max?« stammelte er.

»Pete, ist das wahr?« fragte ich. Mißtrauisch musterten uns die anderen.

»Wer ist das, Pete?« fragte einer von Petes Kumpanen lauernd.

»Die sind in Ordnung, das ist Max Gottschalk, ein uralter Freund von mir«, antwortete Pete.

Der andere ließ nicht locker. »Uralter Freund, der Name hört sich eher nach einem verdammten dreckigen Deutschen an.«

Er drehte sich zu mir um, und seine dunklen Augen funkelten bösartig. »Was wollt ihr hier?« fragte er barsch.

»Lagern«, antwortete Charlie.

Jetzt mischte sich der andere Weiße ein. »Hier bei uns habt ihr nichts zu suchen, seht zu, daß ihr weiterkommt.«

Jetzt begann mir die Sache Spaß zu machen. »Sag mal, Pete, wie kommt es, daß deine Freunde so nett zu Fremden sind?« sagte ich, und ich merkte, daß Pete nicht wußte, wie er sich zu verhalten hatte.

»Max, das mußt du verstehen. Wir haben schlechte Erfahrungen gemacht mit Fremden. Die Zeiten haben sich verändert in Alaska. Die Ehrlichkeit ist dahin. Niemandem kann man mehr trauen. Meine Freunde, die sind ganz in Ordnung. Die haben schlechte Erfahrungen gemacht. Darum sind sie so mißtrauisch.«

Seine Freunde sagten nichts mehr, waren aber nach wie vor skeptisch, und man merkte ihnen an, daß ihnen unsere Anwesenheit überhaupt nicht gefiel. Trotzdem breiteten wir uns aus, Charlie und ich, machten Tee und bereiteten unser Abendessen. Obwohl wir uns sicher viel zu erzählen hatten, hatte ich das Gefühl, als ginge mir Pete aus dem Wege. Am Feuer sprach ich ihn direkt an: »Was ist los, Pete, warum gefällt dir und deinen Freunden unsere Anwesenheit nicht? Was habt ihr zu verbergen? Und was haben die betrunkenen Eskimos zu bedeuten?«

»Laß mich in Ruhe, Max«, antwortete er. »Mach du, was du willst, und laß mich tun, was ich will. Verstanden?« Er machte Anstalten, zu gehen und mich stehen zu lassen.

»Ich hab' dich etwas gefragt, Pete. Was haben die betrunkenen Eskimos zu bedeuten, und wer hat sie betrunken gemacht?«

»Damit hast du nichts zu tun. Das geht dich nichts an.«

Ich merkte Pete seine Unsicherheit an. Mir war alles völlig klar: Pete und seine beiden zweifelhaften Freunde waren Pelzhändler, die mit Alkohol die Eskimostämme verseuchten. Und die beiden armen Teufel, die da lagen, waren ihre neuesten Opfer. Sie wurden eingeladen, sinnlos betrunken gemacht und waren wenig später bereit, alles für Alkohol zu geben.

Charlie gab mir ein verstecktes Zeichen, ihm zu folgen. »Komm mit, ich muß dir etwas zeigen«, sagte er dann.

Was er mir zu zeigen hatte, verschlug mir fast den Atem, und eine unbändige Wut stieg in mir auf. Die Händler hatten eines ihrer Boote unter ein paar Bäumen versteckt, das Boot war bis oben randvoll mit Whisky beladen.

»Was machen wir?« fragte Charlie.

Ich sagte gar nichts.

Die drei anderen und wir beide lagerten um das gleiche Feuer. Keiner sprach ein Wort. Plötzlich fragte Pete mit einer eiskalten Stimme Charlie und mich: »Wann verschwindet ihr?« Seine Stimme hörte sich drohend an. Das war nicht mehr der Pete, den ich einmal kennengelernt hatte.

»Morgen bei Tagesanbruch«, antwortete ich.

»Das ist auch besser für euch«, brummte einer der anderen, »wir mögen keine Schnüffler.«

»Soll das eine Drohung sein?« fragte ich.

»Nenn es, wie du willst«, antwortete er.

»Ihr handelt mit Alkohol!« sagte ich ihm auf den Kopf zu.

»Na und? Das tun viele«, sagte er.

»Ich habe eine ganze Menge dagegen. Vor allem habe ich etwas dagegen, wenn man Menschen rücksichtslos zugrunde richtet«, sagte ich. Meine Stimme muß etwas Drohendes gehabt haben, denn alle anderen richteten sich plötzlich auf. Derjenige von den dreien, der am wenigsten bisher gesagt hatte, hielt plötzlich eine Pistole in der Hand, richtete sie aber nicht auf Charlie oder mich, sondern spielte provozierend damit.

»Jetzt hör mir mal zu, Großmaul«, sagte er zu Charlie und mir. »Jetzt will ich euch mal etwas erzählen. Na klar handeln wir mit Alkohol. Warum denn auch nicht? Ist doch schließlich keine Schande. Dankbar sind uns die Eskimos, daß wir ihnen Whisky bringen. Das ist für sie die Zivilisation. Die wollen kein Geld, weil sie damit nichts anfangen können. Die wollen Alkohol und nichts anderes. Ihr solltet mal sehen, welchen Empfang sie uns bereiten, wenn wir in ihre Dörfer kommen. Für eine Flasche Whisky kriegen wir ihre stinkenden Frauen und Töchter als Begrüßungsgeschenk. Für Alkohol kriegen wir alles von ihnen. Die Pelze selbstverständlich auch. Wir sind Händler, und womit wir handeln, das ist unsere Sache. Wißt ihr, was mit euch los ist? Ihr seid neidisch. Ganz einfach neidisch seid ihr, daß wir die besseren Händler sind. Der Rausch unserer beiden Freunde dort drüben«, er zeigte auf die betrunkenen Eskimos, »kostet sie fünf Eisbärenfelle. Na, da staunt ihr. Das ist ein Geschäft. Fünf Eisbärenfelle gegen zwei Flaschen Whisky. Und ich sage euch noch etwas: Bevor sich die ganze Eskimobande totgesoffen hat, soll sie noch brav ihre Pelze bei uns abliefern. Wäre doch schade um die guten Stücke! Wißt ihr was, die Eskimos sind gar nicht so dumm. Die haben genau verstanden, wer in Alaska die Spielregeln bestimmt. Wir befehlen, die gehorchen. So einfach ist das. Und zur Belohnung gibt's Whisky.«

Charlies Augen hatten sich zu schmalen Schlitzen zusammengezogen. Es war eine äußerst gespannte Situation, und ich wollte vermeiden, daß es hier zu einer größeren Auseinandersetzung kam. Plötzlich hatte ich eine Idee.

»Freunde, laßt uns nicht streiten«, sagte ich, »ihr habt ja recht. Uns interessieren die Eskimos genauso wenig wie euch. Auch wir wollen nur ihre Pelze. Wir respektieren auch, daß wir hier im Kobuk-Gebiet auf eurem Land sind. Die Stämme, die hier leben, gehören euch. Verlaßt euch drauf, wir mischen uns nicht in eure Geschäfte ein. Morgen früh brechen wir auf.«

»Jetzt bist du wieder der alte Max«, freute sich Pete. Für diese Unverschämtheit wäre ich ihm am liebsten an die Kehle gesprungen.

Charlie und ich krochen etwas vom Lager entfernt unter unsere Decken. Wir hörten, wie die drei die Korken knallen ließen und sich bald nur noch lallend unterhielten.

»Vielleicht noch eine Stunde«, flüsterte ich Charlie zu. Der hatte meinen Plan längst verstanden. Wenig später war es soweit. Die drei schliefen. Wir krochen unter unseren Decken hervor und schlichen an sie heran. Charlie hatte sechs Stricke geschnitten, damit fesselten wir die drei, die noch nicht einmal bemerkten, was mit ihnen geschah. Ihre Waffen nahmen wir an uns. Dann krochen wir zu dem Boot, in dem der Alkohol versteckt war und zerschlugen alle Flaschen. Mit einem Beil schlugen wir anschließend Löcher in die drei Boote der Händler. Verfolgen würden sie uns so schnell nicht!

»Die werden weitermachen«, sagte Charlie. »Aber es wird eine ganze Weile dauern, bis sie wieder Waffen und Boote haben.«

Wir ließen unsere Kanus ins Wasser gleiten und paddelten stromabwärts.

»Weißt du, Charlie«, sagte ich, »Pete ist kein schlechter Kerl, er hatte das Pech, sich immer für das Falsche zu entscheiden.«

Die Jahre vergingen. Nach wie vor belieferte ich die Eskimos und Aleuten und einsam lebende Weiße in ihren Siedlungen. Die ganze Alaska-Küste kannte ich so gut wie meine Westentasche. Ich wußte, wo man für welche Ware am besten welche Felle bekam, zur Zeit legten die Eskimos am meisten Wert auf Tuche und Lebensmittel wie Reis, der ganz groß in Mode gekommen war. Außerdem brauchten sie Munition für ihre Waffen, das Zeitalter der Harpunen war auch bei den Eskimos vorbei. Ich hatte meine Freunde bei den Stämmen in den einzelnen Siedlungen, und die Freude war auch bei mir aufrichtig, wenn ich in die Dörfer kam.

Zu Hause in Nome, wo Anna mit den Kindern lebte, sprachen wir oft über die alten Zeiten und über Rußland. Wehmut erfaßte uns beide immer dann, was wohl auch kein Wunder ist, wenn man bedenkt, daß wir beide entscheidende Jahre unseres Lebens in Sibirien verbrachten. Keiner von uns beiden war jemals wieder nach Sibirien zurückgekehrt. Der Zugang war uns versperrt, was sich auch nie wieder ändern sollte. Obwohl Anna glücklich war, mit den Kindern und mir zusammen zu sein, überkam sie doch manchmal Heimweh. Nach Rußland, nach Wladiwostok und nach ihren Eltern. Ob wohl der alte Rogazejew noch lebte? Ob wohl er, einer der treuesten und kritiklosesten Untertanen des Zaren die Wirren der Russischen Revolution überstanden hatte? Ich hielt es für unwahrscheinlich und hatte das Gefühl, daß auch Anna nicht daran glaubte; aber wir sprachen nie darüber. Aus Rußland drangen immer neue Nachrichten herüber. Die Revolution hatte endgültig gesiegt. Man sprach davon, daß Tausende von Soldaten des Zaren zu den Bolschewisten übergelaufen waren. Die Offiziere hatte man erschossen, ebenso alle Adligen, alle Richter, jeden, der im Zarenreich eine gewisse Position innegehabt hatte. Der Doppeladler des Zaren war gegen den roten Stern getauscht worden.

Für das einfache Volk, die Fischer, Jäger und Kleinbauern hatte sich wohl wenig geändert, ihnen ging es unter dem Zaren schlecht, und ihnen würde es unter den Kommunisten nicht besser gehen. Sie waren nun einmal in jeder Form von Gesellschaft immer das letzte und schwächste Glied einer Kette. Das war im Sibirien des Zaren nicht anders als im Sibirien der Kommunisten, in Alaska oder in Deutschland. Man erzählte sich, daß vor der gesamten sibirischen Küste Kanonenboote der Bolschewisten patrouillierten, Anadyr war früher eine Garnisonsstadt gewesen und war es heute noch. Nur trugen die Soldaten rote Armbinden, und jeder redete jeden mit »Genosse« an.

Die politischen Beziehungen zwischen Amerika und dem neuen Rußland waren gespannt, und mitten in der Beringstraße war etwas Unvorstellbares geschehen. Die politische Grenze der beiden Länder verlief genau zwischen den Diomeden-Inseln. Big Diomede, die Insel, von der meine erste Frau Kajaktak kam, gehört zu Rußland, und Little Diomede zu Alaska, das Territorium der Vereinigten Staaten von Amerika ist. Früher einmal war es so, daß Eskimos von Big Diomede, die ihre Verwandten in Little Diomede besuchen wollten, im Sommer, wenn das Meer offen war, mit dem Kajak die drei Meilen zwischen den Inseln zurücklegten. Im Winter, wenn die Inseln durch Eismassen miteinander verbunden waren, war es mit dem Hundeschlitten oder zu Fuß ohnehin nur ein Katzensprung.

Aber diese Zeiten hatten sich geändert. Die Eskimos von Big Diomede mußten ihre Insel, die seit Menschengedenken Heimat des Stammes war, auf Befehl der neuen russischen Machthaber verlassen und irgendwo an der sibirischen Küste ansiedeln. Auf Big Diomede hatten die Russen riesige Kohlevorkommen entdeckt, die abgebaut und nach Anadyr befördert wurden. Einzige Bewohner der Insel, auf der ich damals Kajaktak traf, waren russische Soldaten und Kohlearbeiter. Man hatte einen kleinen Hafen gebaut, und am Kai wurden die Schiffe mit Kohle beladen.

Nur drei Meilen davon entfernt war dagegen alles beim alten. Die Eskimos von Little Diomede lebten so, wie sie immer gelebt hatten, vom Fisch- und Walfang und von der Robbenjagd. Außerdem gab es herrliche Blaufüchse auf der Insel, wegen dieser Blaufüchse waren Charlie Wormser und ich nach Little Diomede gekommen. Es war mitten im Sommer, ein Sommer allerdings, wie ich ihn kälter noch niemals erlebt hatte. Es war kalt, immer an der Frostgrenze, ohne Unterbrechung pfiff ein eisiger Nordwind, und es regnete, regnete, regnete. Wer in Alaska Wetter wie dieses genießen darf, der sehnt sich nach dem Winter. Temperaturen von 20, 30 oder gar 40 Grad unter dem Gefrierpunkt können dem Menschen nicht so viel anhaben wie dieses Wetter auf Little Diomede. Die Menschen litten. Ihre Brennholzvorräte für den kommenden Winter durften sie nicht anbrechen, sonst mußten sie im nächsten Winter frieren oder erfrieren. Das Brennmaterial war ohnehin das allergrößte Problem für die Eskimos von Little Diomede.

Das Wasser lief in dichten Strömen in die Barabaras, jeder Mann, jede Frau, jedes Kind waren durchnäßt bis auf die Haut. Der Häuptling erklärte mir, daß es seit dem Aufbrechen des Eises noch nicht aufgehört hatte, zu regnen. Der Schlamm auf der Insel war an einigen Stellen einen halben Meter hoch. Die Feuer, an denen sich die Menschen abends versammelten, um sich zu wärmen, waren klein und liefen ständig Gefahr, vom arktischen Sommerregen gelöscht zu werden. Es gab keine Stelle, noch nicht einmal einen Baum, unter den man sich stellen konnte, um dem Regen zu entgehen. Der Boden war grau, der Himmel war grau und wolkenverhangen, und die Zukunft sah für die Eskimos ebenfalls mehr als grau aus.

»Wenn die Eskimos 20 große Feuerstellen hätten, an denen sie sich ihre Felle, Decken und Kleidungsstücke trocknen könnten«, sagte ich zu Charlie.

»Es wird nicht mehr lange dauern, dann werden die ersten Kinder sterben. Es gibt seit Wochen keinen einzigen trockenen Ort mehr auf der ganzen Insel«, meinte er. »Was können wir tun. Provisorisch ein Gemeinschaftshaus für alle bauen?«

»Ohne Holz«, tat ich seinen Vorschlag ab.

»Wir könnten versuchen, irgendwo auf dem Festland Holz aufzutreiben und hierherzubringen«, verbesserte er sich.

»Würde viel zu lange dauern.«

Ich stand da, schaute aufs graue Meer hinaus. Ganz hinten am Horizont lag Big Diomede. Dort hatte alles mit Kajaktak angefangen. Was wohl aus dem Stamm geworden sein mochte? Zu gerne wäre ich noch einmal für ein paar Stunden hinübergefahren nach Big Diomede.

Big Diomede war russisches militärisches Sperrgebiet. Streng bewacht wurde die Insel. Posten mit Maschinengewehren bewachten die Kohleberg-werke, Milizionäre patrouillierten an allen Küsten der Insel, und Kanonen-boote ließen keinen Unbefugten in den Hafen. Ein riesiges Aufgebot an Schutzmaßnahmen – und das alles nur wegen der Kohle. Wegen der Kohle! Kohle – das war die Idee. Ich stieß Charlie an. »Charlie, wir werden unseren Eskimos Kohle holen«, sagte ich, von meiner eigenen Idee begeistert.

»Was willst du, Kohle holen?« fragte mich Charlie so, als hätte ich ihm den Vorschlag gemacht, nach London zu fahren. »Von wo willst du Kohle holen?«

»Von da«, sagte ich und zeigte nach drüben, nach Big Diomede.

»Du bist verrückt geworden«, widersprach Charlie mir entgeistert.

»Nein, nein, Charlie, ich bin überhaupt nicht verrückt. Ich hab' es mir nur gut überlegt. Hier auf Little Diomede brauchen die Menschen dringend Brennstoff, sagen wir einmal Kohle. Ein paar Meilen weiter gibt es Kohle im Überfluß. Warum sollten die da drüben denen hier nicht ein bißchen etwas abgeben. Eine Schiffsladung Kohle würde bei unseren Freunden Wunder wirken«, erklärte ich, überzeugt von meiner Idee.

»Max, das sind russische Soldaten dort drüben. Die schießen auf alles, was sich bewegt. Die sind fanatisch. Vergiß deine Hirngespinste.«

Natürlich hatte Charlie recht, daß dieses Unterfangen nicht ganz ungefähr-lich war. Aber auch nicht ohne Reiz. Ich hatte vor, den Russen ein Schnipp-chen zu schlagen. Allerdings ein ganz harmloses.

In meinem Boot befanden sich blaue Farbe und ein Pinsel. Zuerst einmal entfernte ich den Namenszug vom Bug des Schiffes, und aus meiner »New York« wurde eine »Lenin von Sibirien« in kyrillischen Buchstaben. Dann segelten wir weit ins Meer hinaus und nahmen nach einem Bogen von mehreren Meilen Kurs auf Big Diomede.

»Was immer passiert, du darfst kein Wort sagen«, schärfte ich Charlie ein.

»Warum nicht?« wollte er wissen.

»Weil du nicht russisch sprichst«, antwortete ich ihm.

»Max, was wir hier tun, ist völlig verrückt, mit einem amerikanischen Schiff auf die Russeninsel zu fahren«, sagte er.

»Es ist ein russisches Schiff, überzeug dich doch selbst, Charlie, die ›Lenin von Sibirien‹!«

Wir kamen in Sichtweite von Big Diomede. Ein Boot der Revolutionäre war plötzlich in unserer unmittelbaren Nähe, ein kleines aber bedrohliches Schiff. Zwei Maschinengewehre waren auf uns gerichtet. Als das russische Boot in Rufweite war, brüllte der Kommandant herüber: »Wer seid ihr, wohin wollt ihr?«

»Oberleutnant zur See Koroljow im Geheimauftrag von Oberst Koschporkow auf dem Weg nach Big Diomede«, antwortete ich bewußt monoton in bestem Russisch.

»Papiere!« brüllte der Kapitän herüber.

»Mann, sind Sie wahnsinnig geworden«, schrie ich zurück, »haben Sie nicht verstanden, was ich gesagt habe, mein Name ist Oberleutnant Koroljow, und dies ist ein Geheimbefehl!«

Und dann rief ich Charlie, der hinten am Heck stand, auf russisch etwas zu, was der Kapitän des anderen Schiffes sehr gut verstand und was ausschließlich für den Kapitän des russischen Wachbootes bestimmt war. »Leutnant Markow, den Namen des Schiffes notieren, der Mann gehört vor's Revolutionsgericht, das ist Sabotage!«

Dann wandte ich mich wieder dem fremden Boot zu und befahl: »Ich verlange Geleitschutz, drüben im Hafen muß sofort alles geregelt werden, wir müssen so schnell wie möglich Kohle bunkern für Oberst Koschporkows Revolutionsgarden im feindlichen Amerika. Der Hafenkommandant darf den wirklichen Auftrag auf allerhöchsten Befehl nicht erfahren.«

Plötzlich wurde alles sehr geschäftig auf dem russischen Boot, es setzte sich vor uns, und wir folgten ihm in den Hafen von Big Diomede. Alles ging sehr schnell, innerhalb kürzester Zeit war unser Boot mit Kohle zum Bersten voll. Der Kommandant des Wachbootes, das sah ich ihm an, befand sich in einem großen inneren Zwiespalt. Sollte er seinen Zweifeln folgen oder nicht. Ich konnte ihn gut verstehen. Er war Soldat einer Armee, in der jeder vor jedem Angst hatte. Machte er mir Schwierigkeiten, mußte er mit noch größeren Schwierigkeiten rechnen. Machte er mir keine Schwierigkeiten, und ich war nicht der, der ich vorgab zu sein, bedeutete das für ihn das Todesurteil.

Bevor wir ausliefen, befahl ich dem Wachbootkommandanten: »Bitte kein Geleit, Genosse! Telegrafieren Sie sofort an den Revolutionsstab in Anadyr: ›An den Genossen Kapitänleutnant Iwanow. Auftrag Oberst Koschporkow erfüllt. Weitermeldung sofort nach Irkutsk‹.«

Der Kommandant salutierte und beeilte sich, die Vollzugsmeldung sofort weiterzugeben. Mit den Worten: »Danke für die Unterstützung, Genosse Kommandant. Wir haben den Zaren besiegt. Und nun werden wir Amerika befreien«, verabschiedete ich mich.

Dann liefen wir aus und waren wenig später mit einer vollen Schiffsladung Kohle auf dem Weg nach Little Diomede, wo die Eskimos am Strand schon auf uns warteten. Wenig später brannten einige riesige Feuer und grüßten Big Diomede. Wenige Tage später hörte der Regen auf.

Es hätte mich sehr interessiert, was der Wachbootkommandant erleben mußte, als er die Ausführung des Geheimauftrages nach Anadyr meldete.

Ich habe es nie erfahren.

Recht und Unrecht

Wenn ich die Jahre in meinem Gedächtnis vorbeiziehen lasse, dann weiß ich, daß ich einerseits das unverdiente Glück hatte, den Norden zu erleben, als er noch unverfälscht war; andererseits mußte ich miterleben und tatenlos zusehen, wie im Namen der Zivilisation sich alles gewandelt hat. Nome ist heute im Winter und im Sommer an die Außenwelt angeschlossen, mehrmals täglich landen Flugzeuge auf den Pisten und bringen den Bewohnern das, was es in den Supermärkten der großen Städte auch gibt. Nur noch Reste der ehemaligen Eskimokultur blieben erhalten; Harpunen mußten modernen, automatischen Waffen weichen; statt mit Hundeschlitten rasen die Kinder der ehemaligen großen Jäger mit knatternden Motorschlitten über das Eis, jeder Eskimo bekommt einmal im Monat von der amerikanischen Regierung seinen Scheck. Ich denke, das ist so eine Art Wiedergutmachung. Viel zu schnell und unvermittelt kam für meine Freunde im Norden die Zivilisation, der erzwungene Abschied von jahrtausendealten Riten und traditionellen Gewohnheiten. Die meisten Eskimokinder von heute wissen wenig über das Leben ihrer Großväter, über das Leben ihrer Urgroßväter wissen sie gar nichts.

Ich bin ein alter Mann, einer von vielen Männern meiner Zeit, und darum soll das, was ich zu sagen habe, stellvertretend sein für das, was viele andere Oldtimer meiner Generation zu sagen haben:

Wir mußten uns, als wir in dieses Land kamen, immer selbst helfen, wir mußten unsere eigenen Ideen haben und stark genug sein, sie auch zu verwirklichen. Anders war kein Überleben möglich damals in Alaska. Damals ging auch die Zeit der grenzenlosen Freiheit zu Ende. Ich hatte noch die Möglichkeit, von Alaska nach Sibirien zu reisen oder von Sibirien nach Alaska, ganz wie ich wollte und so oft ich wollte. Immer wieder stellte ich fest, daß in den wenigen Städten, die es damals gab, die Menschen anonym waren und blieben, nicht anders, als es heute der Fall ist. Nur sind es heute viel mehr und viel größere Städte. Die Menschen in der Weite des Landes, die waren ganz anders. Das waren Meister im Überleben, die wollten niemanden um etwas bitten, und die wollten auch niemandem danken. Das waren Männer, die alles konnten: Boote und Häuser bauen, fischen und jagen, mit Tieren umgehen, und vor allem eines waren sie – anspruchslos. Es war die Zeit der ehrlichen Männer, die Zeit in der ein Handschlag noch etwas galt. Es war die Zeit der eisernen Spielregeln, an die man sich zu halten hatte.

Der große Aufbruch, die schnellen Veränderungen, die Kriege und Revolutionen, der Unfriede wurde nicht von den Männern der Wildnis gemacht, uns hat niemand gefragt. Wir alle waren die Opfer unserer Zeit. Die, die damals die Gesetze machten und glaubten, uns mit diesen Gesetzen verwalten zu können, haben sich gewaltig in uns getäuscht. Als wir jung waren, wollten wir uns von niemandem verwalten lassen. Wir gingen noch tiefer in die Wildnis, wo es andere Gesetze gab, die Gesetze der Natur, oder wir suchten nach Pfaden zwischen den Gesetzen. Der höchste Wert, das höchste Gut auf Erden, das wir zu verteidigen bereit waren, das war unsere Freiheit.

Andere, die in einem Alter mit mir sind, haben ein anderes Leben hinter sich, vielleicht ein genau so schönes Leben, vielleicht ein aufregenderes Leben, vielleicht ein Leben in der Sicherheit des Reichtums oder in einer großen Familie. Mein Leben war anders, und ich bereue keinen einzigen Tag.

Als ich damals aus meinem bescheidenen Elternhaus weglief, war ich noch ein Kind voller Ideale und Träumereien und wußte gar nicht, was mich einmal erwarten würde. Es waren Abenteuerlust und Flucht vor der Eintönigkeit, es war aber auch ein Wille, das Neue zu entdecken. Innere Unruhe war schon immer der größte Ansporn für Entdecker, auch in Zeiten, die lange vor meiner Zeit lagen.

Zu allen Zeiten wird es vielen bei ihren Reisen so gegangen sein, daß sie unter den Einheimischen, den sogenannten Primitiven Freunde gefunden haben, die sie gegen niemanden aus ihrem eigenen Kulturkreis eingetauscht hätten. Ich kann nur für die Eskimos, die Aleuten und die Stämme an der ostsibirischen Küste sprechen, ich habe prächtige Menschen und gute Freunde unter ihnen gefunden, und was heißt überhaupt Primitive? Ist es primitiv, wenn es einem Volk gelingt, sich seiner Umgebung und den klimatischen Bedingungen dieser Umgebung perfekt anzupassen? Die Völker lebten gut und friedlich auch ohne uns Weiße. Ihre eigenen Kulturen und Religionen waren richtig für sie. Und nicht alles, was in unseren Augen fremdartig ist, muß auch gleichzeitig schlecht sein. Der nicht mehr aufzuhaltende Untergang der Völker, von dem ich spreche, begann durch die Schuld von uns Weißen. Denn, ich weiß, daß auch ich nicht frei davon bin, wir Weißen waren es, die in die fernen Länder vordrangen, weil wir das Gold und die Pelze dieser Länder wollten. Wir waren es auch, die den Eskimos Waffen und – noch schlimmer – Alkohol brachten und sie damit zum Untergang verurteilten. Und das taten wir unter dem Deckmantel der Zivilisation.

Drüben in Sibirien, da kämpften die Leute des Zaren gegen die Revolutionäre. Die Leidtragenden dieser Auseinandersetzung waren die sibirischen Stämme.

Ob Politik, Jagd nach Reichtum, Unwissenheit oder Machtgier: Das traurige Schicksal der Ureinwohner hat viele Väter. Zu meiner Zeit habe ich mir viele Feinde unter den weißen Alaskanern gemacht, weil ich mich bemüht habe, immer fair zu meinen Handelspartnern zu sein. Mir war es immer egal, ob einer weiß war oder eine andere Hautfarbe hatte. Es gab viele, für die ein Eskimo so viel wert war wie ein Hund. Dagegen habe ich mich immer gewehrt, und ich habe mich geweigert, meinen Handelspartnern Alkohol zu liefern, weil ich wußte, daß das ihr Untergang sein würde. Ich habe recht behalten, auch wenn meine Zeit jetzt schon viele Jahrzehnte zurückliegt. Wer heute in die Eskimosiedlungen von Barrow, Point Hope, Kotzebue oder Nome fährt, kann mit seinen eigenen Augen sehen, wie der Alkohol einer ganzen Kultur ein grausames Ende bereitet hat. Ölbohrungen, die Suche nach Gas und anderen Bodenschätzen vertreiben die Eisbären, Robben und Walrosse. Damit werden der Eskimokultur die Grundlagen entzogen. Da helfen auch keine Feuerwehrautos und Schulen mit modernster Ausstattung.

Alles, was die Eskimos hatten, hat man ihnen weggenommen, und dafür hat man ihnen etwas gegeben, von dem wir der Meinung sind, daß es gut ist. Vielleicht dauert es noch ein paar Jahrzehnte, und dann haben die Eskimos ihren Lebensraum ganz verloren. Wir sprechen von bedrohten Tieren, aber wer spricht schon von bedrohten Völkern?

Heute bin ich froh über etwas, das früher für mich selbstverständlich war. Ich bin glücklich darüber, daß ich noch die letzten Jahre vor dem Wandel erleben durfte. Meine Tochter Betty durfte das nicht. Nie wird sie aus eigener Erfahrung beurteilen können, wie ihre Vorfahren mütterlicherseits auf Big Diomede in der Beringstraße gelebt haben.

Die Höhen und Tiefen des Lebens sind eng verbunden mit den Menschen, die man getroffen hat. Bestimmte Menschen und bestimmte Ereignisse wird man nie vergessen. Auch wenn die Zeit, die man mit diesen Menschen verbrachte, noch so kurz war. Auch, wenn das betreffende Ereignis noch so unbedeutend erschien. Mir geht es nicht anders als anderen Menschen. Wenn man alt ist, hat man viel Zeit zum Nachdenken. Hätte ich diese Zeit damals gehabt, vielleicht wäre vieles anders gelaufen.

Die Erinnerung an meine Eltern und an meine Geschwister ist nur noch sehr schwach. Niemals habe ich sie wiedergesehen. Einige Namen meiner Geschwister habe ich noch im Gedächtnis, andere habe ich vergessen. An meinen Freund Jan habe ich noch oft gedacht. Was wohl aus ihm geworden ist. Vielleicht ein tüchtiger Eisenwarenhändler? Vielleicht ein Soldat?

Die Umsegelung von Kap Hoorn ist in meiner Erinnerung lange nicht mehr so gefährlich, wie sie es wirklich gewesen ist. Jack damals in Kalifornien: Ich bin überzeugt davon, daß er immer gut gelebt hat, der ließ sich nie aus der Ruhe bringen, gern hätte ich gewußt, was aus ihm geworden ist. Und dann Kim auf Hawaii, meine erste große Liebe. War das eine Zeit damals, auch wenn sie nur ein paar Wochen dauerte. Die Möglichkeit hatte ich gehabt, Schwiegersohn eines Inselkönigs zu werden. Und was tat ich? Ich lief davon, als blinder Passagier nach Nome. Das Gold. Der Traum vom Reichtum. Und dann dieser Mister Harnick.

Eines der ganz großen Erlebnisse meines Lebens war wohl, wie ich zum ersten Male sibirischen Boden betrat, voller Pläne war und wenig später Juri traf. Obwohl Juri so ganz anders war als ich und obwohl er ganz andere Ziele hatte, sollte er mein bester Freund werden. Er war kein Abenteurer im eigentlichen Sinn, sondern in seiner tiefsten Seele überzeugt von seinen politischen Zielen. Er war ein tiefsinniger Mensch, und er war ein guter Mensch, der voller Ideale steckte. Ich nehme an, daß die Träume von einem freien Sibirien durch die Revolution beendet wurden. Wo Juri in Sibirien sein Grab gefunden hat, das weiß ich nicht.

Kajaktak und Anna, die beiden Frauen, die mir in meinem Leben am meisten bedeutet haben, auch sie sind nun schon so viele Jahre tot. Wie grundverschieden sie waren! Kajaktak, das zarte Eskimomädchen, das immer Angst um mich hatte, wenn ich zu einer neuen Handelsreise aufbrach und dann Anna, die wohlbehütete Tochter der Rogazejews aus Wladiwostok, die ihr Leben im Wohlstand mit einem Leben in der Ungewißheit eintauschte und viele Jahre mit mir zusammen durch den Norden zog.

Ich denke noch oft an meine abenteuerliche Flucht aus der Festung in Anadyr und daran, daß mir von diesem Zeitpunkt an Sibirien für immer verschlossen bleiben sollte. Ich sah die Veränderung und den Zerfall von Nome. Als ich in die Stadt kam, lebten dort am Rande der Arktis 30 000 Menschen, als ich Nome verließ, war die Zeit des Goldes längst vorbei, die Menschen hatten sich in alle Winde zerstreut, nur 3000 Bewohner waren geblieben.

Ab 1930 wurde es ruhiger, aber nicht weniger aufregend in meinem Leben. Wir siedelten in Naknek an der Bristol Bay, wo jedes Jahr im Sommer Millionen von Lachsen in die Flüsse kommen, um zu laichen und zu sterben. Ich trieb Handel mit den wenigen Dörfern dort unten im Südwesten, wir alle lebten vom Lachsfang. Es war ein schönes Leben, und trotzdem lag spürbar der Wandel in der Luft. Mehr und mehr Leute kamen nach Alaska, die die große Freiheit suchten, ohne zu wissen, daß die Zeit der großen Freiheit längst vorbei war. Die ersten Straßen wurden gebaut, die Eisenbahn kam.

Wenn ich mit meinem kleinen Boot auf dem Meer bin und nach Sibirien schaue, dann bereue ich nichts . . . .

Das Nachwort des alten Richters

Vor über 50 Jahren lernte ich Max Gottschalk kennen. Damals war ich Friedensrichter in Naknek/Alaska. Gottschalk war ein eigenartiger Mensch. Frei und unabhängig wie ein Adler, der von einem Ort zum anderen an der Küste von Alaska ging, und einen eisernen Willen, oh ja, den hatte er. Er gehörte zu einem Schlag Mensch, der heute ausgestorben ist. Für mich war er einer der Pioniere, die, ohne es selbst zu wissen, dieses Land Alaska gemacht haben.

Einfach war Gottschalk nicht. Auch ich hatte so manche Schwierigkeiten mit ihm. Vieles, was er tat, spielte sich am Rande der Legalität ab. Aber manchmal war sein Gefühl besser als unsere Gesetze. Ich weiß und habe davon gehört, daß man damals versuchte, ihm so manches in die Schuhe zu schieben. Also hat er auch seine Schwierigkeiten gehabt. Aber er kam immer durch. Er war ein Meister im Überleben.

Heute geht es hier in Alaska auch den Eskimos und Aleuten gut. Damals war das anders. Wer wollte damals schon groß mit denen zu tun haben? Nur ein toter Eskimo war ein guter Eskimo. War das nicht so? Man sagt, es war die Schuld der weißen Pelzhändler, daß viele Eskimos so geworden sind, wie sie sind. Weiße Männer haben sie betrogen und ausgenutzt und ihnen Alkohol gebracht. Max Gottschalk hat damals schon Eskimos wie Menschen behandelt, mehr noch, sie waren seine Freunde. Seine Handelspartner waren sie natürlich auch.

Ich kenne wenige, die so viel von den Eskimos wußten wie Max. Und ich kenne niemanden, dem sie so sehr vertrauten wie ihm. Ganz sicher bin ich, daß Gottschalks Name hier in Alaska weiterleben wird.

Red Harrop
ehemaliger Friedensrichter in Anchorage/Alaska, Juni 1984